现代化新征程丛书

隆国强　总主编

METAVERSE

NEW OPPORTUNITIES FOR DIGITAL CHINA

元宇宙

数字中国的新机遇

於　亮　车海刚　主编

龚才春　蒋　明　执行主编 / 汤　滔　副主编

中国发展出版社
CHINA DEVELOPMENT PRESS

图书在版编目（CIP）数据

元宇宙：数字中国的新机遇 / 於亮，车海刚主编
.— 北京：中国发展出版社，2023.2

ISBN 978-7-5177-1356-2

Ⅰ. ①元… Ⅱ. ①於… ②车… Ⅲ. ①信息经济
Ⅳ. ①F49

中国国家版本馆CIP数据核字（2023）第016113号

书　　名：元宇宙：数字中国的新机遇
主　　编：於　亮　车海刚
执行主编：龚才春　蒋　明
副 主 编：汤　滔
责任编辑：钟紫君　梁婧怡
出版发行：中国发展出版社
联系地址：北京经济技术开发区荣华中路22号亦城财富中心1号楼8层（100176）
标准书号：ISBN 978-7-5177-1356-2
经 销 者：各地新华书店
印 刷 者：北京博海升彩色印刷有限公司
开　　本：710mm×1000mm　1/16
印　　张：18.25
字　　数：230千字
版　　次：2023年2月第1版
印　　次：2023年2月第1次印刷
定　　价：78.00元

联系电话：（010）68990535　82097226
购书热线：（010）68990682　68990686
网络订购：http://zgfzcbs. tmall. com
网购电话：（010）68990639　88333349
本社网址：http://www.develpress. com
电子邮件：271799043@qq.com

“现代化新征程丛书”
编委会

丛书联合编制单位

国务院发展研究中心企业研究所

国研智库

中国国际工程咨询有限公司

工业和信息化部电子第五研究所（服务型制造研究院）

中国社会科学院工业经济研究所

机械工业经济管理研究院

航天云网科技发展有限责任公司

苏州大学北京研究院

浙江工业大学

阿里研究院

之江智慧场景研究中心

《元宇宙：数字中国的新机遇》编委会

总　序

党的二十大报告提出："从现在起，中国共产党的中心任务就是团结带领全国各族人民全面建成社会主义现代化强国、实现第二个百年奋斗目标，以中国式现代化全面推进中华民族伟大复兴。"当前，世界之变、时代之变、历史之变正以前所未有的方式展开，充满新的历史机遇和挑战，全球发展的不确定性不稳定性更加突出，全方位的国际竞争更加激烈。面对百年未有之大变局，我们坚持把发展作为党执政兴国的第一要务，把高质量发展作为全面建设社会主义现代化国家的首要任务，完整、准确、全面贯彻新发展理念，坚持社会主义市场经济改革方向，坚持高水平对外开放，加快构建以国内大循环为主体、国内国际双循环相互促进的新发展格局，不断以中国的新发展为世界提供新机遇。

习近平总书记指出，今天，我们比历史上任何时期都更接近、更有信心和能力实现中华民族伟大复兴的目标。中华民族已完成全面建成小康社会的千年夙愿，开创了中国式现代化新道路，为实现中华民族伟大复兴提供了坚实的物质基础。现代化新征程就是要实现国家富强、民族振兴、人民幸福的宏伟目标。在党的二十大号召下，全国人民坚定信心，同心同德、埋头苦干、奋勇前进，为全面建设社会主义现代化国家，实现第二个百年奋斗目标，全面推进中华民族伟大复兴而团结奋斗。

走好现代化新征程，是站在新的历史方位，推进实现中华民族伟大复兴。党的十八大以来，中国特色社会主义进入新时代，这是我国发展新的历史方位。从宏观层面来看，走好现代化新征程，需要站在新的历史方位，在客观认识、准确把握当前党和人民事业所处的发展阶段基础上，主动适应大国经济阶梯式递进、螺旋式上升和经济高质量发展要求，不断推动我国社会主义从初级阶段向更高阶段迈进。从中观层面来看，走好现代化新征程，需要站在新的历史方位，明晰我国参与国际竞合比较优势的变化，通过深化供给侧结构性改革，对内解决好发展不平衡不充分问题，对外化解外部环境新矛盾新挑战，形成对全球要素资源的强大吸引力、在激烈国际竞争中的强大竞争力、在全球资源配置中的强大推动力，在高水平自立自强基础上塑造参与国际竞合新优势的战略部署。从微观层面来看，走好现代化新征程，需要站在新的历史方位，坚持系统观念和辩证思维，坚持两点论和重点论相统一，以“把握主动权、下好先手棋”的思路，充分依托我国超大规模市场优势，培育和挖掘内需市场，推动产业结构优化和转型升级，提升产业链供应链韧性，增强国家的生存力、竞争力、发展力、持续力，确保中华民族伟大复兴进程不迟滞、不中断。

走好现代化新征程，要把各国现代化的共同特征和我国国情相结合。实现现代化是世界各国人民的共同追求。随着经济社会的发展，人们越来越清醒地认识到，现代化虽起源于西方，但各国的现代化道路不尽相同，世界上没有放之四海而皆准的现代化模式。因此，走好现代化新征程，要把各国现代化的共同特征和我国具体国情相结合。我们要坚持胸怀天下，拓展世界眼光，深刻洞察人类发展进步潮流，以海纳百川的宽阔胸襟借鉴吸收人类一切优秀文明成果。坚持从中国实际出发，不断推进和拓展中国式现代化。党的二十大报告系统阐述了中国式现代化的五大特征，即中国式现代化是人口规模巨大的现代化，是全体人民共同富裕的现代化，是物质文明和精神文明相协调的现代化，是人与自然和谐共生的现代化，是走和平发展道路的现代化。中国式现代化的五大特征，反映出我们的现代化新征程是基于大国经济，按照中国特色社会主义制度的本质要求，实现长期全面、绿色可持续、和平共赢的现代化。此外，党的二十大报告提出了中国式现代化的九方面本质要求，即坚持中国共产党领导，坚持中国特色社会主义，实现高质量发展，发展全过程人民民主，丰富人民精神世界，实现全体人民共同富裕，促进人与自然和谐共生，推动构建人类命运共同体，创造人类文明新形态。这既是我们走好现代化新征程的实践要求，也为我们指明了走好现代化新征程的领导力量、实践路径和目标责任，为我们准确把握中国式现代化核心要义，推动各方面工作向着复兴目标迈进提供了根本遵循。

走好现代化新征程，需要完整、准确、全面贯彻新发展理念，着力推动高质量发展，加快构建新发展格局。党的二十大报告提出，“我国发展进入战略机遇和风险挑战并存、不确定难预料因素增多的时期”。当前及今后一段时间，我国将面临“新的动荡变革”的国际大环境。新发展理念瞄准我国经济社会发展不同方面存在的突出矛盾，为筑牢经济社会发展根基提供了方向指引。要完整、准确、全面贯彻新发展理念，让创新成为第一动力、协调成为内生特点、绿色成为普遍形态、开放成为必由之路、共享成为根本目的，努力实现高质量发展。要统筹国际国内两个大局，统筹发展与安全两件大事，增强国内大循环内生动力和可靠性，提升国际循环质量和水平，增强国内国际两个市场两种资源联动效应，加快构建以国内大循环为主体、国内国际双循环相互促进的新发展格局。

走好现代化新征程，必须全面深化改革开放。改革开放为我国经济社会发展注入了强劲动力，是决定当代中国命运的关键一招。改革开放以来，我国经济社会发展水平不断提升，人民群众的生活质量不断改善，经济发展深度融入全球化体系，创造了举世瞩目的伟大成就。推进中国式现代化，必须坚持深化改革开放。党的二十大报告提出，要“深入推进改革创新”，“着力破解深层次体制机制障碍”，彰显了在现代化新征程上党和国家对全面深化改革的决心。党的十八大以来，我国进入全面深化改革阶段，改革征程上面临的多是难啃的硬骨头、棘手复杂的问题，在将经济社会发展推向新高度的同时，一系列新的时代命题应运而生。走好现代化新征程，需要全面深化改革，大力推进供给侧结构性改革，进一步优化我国经济结构，不断激发市场活力，提升经济发展的韧性、抵御外部风险的能力。对外开放是我国的基本国策，走好现代化新征程，要坚定不移扩大对外开放，提升贸易投资合作质量和水平，稳步扩大规则、规制、管理、标准等制度型开放，营造市场化、法治化、国际化一流营商环境，大力吸引全球资源要素，增强国内国际联动效应，加快构建新发展格局，以高水平开放促进高质量发展。

知之愈明，则行之愈笃。走在现代化新征程上，我们出版“现代化新征程丛书”，是为了让社会各界更好地把握当下发展机遇、面向未来开创新篇，以奋斗姿态、实干业绩助力中国式现代化开创新篇章。具体来说，主要有三个方面的考虑。

一是学习贯彻落实好党的二十大精神，为推进中国式现代化凝聚共识。党的二十大报告阐述了开辟马克思主义中国化时代化新境界、中国式现代化的中国特色和本质要求等重大问题，擘画了全面建成社会主义现代化强国的宏伟蓝图和实践路径，就未来 5 年党和国家事业发展制定了大政方针、作出了全面部署，是中国共产党团结带领全国各族人民夺取新时代中国特色社会主义新胜利的政治宣言和行动纲领。此套丛书，以习近平新时代中国特色社会主义思想为指导，认真对照党的二十大报告，从报告原文中找指导、从会议精神中找动力，用行动践行学习宣传贯彻党的二十大精神。

二是交流高质量发展的成功实践，为推进中国式现代化汇聚众智。来自12家智库的专家参与本套丛书的编写。本套丛书立足中国式现代化的时代特征和发展要求，直面各个地区、各个部门面对的新情况、新问题，总结借鉴国际国内现代化建设的成功经验，系统地构建了前沿产业、商业环境、发展空间、基础设施“四位一体”的发展思路。丛书内容注重实用性、可操作性，努力打造成为地方政府和企业管理层看得懂、学得会、用得了的使用指南。

三是探索未来发展新领域新赛道，为推进中国式现代化注入新动能。面对百年未有之大变局，数字化转型与绿色化转型加速推进，为我国发展带来新的战略机遇。本套丛书面向未来，深入探索未来发展新领域新赛道，系统分析前沿产业发展的新潜力，为我国发展前沿产业提供新借鉴，为推进中国式现代化注入新动能。

“现代化新征程丛书”主要面向党员领导干部、企事业单位管理层和专业研究人员等读者群体，致力于丰富读者知识素养，拓宽其眼界格局，提升其执政能力、研究能力和实践能力。在丛书编制过程中，重点坚持以下三个原则：一是坚持政治性，把坚持正确的政治方向摆在首位，坚持以党的二十大精神为行动指南，确保相关政策文件、编选编排、相关概念的准确；二是坚持前沿性，丛书选题充分体现鲜明的时代特征，面向未来发展重点领域，内容充分展现现代化新征程的新机遇、新要求、新举措；三是坚持实用性，丛书编制注重理论与实践的结合，特别是用新的理论要求指导新的实践，内容突出针对性、示范性和可操作性。

“现代化新征程丛书”按照“四位一体”架构进行设计，第一期包含十余种图书，主要涵盖四个方面：前沿产业、商业环境、发展空间、基础设施。其中，“前沿产业”主题有“未来产业”“新金融”“服务型制造”“氢能产业”“元宇宙”“扎根实体经济”“制造新模式”；“商业环境”主题有“优化营商环境”；“发展空间”主题有“未来社区”“新型工业化基地”“先进制造业集群”；“基础设施”主题有“新基建”；此外，丛书编委会根据前期调研，撰写了“高质量发展典型案例”。

相知无远近，万里尚为邻。我们希望通过此套丛书，加强智库与智库、智库与传播之间协作，促进智库研究机构与智库传播机构的高水平联动，构建智库型出版产业体系和生态系统，实现“智库引领、出版引路、路径引导”，共同助力高质量发展，为全面建成社会主义现代化强国、实现第二个百年奋斗目标作出积极贡献！

隆国强

国务院发展研究中心副主任、党组成员

2023 年 1 月

序一

元宇宙的数字化革命是我国引领世界的新机遇

2022 年 5 月，我为龚才春院长主编的《中国元宇宙白皮书》作序。该书汇集了近百位工程技术专家、学者、企业家、投资人、艺术家对“元宇宙”这一概念进行解读，虽然可能有“一千个人眼里有一千个元宇宙”的情况，但可以看到大家对元宇宙的学术本质、技术实现、产业路径和未来趋势的认真思考。

2023 年元月，很高兴再次为龚院长作序，龚院长执行主编的《元宇宙：数字中国的新机遇》是其团队对元宇宙更为落地、体系化、成熟的研究成果，梳理了元宇宙的产业生态、重点应用领域，以及我国国家层面元宇宙相关政策、主要地方政府元宇宙产业政策，分析了元宇宙的应用场景，对元宇宙的产业发展思路提出了建议，对元宇宙作为未来 30 年支柱产业发展的重要意义作出了令人信服的阐释。附录中的海外元宇宙政策概述具有很高的参考价值，对我国元宇宙产业进化发展可吸纳的外部精华进行了鉴别。

人类区别于动物的根本特征，即具有愿景（vision），这个愿景包含以下几个要素：

1. 尚未建造成；

2. 心仪、渴望的场景；

3. 超越了个人、群体，精准传达他人；

4. 群体共同行动指南。

元宇宙就是为这个交互共构、人人共建的愿景提供最强支撑的理想空间。

数字化革命已经呈现虚实相生的时代特点，展开了元空间、元城市、元宇宙时代。中国的转型创新发展与世界新数字技术革命同频共振。而中国大学教育的规模、新领域的创新升级，超过了绝大多数预期和想象。2022 年 10 月，在 *U. S. News & World Report* 发布的对 90 个国家 2000 所大学的排名中，中国大学的上榜数首次超越了美国，而其中评估出的 10 所拥有世界最好的 AI 科技的大学中，有 5 所是中国的大学。我们在虚拟现实技术和元宇宙上实现了与世界最发达国家竞跑。

时代给我国的历史性机遇已经显现，《元宇宙：数字中国的新机遇》一书是对元宇宙产业布局的前瞻，具有实战参考价值。

吴志强

中国工程院院士、德国工程与科学院院士、瑞典皇家工程科学院院士

2023 年 1 月

序二

52万亿元的饕餮盛宴正拉开帷幕

伴随着新年的钟声，历史的车轮进入2023年，即元宇宙三年。自从扎克伯格宣布将Facebook更名为Meta，元宇宙迅速出圈，成为科技界最热的词。元宇宙已进入第三个年头，元宇宙产业发展的号角已经吹响，这是一个52万亿元的潜在市场，一场饕餮盛宴正拉开帷幕。

大家都知道，“元宇宙”（metaverse）一词来自科幻作家尼尔·斯蒂芬森（Neal Stephenson）于1992年发表的科幻小说《雪崩》（*Snow Crash*）。《雪崩》里面提到的元宇宙，是平行于现实世界的基于数字科技的网络虚拟世界。2021年3月10日，Roblox在纽约证券交易所上市。在其招股说明书中，Roblox明确表达其主要业务是元宇宙，因此也被称为“元宇宙第一股”。由于Roblox上市后的良好表现，资本圈对元宇宙趋之若鹜。2021年10月28日，Facebook更名为Meta，并宣布将用五年的时间将自己打造为一个真正的元宇宙公司，元宇宙迅速成为如雷贯耳的科技术语。

2021年是元宇宙元年，是元宇宙的萌芽期。在这一年里，元宇宙的概念和理念最先被资本圈和媒体圈接受，并开始疯狂炒作元宇宙概念。Meta的扎克伯格、Roblox的大卫·巴斯祖奇、EpyllionCo.的管理合伙人马修·鲍尔、微软的萨蒂亚·纳德拉、英伟达的黄仁勋是这个时期元宇宙最重要的推手。在这个时期，各种思潮风起云涌。有的人极度看好元宇宙，有的人对元宇宙不屑一顾。地不分南北，人不分种族，都以自己的视角来理解元宇宙。“一千个人眼里有一千个元宇宙”就成了这个时期不同人对元宇宙看法完全不同时互相各退一步的借口。资本界、媒体界、产业界、学术界都开始积极争夺元宇宙领域的话语权。为了更吸引眼球，各种荒诞不经的观点见诸报端，“语不惊人死不休”“不求有益，只求荒诞”成了许多人的追求。

2022 年是元宇宙的启蒙时期。在这一年里，虽然也有人还在追求荒诞不经的论调和漫无边际的遐想，但是已经有不少人开始认真思考元宇宙的学术本质和产业路径。我国地方政府开始陆陆续续发布元宇宙的行动计划和产业扶持政策，纷纷摩拳擦掌准备在元宇宙赛道大干一场。上海、杭州、北京、武汉、广州、深圳等城市成为元宇宙产业行动的急先锋。

在这一年里，学术界开始认真思考元宇宙的技术实现和未来趋势。随着《中国元宇宙白皮书》发布，大家从科技视角审视元宇宙，意识到元宇宙的必然性和其巨大的市场价值。在这一年里，武汉元宇宙研究院成立，并提出“中国元宇宙赛道的总规划、总设计”的使命，开始系统研究元宇宙的经济、社会治理、伦理道德、法律法规、产业发展、政策制定、技术创新和文化传播等方面。在这一年里，人们意识到“一千个人眼里有一千个元宇宙”的极度危害。统一和规范元宇宙相关术语是打造我国元宇宙科技基础的重要内容，是推动元宇宙科技创新和构建新时代中国科技话语体系的基础性工作。在这一年里，元宇宙及核心术语概念研讨会召开，“元宇宙”“化身”“数字人”三个术语的定义完成审定并发布。在这一年里，国研经济研究院元宇宙研究中心成立，开始从宏观经济、社会治理、产业发展、政策制定等方面开展元宇宙的研究工作。在这一年里，元宇宙相关的团体标准频繁发布，国家标准和国际标准正在酝酿，全国元宇宙标准化工作组召开了筹备研讨会。在这一年里，各高校开始组建元宇宙相关的实验室、研究院、专业、学院。在这一年里，国家级的元宇宙研究院也在积极筹建。

在2022年，产业界开始了许许多多有关元宇宙的应用探索，资本界也加大了对元宇宙的投资。数字人、元宇宙文旅、元宇宙博物馆、数字藏品等业务井喷式发展，许多股票一沾元宇宙就暴涨。各种公司都开始宣称自己从事元宇宙业务，各个行业、各个场景都快速与元宇宙链接。“元宇宙+”的进程远远快于当年“互联网+”的进程。

然而，2022年元宇宙的产业发展并不理想。从6月开始，数字人的流量下滑严重，许多数字人默默无闻，28万余家数字人公司并没有收获应有的市场价值。数字藏品也开始遇冷，许多藏品开始出现滞销。不仅中国的数字藏品出现滞销，美国的NFT平台如OpenSea、the Sandbox、Decentreland等的年底月交易额也只有年初交易额的10%左右。元宇宙文旅、博物馆也没有吸引到足够的流量，柳夜熙等IP打造成本巨大，营收却比较单一。产业界从赚取眼球，开始逐步冷静地思考如何实现商业闭环。

元宇宙虽然还只是一个三岁的“宝宝”，但是它必须具有自身造血功能，必须探索商业模式，接受市场考验，必须形成商业闭环。经过两年的元宇宙思想洗礼，人们对元宇宙已有一定认识。在新的一年里，人们将不再迷信元宇宙的“高大上”理论和教条，不再迷信元宇宙的哲学思考和“心灵洗涤”，不再迷信元宇宙的“人生导师”和暴富神话，不再迷信那些神乎其神的元宇宙“鸡汤”和画饼。人们意识到元宇宙是互联网的一次颠覆式体验升级，但也只是一次体验升级而已。元宇宙最终要通过技术创新一步一步地实现。离开技术创新根基的元宇宙畅想和元宇宙理念没有任何价值。

2023年将是元宇宙的产业落地年。元宇宙各赛道产业发展将向深水区迈进，业态也将探索商业模式的闭环打造。在这一年里，数字孪生将逐步在各行各业落地：更多元宇宙工厂将开始建设并在工厂的实际生产、运营、管理中发挥作用；智慧城市将有望向孪生城市过渡，并在政务、反恐、应急等场景发挥作用；元宇宙导航将开始出现，并成为未来导航的主要形式。在这一年里，NFT将逐步找到落地的商业模式，解决人们在生产生活中的实际问题，形成实际价值，打造商业闭环。在这一年里，元宇宙将在工业、农业、教育、医疗、军事、金融、电商、政务等众多行业找到商业落地场景。

2022年6月28日，习近平总书记在武汉市考察时强调，科技自立自强是国家强盛之基、安全之要，把科技的命脉牢牢掌握在自己手中，在科技自立自强上取得更大进展。[①] 元宇宙作为众多数字技术的集大成者，是互联网发展史上最伟大的一次迭代升级。疫情三年，实体经济异常艰难，但是数字经济逆势上涨，表现出极强的韧性和活力。正因为如此，摩根士丹利预计我国元宇宙潜在市场规模为52万亿元。

元宇宙的世界竞争，是一场新的国运之争。52万亿元元宇宙产业发展的号角已经吹响，一场饕餮盛宴正拉开帷幕。这场盛宴虽然豪横，却不是弯腰就能捡到钱的幸运之旅，而是充满了挑战的扫雷行动。这本《元宇宙：数字中国的新机遇》，就是献给冲锋勇士的制胜宝典。本书讲述元宇宙的产业地图，让地方政府的元宇宙招商引资有的放矢；同时也讲述了元宇宙的应用场景和可能的商业模式；最后针对地方政府发展元宇宙，提出了若干建设性建议。各地地方政府在制定元宇宙远景规

---

① “习近平在湖北武汉考察时强调　把科技的命脉牢牢掌握在自己手中　不断提升我国发展独立性自主性安全性”，载《光明日报》2022年6月30日。

划、行动计划、产业扶持政策等时，都可以从本书找到实战经验。

最后，以一首《卜算子·咏元宇宙》作为本序的结尾：

金虎送冬去，玉兔迎春到。

元宇宙热潮三载，艰辛知多少？

思想启蒙与落地，今日尤为要。

待到产业曈曈日，百花丛中笑。

武汉元宇宙研究院院长、北京信息产业协会元宇宙专委会主任　龚才春

桂林电子科技大学元宇宙研究院常务副院长、广西数科院院长　蒋　明

2022年12月

目　录

第一章

读懂元宇宙

当今世界，科技革命风起云涌，每隔 10 年都会有一波新的技术浪潮。科技革命对社会、生产、生活乃至国家兴衰都有重要影响。英国由于“红旗法案”错失汽车产业发展机遇，而美国抓住了汽车革命，迅速成为“车轮上的国家”。面对陌生的科技新事物，不同的人有不同的态度和应对方式，有的人支持，有的人恐惧，有的人研究，有的人忽视。报纸如此，电视如此，电影如此，互联网也如此。现在，元宇宙来了。人们刚刚从对互联网的震撼中走出来，又发现一个更令人震撼的科技新事物已经到来。

2021 年是元宇宙元年，元宇宙看似“忽如一夜春风来，千树万树梨花开”，然而“冰冻三尺，非一日之寒”。元宇宙概念的提出和内涵的升华，也是一个漫长的过程。元宇宙的火爆，冥冥之中也有必然性，是人类在不断追求极致体验的过程中对技术不断提出更高要求的必然产物。

党的二十大报告指出，加快实施创新驱动发展战略，加快实现高水平科技自立自强，以国家战略需求为导向，集聚力量进行原创性引领性科技攻关，坚决打赢关键核心技术攻坚战，加快实施一批具有战略性、全局性、前瞻性的国家重大科技项目，增强自主创新能力。元宇宙是众多最新数字技术的集成式创新，是实现科技和应用场景螺旋式发展、突破高技术“卡脖子”问题的关键路径。

本章阐述了元宇宙的思想孕育、概念提出、全球蔓延的全过程，也阐述了元宇宙爆红背后的逻辑、元宇宙的重大意义，并试图给出元宇宙的学术定义。

一、元宇宙的起源

元宇宙由一个科幻术语变成一个科技术语并非偶然，科技、科幻、神话并没有不可跨越的壕沟。曾经的神话已经潜移默化地变成了我们日常生活的科技，今天的科幻也许就是明天的科技，30 年前的科幻术语“元宇宙”，现在也一步一步地变成科技名词。科幻和神话都反映了人们对美好生活的向往。正是这种向往驱动着一代代有理想有抱负的人们努力奋斗。神话里的精卫填海，现在的南海造岛；神话里的千里眼、顺风耳，现在的摄像头、手机；神话里的腾云驾雾，现在的航空航天……

（一）意识世界的描述

卡尔·波普尔在 1972 年出版的《客观知识：一个进化论的研究》一书中，系统地提出了“三个世界”划分理论，将物理世界（物质世界）、心理世界（意识世界）、人工世界作为并列存在的主体。

人类的大脑每时每刻都在思索，这构成了我们每一个人的意识世界。人的意识世界对其他人来说是不可见的。为了向他人描述自己的意识世界，人们需要将自己的所思所想进行表达。不同的时代有不同的表达方式，其表达效果也不一样。对意识世界表达的沉浸式体验程度，许多人称之为元宇宙率。

人类第一次把大脑里的想象力发挥出来，其实际表达出来的形式是岩洞壁画，这也是元宇宙率最低的媒体形式。

从媒体传播的效果来看，面对面的交流，信息传播的效果和体验最好，一般称为亲身传播。但是亲身传播成本很高，很多时候也不现实。哪怕是像孔子这样的大教育家，也只能够带 72 个弟子和 3000 门徒。正因为亲身传播效果最好，孔子才需要周游列国。

春秋时期，亲身传播尚且如此困难，可以想象，在原始社会亲身传播就更困难了，传播效率就更低了。在原始社会，能够传播的途径无外乎动作、表情、声音、性激素等，能够传播的内容无外乎情绪、状态等。就像我们在动物园看到一群猴子，你可以想象猴子之间交流的内容无外乎吃喝拉撒等，很难想象大猴子会教小猴子背《论语》。

为了传播的效率提升和范围拓展，我们的祖先首先发明了语言，于是传播的范围更大了，语言的表达也比表情、动作、性激素等更丰富了，但是沉浸式感觉就下降了。有了语言之后，思想的传播与传播者的身体就分离了，离身传播就出现了。不过，语言的传播范围还是非常有限，而且语言的传播是一个流式传播。在录音机发明之前，语言的传播都是流式传播，语言都不能保存。于是人们就思考怎么把语言保存起来。这样，另一种离身传播的方式就出现了，那就是文字。

有了文字之后，我们即使没有看到一个人或听到他的语言，也可以知道其思想了。我们天天背《论语》《道德经》，但是我们都从来没有见过孔子和老子。《论语》和《道德经》就是孔子和老子对我们做的离身传播。

整个历史的发展过程，就可以理解为媒体技术的发展过程。语言和文字之后，又出来了壁画、戏剧等媒体。文字本身也是一个不断发展的过程，从甲骨文，到金文，再到小篆，一直到现在的简体汉字。

最初的文字都是书写的，为了进一步提高传播的效率，于是印刷术出现了。印刷术也是一个不断发展的过程。从大家都知道的毕昇发明活字印刷，到后面纸媒的出现，电报的出现，电视和互联网的出现，这都是传播方式的更新，于是各种媒体也相继粉墨登场。这些传播都是离身传播。

从壁画、语言、传说，到文字、绘画、诗歌、小说、报纸、广播、电视、电影、元宇宙，都是人们将大脑中的意识世界进行表达的形式。从目前科技水平来看，元宇宙无疑是最好的表达方式。正因为如此，庄松林院士在给武汉元宇宙研究院和国研经济研究院共建元宇宙研究中心成立仪式上的致辞中提道："元宇宙给人类的想象力插上技术的翅膀，使人类的想象可以快速变成现实。人类可能将第一次实现'所想即所得'。元宇宙的沉浸式体验也远远高于岩洞壁画、书籍、报纸、电视、电影、直播等既有媒体形式，是未来信息传播和媒体传播的主要形态，也是未来互联网的必然形态。"

（二）科学技术的演进

《中国元宇宙白皮书（2022）》将元宇宙定义为"下一代互联网，具有沉浸式体验的互联网，是目前我们能够想象到的互联网的终极形态"。从这一点上讲，元宇宙也是科学技术逐步演进的必然结果。我们先梳理互联网和移动互联网的发展历程，总结互联网的发展规律，从而预测未来互联网的发展趋势。

1969 年，美国国防部远景研究规划局（Advanced Research Projects Agency，ARPA）为军事实验而建立阿帕网（ARPANET）。1986 年在美国国会科学基金会的支持下，用高速通信线路把分布在各地的一些超级计算机连接起来，进而又经过十几年的发展形成互联网。1994 年 4 月 20 日，中国国家计算机与网络设施（NCFC）工程通过美国 Sprint 公司连入互联网的 64K 国际专线开通，从此中国被国际上正式承认为真正拥有全功能互联网的国家。

互联网刚进入中国的时候，只有一种业态，就是电子邮件。随着互联网速度的提升，第二个出现的互联网业态是网络聊天室。大家可以到某一个网页里，选择某一个主题的聊天室，跟各种各样的人天南海北地胡侃。随着网络速度进一步提升，互联网的第三个业态随即出现，即新浪、搜狐、雅虎等门户网站。大家都可以到网上看新闻了。随着互联网速度的进一步提升，互联网新闻里面已经开始有图片了。互联网可以传输图片，人们就可以在网页上先看看商品的样子，电子商务就成为一种必然。

之后我国的互联网发展就一发不可收拾了，随着网络速度的进一步提升，就涌现出更多的互联网应用。我们在互联网上就可以看电视、看电影，现在我们都可以看直播了。总体上讲，互联网的发展过程就是一个网速越来越快、体验越来越好的过程。现在互联网还可以提升的方向之一就是沉浸式体验。元宇宙就是互联网体验进一步提升的必然结果。

移动互联网的发展历程也大抵如此。移动互联网出来的第一代产品，我们现在一般称为“大哥大”。大哥大只有语音通话功能，没有网络功能，而且语音通话内容也很不安全。移动互联网的第二个发展阶段，就是我们现在所称的 2G。2G 的通话安全性大大加强，也实现了终端设备（手机）与用户标识（SIM 卡）的分离，同时还具有短信功能，使中国进入“拇指时代”。

从第三代移动通信网络开始，除了有语音通话功能外，还有数据服务功能，网速也可以满足动图和彩信的需求。在第四代移动通信网络，网速已经超过每秒 10 兆，用手机已经可以流畅地看直播了。到了 2019 年，第五代移动通信网络，即 5G，已经开始在中国商用。

从移动互联网看，也是一个网络速度越来越快、体验越来越好的过程。现在的移动互联网，体验能够改进的就是沉浸式体验了。5G 技术的诞生将对世界产业格局乃至地缘政治格局产生重大影响。当前，世界各国正积极布局 5G 产业。中国、美国、韩国、日本等国家通过产业政策对本国 5G 产业发展提供支撑，争取走在 5G 行业发展的前列。然而自动驾驶、远程医疗并没有支撑起 5G 网络的应用，于是元宇宙出现了。

从最初的 4 个站点互联，到所有 PC 端互联，到所有手机端互联，再到未来万事万物的互联，这是一个连接越来越普遍的必然趋势。互联网从最初的发送邮件，到阅读文字新闻，到网络聊天，到音视频内容的传输，到网络电影、短视频、网络直播，再到未来的全息视频、数字人等，这是一个体验越来越好、越来越沉浸式的过程，也为元宇宙的发展提供了重要技术保障。

（三）神话与元宇宙

提起神话，人们眼前或者会浮现《西游记》中孙悟空保护唐三藏西天取经的影像，或者联想到《山海经》和《淮南子》里面讲述的“女娲补天”“西王母居玉山”“嫦娥奔月”等传说。科学尤其是现代科学发展的原动力，来源无外乎两个，一个是神话故事，另一个就是科幻小说。

中国精彩的神话故事无外乎《西游记》和《封神榜》等。这些神话故事中有很多法术，其中有不少法术已经由现在的科学技术将其实现。

《西游记》中令人印象最深的就是腾云驾雾，现在技术上已经实现，那就是飞机；孙悟空的火眼金睛，那就是地铁、高铁、机场等场所的安检设备、红外夜视仪、红外扫描等；至于千里眼、顺风耳，手机也已经实现了这些功能。在《西游记》中各种各样的法术，目前只有三项还没有实现：孙悟空的七十二般变化、长生不老和救命毫毛。

那么，元宇宙就试图用另一种方式来实现神话故事中一直还没有实现的这三大法术。对于人来说，一般可以分为两个部分：一部分是我们物理意义上的肉体，专业术语称之为肉身，属于外在表现；另一部分就是我们的思想意识，或称之为灵魂，属于内在表现。如果能够把一个人所有的外在表现和内在表现作为数据储存到计算机里，包括说话的声调、语气、思维方式、表达方式等，就可以实现另一种意义上的永生，即数字永生。大家都可能了解过数字人，这是元宇宙的重点研究领域和产业方向。每一个人都会有一个或若干个化身，不同的化身就可以使用不同的数字人形象，这就变相地实现了七十二般变化和救命毫毛。

（四）科幻与元宇宙

元宇宙的概念在影视作品中出现，也为人们广泛接受。例如，《黑客帝国》是较早完整呈现由电子与网络技术构筑的虚拟世界的电影作品。该作品的要旨便在于勘破虚假、寻求真实——哪怕用“插管”技术搭建起来的虚拟世界是如此的繁荣，哪怕现实是如此的残破、颓败和恐怖。

《头号玩家》与《失控玩家》都是近年来讲述元宇宙世界的知名电影作品。《头号玩家》中的元宇宙，展现了现实与虚拟的巨大反差。电影背景设定在一个更加贫瘠的未来世界，真实世界的混乱、停滞与虚拟世界的虚幻、美好带来的巨大反差，让身处于当下的我们更容易看到自己世界的影子，也带有暗示性地告诉我们未来的样子，即“最强劲的精神寄托”（Super Drug）。

而《失控玩家》的元宇宙重点展现的是虚拟世界中人的觉醒，而不是虚实世界的切换。这也是对元宇宙意义的思考：在一个时空可以加速、收益和回报更加稳定、允许失败重来的世界中，人们获得的经验、体验、感悟，会从虚拟世界传给现实世界中的自己，从而丰富人生阅历，做现实中不可能做到的事。这种回溯才是元宇宙这个虚拟世界给现实世界最大的意义。

由著名导演詹姆斯·卡梅隆执导的《阿凡达》，开创了电影的IMAX时代。该片讲述了在未来人类飞到遥远的潘多拉星球开采资源，受伤后以轮椅代步的前海军陆战队队员杰克，自愿接受实验并以他的“阿凡达”来到潘多拉，然而在结识了当地纳美族人公主涅提妮之后，杰克在一场人类与潘多拉居民的战争中陷入两难的故事。很多人不知道的是，“阿凡达”一词来自梵文的宗教用语，意译为“化身”。在宗教文献中，神明由天堂来到人间，通常以化身方式出现，他的本体仍然在天堂或灵界，出现在人间的形象并非本体，而是本体的投射或变化。“化身”也成为元宇宙领域最热的词汇之一。

（五）元宇宙概念的提出

“元宇宙”这个概念源自美国著名科幻作家尼尔·斯蒂芬森（Neal Stephenson）于1992年发表的科幻小说《雪崩》，这本书最先提到了metaverse，即元宇宙。《雪崩》向大家启蒙了元宇宙的概念，描绘了一个庞大的虚拟现实世界，所有现实世界的人在元宇宙里都有一个数字分身，人们用数字分身来进行活动，并相互竞争以提高自己的地位。

2021 年 3 月 10 日，游戏公司 Roblox 在纽约交易所上市。上市当天，Roblox 收盘价格上涨 54.4%，公司市值突破 450 亿美元。Roblox 是第一家在招股说明书里写明从事元宇宙业务的公司，因此，它也被称为“元宇宙第一股”。正因为其良好市场表现，资本圈意识到元宇宙的重要性。

2021 年 10 月 28 日，扎克伯格宣布将 Facebook 改名为 Meta，计划用 5 年的时间，将 Meta 打造为一家元宇宙公司。微软、英伟达等公司也迅速跟进，苹果、亚马逊等公司也跟着宣布进入元宇宙赛道。在我国，腾讯、百度、阿里巴巴、蓝色光标等互联网巨头也都纷纷入局元宇宙。Facebook 应时而动，整个互联网生态随声附和，全球产业界纷纷呼应，元宇宙概念得以彻底爆发。蓝牙盒子、深声科技、聚力维度、iBox、RealWorld、51World、iCloser、thingJS、爻览 AR 等也紧随其后，构建了良好的项目生态。至此，元宇宙羽翼丰满、呼之欲出。武汉元宇宙研究院、西藏元宇宙研究院、深圳元宇宙研究院等纷纷成立。

二、元宇宙是什么

自从科幻小说《雪崩》中首次提出“metaverse”开始，对“元宇宙”的定义就没有停止过。

2020 年 12 月，腾讯文化出品了年度特刊《三观》。腾讯创始人马化腾撰写了前言，其中提出了“全真互联网”的概念：

现在，一个令人兴奋的机会正在到来，移动互联网10年发展，即将迎来下一波升级，我们称之为“全真互联网”。从实时通信到音视频等一系列基础技术已经准备好，计算能力快速提升，推动信息接触、人机交互的模式发生更丰富的变化。

2021年，Meta的扎克伯格提出“元宇宙”的定义：

元宇宙是移动互联网的后继，是“具身互联网”。在其中，用户不只看到文字、图片、视频，更是一种沉浸式的体验。

2021年12月23日，中纪委在其官方网站发表文章《元宇宙如何改写人类社会生活》，也给出关于“元宇宙”的如下定义：

通常说来，元宇宙是基于互联网而生、与现实世界相互打通、平行存在的虚拟世界，是一个可以映射现实世界、又独立于现实世界的虚拟空间。

2021年年底，上海交通大学钱学森图书馆展出了钱学森关于“虚拟现实”的信件手稿。在手稿中，钱学森建议将科技新事物Virtual Reality翻译为“灵境”。

2021年12月29日，中关村数字媒体产业联盟发布了元宇宙的第一个团体标准《元宇宙术语与传播规范》。该文也给出了一个“元宇宙”的定义：

元宇宙是指经由人体感知与人机交互设备（例如，头戴式虚拟现实或增强现实设备、眼镜、手机、脑机接口或其他人体感知、人机交互设备），使用户通过专属数字身份互联，在其中实现社交、工作、娱乐、生产、消费等活动，并实现与现实社会交互、映射和影响的数字虚拟空间和虚实融合社区，具备永续时空、虚实共生、沉浸交互、开放生态等特点。

这应该是2021年对“元宇宙”最完备的定义。当然，现在回过头来看其问题也较多。第一个问题是这个定义用了许多比元宇宙可能还复杂的术语来解释元宇宙，如专属数字身份、虚实融合、虚实共生、永续时空等；第二个问题，部分语句不通顺、容易产生歧义，如“使用户通过专属数字身份互联”应该是“通过互联网或移动互联网相连”和“每个用户都有专属的数字身份”的融合歧义。根据上下文来猜测，“在其中”的“其”，应该是指“数字虚拟空间和虚实融合社区”，但是在“在其中实现社交、工作、娱乐、生产、消费等活动”中，“其”未被定义。

腾讯新闻和复旦大学新闻学院传播学系在《2021—2022 元宇宙报告》中也提出“元宇宙”的定义如下：

> 元宇宙并不是特指某种单一的技术或应用，而是指一种基于增强现实、虚拟现实、混合现实技术的 3D 空间、生态和环境。

当然，这个定义的前面一句话并不是从术语学上对“元宇宙”的定义。所以，该定义可以理解为元宇宙是基于增强现实、虚拟现实、混合现实技术的 3D 空间、生态和环境。我们认为，这个定义把元宇宙等同为虚拟现实、增强现实、混合现实生成的空间，缩小了元宇宙的内涵。

为方便大家对“元宇宙”的理解，2022 年 5 月 27 日发布的《中国元宇宙白皮书（2022）》也使用互联网作为“属”，给出了“元宇宙”的非正式定义如下：

> 元宇宙是下一代互联网，是具有沉浸式体验的互联网，是我们目前能够想象到的互联网的终极形态。

经过近 30 年的发展，互联网已经深入人心。因此，《中国元宇宙白皮书（2022）》对“元宇宙”的定义可以帮助读者快速、有效地理解元宇宙，但是该定义确实不是特别精确，也不是特别学术化。马修·鲍尔（Matthew Ball）对元宇宙的理解与《中国元宇宙白皮书（2022）》类似，也是将元宇宙定义为下一代互联网。摩根士丹利、花旗银行、Meta 等机构给出的“元宇宙”的定义也与《中国元宇宙白皮书（2022）》类似。

德勤从“Meta（元）+ Verse（宇宙）”的本义出发，去定义和设想元宇宙的未来，即元宇宙是“虚实融合的世界”，包含 4 层含义：模拟现实的虚拟世界、创新的虚拟世界、元宇宙包括现实世界、虚实融合超越现实。

术语定义的共识是学术交流和学术传播的前提。为了给“元宇宙”一个合适的定义，武汉元宇宙研究院与全国科学技术名词审定委员会（以下简称全国科技名词委）合作，召集国内 140 余位元宇宙专家从 2021 年 10 月就开始了相关研究。2022 年 9 月 13 日，全国科技名词委召开“元宇宙及核心术语概念研讨会”，经过 4 个多小时的热烈讨论，最终形成了关于“元宇宙”定义的对外征求意见稿：

> 元宇宙是人类运用数字技术构建的，由现实世界映射或超越现实世界，可与现实世界交互的虚拟世界。

三、未来 30 年的支柱产业

理解了什么叫元宇宙，第二个问题就会随之而来：为什么元宇宙这个概念会忽然横空出世，为什么元宇宙会这么火？2016 年是虚拟现实元年，而过去几年里，虚拟现实发展不温不火。2021 年是元宇宙元年，为什么虚拟现实已经热情不再，而以虚拟现实为基本表达形式的元宇宙却如日中天？

最后一点，为什么我们要提元宇宙这个场景，而不去说其他场景？

我们说现在技术达到一个奇点，会引起新的产品或业态的出现。那为什么技术达到奇点，会提元宇宙而不去提其他场景呢？为什么资本需要新故事，大家就讲元宇宙的故事呢？为什么技术需要新的场景，大家就讲元宇宙的场景呢？为什么用户需要新体验，大家就讲元宇宙的体验呢？

中国未来 30 年的元宇宙产业，相当于过去 30 年的房地产产业。在过去 30 年，房地产行业是我国经济的支柱产业。房地产在当时的历史背景下成为中国支柱产业的原因就在于房地产能够带动上游、中游、下游一系列产业的聚集发展。

举个例子，它的上游包括生产水泥、钢筋、预制板、砖瓦、瓷砖等一系列建筑材料的厂商，这本身就是一个巨大的市场。所以房地产产业升温，这些上游产业也能够跟着房地产行业活跃起来。它的中游产业包括设计商、开发商、监理商、装修公司等。它的下游产业包括物业公司、维修公司、零售商、家具商、餐饮店、医院、学校、健身馆等。也就是说，通过房地产行业的活跃，可以带动上中下游一系列产业活跃起来。中国有 14 亿人口，至少有 3 亿 ~4 亿套房子的需求。这本身就是一个巨大的市场，它又能够带动上中下游更庞大的市场。所以房地产行业的发展能够带动整个中国的经济发展。

现在房地产行业对中国经济的发展已经乏力了，那么未来谁来带动整个中国经济的发展呢？未来 30 年我国的支柱产业是什么呢？要成为中国未来 30 年经济的支柱产业需要具备什么条件呢？

首先，这个产业一定要像房地产一样，本身必须具有广泛的用户群体，有巨大的市场空间。在目前，自动驾驶其实是满足这个条件的。目前中国汽车保有量为 3.93 亿辆，未来汽车保有量还会增加。如果都能实现自动驾驶，将拥有巨大的用户群体。可惜自动驾驶技术并不成熟，目前还看不到商业化的迹象，而且自动驾驶附带的很多法律、道德问题还有待商榷。因此，自动驾驶不大可能成为我国未来的支柱产业。

远程医疗也不可能成为我国的支柱产业。远程医疗只有大医院或者中型医院有需求，而医院的数量是有限的，它不可能变成一个全民的使用场景，只是一个小众场景。我们的煤矿、油矿、铁矿、铜矿等也不构成一个全民的场景，毕竟数量都有限。

而元宇宙是一个非常好的场景，可能全国至少有 12 亿人可以成为元宇宙的终端用户，且几乎所有的公司、政府部门、事业团体都可以成为元宇宙的 B 端用户。元宇宙的用户群体非常大，元宇宙本身就是一个非常庞大的产业。元宇宙作为未来互联网的存在形式，过去互联网触达过的用户，未来都是元宇宙可以触达的客户；过去互联网改造过的场景，未来都是元宇宙可以改造的场景；过去互联网优化过的产业，未来都是元宇宙可以优化的产业。

其次，这个产业必须有庞大的上游和下游产业，而元宇宙也是满足这个条件的。元宇宙有广泛的上游、中游和下游企业。上游企业包括芯片厂商、基带厂商、网络厂商、云计算厂商、人工智能厂商等。元宇宙本身即包括了区块链、数字孪生、世界编辑器等中游企业，还有大量的内容创意和内容生产商。当然元宇宙的中游产业还包括了操作系统、数据库、编译器等基础软件。元宇宙的下游产业就更多了。游戏、社交、广告、媒体、政务都将是元宇宙的下游产业。各行各业包括航天、航空、汽车、军事等，都有可能产生丰富的元宇宙下游应用。

综上所述，元宇宙具有丰富的上游、中游和下游产业，所以它会像过去的房地产行业一样，能够带动整个经济的发展。未来元宇宙将成为中国经济的新引擎，变成中国经济的支柱产业。

四、元宇宙发展的重大意义

元宇宙是互联网发展史上一次伟大的体验升级，为我国经济发展带来了新机遇。随着我国经济进入减速提质的高质量发展阶段，抢抓数字经济与元宇宙发展新机遇，加强对元宇宙相关产业的规范和引导，研究规划推动元宇宙相关技术及产业的发展，对不断做强做优做大我国数字经济，赋能我国当前及长远的实体经济稳定发展，具有重要意义。

（一）顺应数字经济迭代升级的新趋势

数字化转型是一个不断应用信息技术最新成果，激发数据要素创新驱动潜能，改造提升传统动能，培育发展新动能，实现转型升级和创新发展的过程。近年来，随着相关技术加速创新和日益融入经济社会发展各领域，世界主要国家和地区纷纷加快数字化转型布局，我国也在“十四五”时期部署了建设网络强国、数字中国的重要战略任务。

党的二十大报告也提出，建设现代化产业体系，坚持把发展经济的着力点放在实体经济上，推进新型工业化，加快建设制造强国、质量强国、航天强国、交通强国、网络强国、数字中国。当前，我国数字化水平在农业、工业、服务业及新业态、新模式中都有极大提升，但仍存在区域间、产业间和企业间发展不平衡、数字经济与实体经济融合不够、数字化转型引发结构性失业风险增加、数字化与绿色化协同发展缺乏等问题。

元宇宙作为下一代互联网的新形态，是虚拟现实、数字孪生、区块链、5G、人工智能、云计算等为代表的新一代信息技术的集成创新，提升了数字经济的临场感体验和价值流转体验，顺应了当前数字化转型的技术趋势，同时也为产业数字化转型提供了更丰富的应用场景。提前谋划和抢抓数字经济迭代升级的新机遇，从国家全局高度研究规划元宇宙产业发展，将有助于加速现有产业数字化转型进程，推动数字经济的进一步发展。

（二）突破高科技“卡脖子”的关键举措

党的二十大报告指出，加快实施创新驱动发展战略，加快实现高水平科技自立自强，以国家战略需求为导向，集聚力量进行原创性引领性科技攻关，坚决打赢关键核心技术攻坚战，加快实施一批具有战略性、全局性、前瞻性的国家重大科技项目，增强自主创新能力。

近年来，随着我国经济实力的不断增强，我国与发达国家在科技创新能力方面的差距正逐步缩小，在许多领域已经具备了自主创新能力，正从科技创新的“跟跑者”向“并跑者”甚至“领跑者”转变。但是，由于国内某些领域对国外技术依赖仍非常高，在许多领域仍需执行国外技术标准，我国科技依然面临着“卡脖子”难题。元宇宙底层核心技术中的芯片、人工智能、云计算、区块链技术等，大部分与当前信息技术领域里的“卡脖子”技术相重叠，因此，系统性地研究规划元宇宙相关核心技术的发展路径，是全面突破“卡脖子”问题的关键举措。

我国的优势在于超大规模市场可以提供丰富的元宇宙应用场景，近

20年的大规模互联网基础设施建设也可以为元宇宙的发展提供坚实的保障。可以预见，随着相关技术的不断成熟，与元宇宙相关的新业态、新应用将会不断涌现，进而又会对技术的迭代升级产生新的需求。技术与应用螺旋式地相互促进，将会不断刺激核心技术的迭代升级，而这对于逐步解决“卡脖子”困境，实现关键核心技术自主可控，构筑国家竞争优势具有重要的推动作用。

（三）培育低增长时代的经济新增长极

在当前我国经济仍面临多重压力和挑战背景下，寻找新的经济增长极变得尤为重要。党的二十大报告指出，特别是面对突如其来的新冠疫情，我们坚持人民至上、生命至上，坚持动态清零不动摇，开展抗击疫情人民战争、总体战、阻击战，最大限度保护了人民生命安全和身体健康，统筹疫情防控和经济社会发展取得重大积极成果。

新冠疫情改变了全球经济发展的既有路径，实体经济的价值创造行为受到物理环境约束，以数据为关键生产要素的数字经济却因此实现了一次群体扩容。当前，我国经济进入高质量发展阶段，人口红利逐步衰退，资源环境约束广泛显现，粗放型的传统经济增长模式亟待转变。数字经济是当代经济发展的主要增长点，在疫情中更是显现出足够的韧性和活力。因此，在当前全球经济发展模式面临转折的十字路口，积极拥抱数字经济带来的全新赛道机会，对于培育低增长时代的经济新增长极意义重大。

元宇宙作为互联网进化的未来形态，打破了物理世界的隔阂，可以带来全新的虚实融合和临场感体验；打破了 Web 2.0 时代的平台剥削，可以带来全新的数据确权和价值流转体验，提高全要素生产率，提升经济长期增长潜力。

（四）提升新技术革命后的社会治理能力

数字经济是继农业经济、工业经济之后的主要经济形态，是以数据资源为关键要素，以现代信息网络为主要载体，以信息通信技术融合应用、全要素数字化转型为重要推动力，促进公平与效率更加统一的新经济形态。元宇宙是人类从工业化社会向数字经济和信息化社会转型中的大事件，将开创全新的数字空间，未来的发展在很大程度上取决于社会公众的参与和贡献。因此元宇宙应成为更多公共资源的载体，国家、企业、公益组织和民众都需要参与其中深度协同治理，推动数字世界与物理世界融合发展。

党的二十大报告也指出，完善社会治理体系，健全共建共治共享的社会治理制度，提升社会治理效能，畅通和规范群众诉求表达、利益协调、权益保障通道，建设人人有责、人人尽责、人人享有的社会治理共同体。政府的角色在于鼓励更多的市场主体、民众、社会组织参与其中，以及构建一套清晰、完整、系统、动态的发展规划，推动元宇宙与公共资源的结合，探索适应数字经济新时代的社会治理模式，从而提升新技术革命后的社会管理能力，避免将其价值和意义局限于资本理解的框架之中，重蹈上一代互联网在某些阶段被资本力量所裹挟甚至被外资乘虚而入的歧路。

参考文献

[1] Ball M. The Metaverse-And How It Will Revolutionize Everything[M]. New York:

Liveright Publishing Corporation, 2022.

[2] Citi GPS. Metaverse and Money: Decrypting the Future[EB/OL]. Citi ICG，2022-03-03. https://icg.citi.com/icghome/what-we-think/citigps/insights/metaverse and-money_20220330.

[3] Morgan Stanley. The Metaverse:The Next Mobile Internet? [R/OL]. Studocu.，2022-01-25 . https://www.studocu.com/en-us/document/boston-university/strategyinnovation-and-global-competition/metaverse-next-internet/26064375.

[4]“元宇宙”等如何定名释义？全国科技名词委研讨会形成共识 [EB/OL]. 中国新闻网，2022-09-14.

[5] 陈霞昌 .“元宇宙第一股”的前世今生 [N]. 证券时报，2021-09-12.

[6] 元宇宙综观：愿景、技术和应对 [R]. 德勤，2022-10-08.

[7] 龚才春，杜振雷，周华，等 .“元宇宙”术语的定义及进一步思考 [J]. 中国科技术语 .2023（1）.

[8] 龚才春 . 元宇宙：大变革前夜 [M] . 北京：大有书局，2022.

[9] 龚才春 . 中国元宇宙白皮书（2022）[R].2022-05-27.

[10] 国研经济研究院与武汉元宇宙研究院共建元宇宙研究中心成立仪式在京举行 [N]. 经济时报，2022-12-02.

[11] 卡尔 · 波普尔 . 客观知识：一个进化论的研究 [M] . 舒炜光，卓如飞，周柏乔，等译 . 上海：上海译文出版社，2005.

[12] 美国 Facebook 公司宣布更名为 Meta[EB/OL]. 中国新闻网，2021-10-29.

[13] 尼尔 · 斯蒂芬森 . 雪崩 [M] . 郭泽，译 . 成都：四川科学技术出版社，2009.

[14] 孙梦真，郭燕花，孙梦成 . 计算机与移动互联网技术的发展研究 [J]. 现代信息科技，2019（24）.

[15] 2021—2022 元宇宙年度报告 [R]. 腾讯新闻，复旦大学新闻学院传播系，2022-01-12.

[16] 习近平 . 高举中国特色社会主义伟大旗帜 为全面建设社会主义现代化国家而团

结奋斗——在中国共产党第二十次全国代表大会上的报告 [EB/OL]. 中国政府网，2022-10-25.

[17] 元宇宙如何改写人类社会生活 [EB/OL] . 中央纪委国家监委网站，2021-12-23.

[18] 张聪，姜皓文 . 我国第五代通讯技术产业发展历程、趋势与建议 [J] . 广东经济，2021（9）.

[19] 张晖，裴亚军 . 科技名词“中国味”的战略考量 ：从钱学森给 VR 的译名“灵境”谈起 [J]. 新华月报，2022（4）.

[20] T-ZDMIA3—2021 元宇宙术语与传播规范 [S]. 中关村数字媒体产业联盟，2021.

第二章

元宇宙产业生态

元宇宙是众多现代数字技术的集大成者。世界各国现代科技的竞争都将体现为元宇宙的竞争。未来的元宇宙将是一个跨越国界的互联系统，也将成为继海、陆、空、天、网之后的第六作战空间。元宇宙带来的“虚实融合”沉浸式体验将使这个空间的战争更加残酷，破坏力更加巨大，科技在未来国际竞争中的主导地位将更加明显。

元宇宙是一个庞大的技术体系，其产业生态也极其复杂。因此，元宇宙的技术体系对元宇宙产业生态有很大的影响，未来元宇宙技术体系的更新迭代会给元宇宙产业生态带来相应的变化。要理解元宇宙的产业生态，就要理解元宇宙的技术体系，并关注产业生态的每一个头部玩家。

本章先简要介绍不同专家对元宇宙技术体系的思考，给出元宇宙技术发展的建议，并分析我国元宇宙产业生态各赛道的主要角逐者，方便读者从总体上了解我国元宇宙产业生态。

一、常见的元宇宙技术体系

从元宇宙由科幻术语转变为科技术语开始，专家们就开始梳理元宇宙的技术体系。元宇宙的技术体系也是一个逐步成熟、完善的过程。各专家团队提出的技术体系，从最初的罗列元宇宙可能涉及哪些技术，如BAND技术体系、BIGANT技术体系、“我们志在远航”技术体系，到分门别类地梳理，如BASIC技术体系、参考模型，再到明晰各核心技术之间联系的分层技术模型。在一年多的时间里，人们对元宇宙技术实现的认知越来越清晰了。

（一）BAND技术体系

2021年5月30日，国盛证券分析师宋嘉吉等人发布行业深度研究报告《元宇宙：互联网的下一站》，提出构建元宇宙的四大支柱BAND。

宋嘉吉等人将构建元宇宙的技术赛道归纳为“BAND”，即区块链（Blockchain）、游戏（Game）、网络算力（Network）和显示方式（Display），分别从价值交互、内容承载、数据网络传输及沉浸式展示融合构建元宇宙。

一是区块链技术。区块链技术提供了去中心化的清结算平台和价值传递机制，能够保障元宇宙的价值归属与流转，从而保障经济系统的稳定、高效，保障规则的透明和确定性执行。

二是电子游戏。电子游戏为元宇宙提供交互内容，是元宇宙内容发展与用户流量的关键赛道。用户创作成为元宇宙游戏发展的趋势，能够为元宇宙提供丰富的内容，玩家并非像传统游戏一样成为游戏主策、主程手中的提线木偶，用户创作模式的普及也改变着人们对虚拟资产的观念。

三是网络与算力技术。网络与算力技术的升级保障了信息的传输与计算能力，5G、AIoT、算力为元宇宙应用创新打下了坚实基础。云计算是近年来发展最快的科技领域之一，伴随通信速率和云算力的持续升级，云游戏近年来也实现了高速发展。

四是显示技术。显示技术提供交互方式，超高清及 AR/VR 设备也实现了持续迭代升级，用户已经可以获得较好的沉浸式体验。

（二）BIGANT 技术体系

赵国栋、邢杰、易欢欢、徐远重、焦娟等集前人之所长，在他们写的《元宇宙》《元宇宙通证》《元宇宙大投资》等书中，创造性地提到了元宇宙的六大技术，即区块链技术（Blockchain）、交互技术（Interactivity）、电子游戏技术（Game）、人工智能技术（AI）、网络及运算技术（Network）和物联网技术（Internet of Things），统称 BIGANT（大蚂蚁）。BIGANT 技术体系是目前影响非常大、传播非常广的技术体系，代表了早期对元宇宙核心技术进行罗列和阐述的巅峰。

1. 区块链技术

一般认为，元宇宙不会采用类似抖音、快手、腾讯、阿里巴巴等这样的中心化技术，而是更多地采用去中心化的区块链技术。区块链技术在元宇宙的主要功能包括如下。

一是数字身份。每个人都有一个或若干个化身，人们以化身的形式进入元宇宙。化身的数字身份需要使用区块链。

二是数字资产。在现实世界，人们消费的大部分是现实的产品，一般称为实物产品。未来，在元宇宙，人们消费的大部分将是数字产品。例如化身的眼镜、服装或道具等都可能会变成未来元宇宙中的主要商品。这些商品在元宇宙中进行售卖，首先要变成数量有限的“资产”，这一般是采用以太坊 ERC-721 协议来实现。人们习惯称呼这些元宇宙中标识的资产为非同质化通证（Non-Fungible Token，NFT）。

三是数字货币。要实现商品之间的交易，就一定要有交易的中介——货币。人们得拿着“钱”去买他们的数字产品。这个“钱”要充当虚拟世界的交易中介，一般是类似比特币的加密数字货币，而数字货币也必须用区块链技术。

四是数字交易。前面已经提到，未来元宇宙中数字产品的交易，如果通过中心化的银行体系的话，可能会对银行体系造成巨大的负载，同时也不符合未来 Web 3.0 的范式。在元宇宙，我们可能每时每刻每秒都在进行大量的交易，所以未来更有可能通过分布方式来完成交易，这也需要使用区块链技术。

五是数字市场。在现实世界，我们可能会去菜市场买菜，去商场购物，去超市买零食。在元宇宙，也会有各种各样的市场专门售卖某一类型的数字产品，这就形成特定的数字市场。数字市场也需要使用区块链技术。

2. 交互技术

交互技术是指现实世界与虚拟世界交互的技术，一般被称为元宇宙的入口。元宇宙入口一般就是我们所说的虚拟现实设备或增强现实设备，也包括脑机接口等。Meta 的 Quest 2、微软的 HoloLens、字节跳动的 PICO 4，都是国内外知名的虚拟现实终端设备。

3. 电子游戏技术

元宇宙不会再拘泥于 2D 的效果，需要驱动元宇宙的场景或虚拟人等的引擎，这就是游戏引擎。游戏引擎是指一些已编写好的可编辑电脑游戏系统或者一些交互式实时图像应用程序的核心组件。这些系统为游戏设计者提供编写游戏所需的各种工具，其目的在于让游戏设计者能容易和快速地做出游戏程式而不用从零开始。游戏引擎包含以下系统：渲染引擎、物理引擎、碰撞检测系统、音效、脚本引擎、电脑动画、网络引擎以及场景管理等。

4. 人工智能

人工智能解决元宇宙内容的自动生成以及数字人的智能驱动等。要在元宇宙中真正实现类似《哪吒之魔童降世》中指点江山笔的强大功能，需要强大的内容编辑器，这就需要大量的人工智能技术。

数字人是元宇宙的先导产业，目前我国已经有 30 万家左右从事数字人开发的公司。数字人的驱动，历经三次迭代：动画、CG 驱动，“中之人”驱动，AI 驱动。不难理解，在未来的元宇宙，数字人在大部分场景都是由 AI 驱动的。

5. 网络技术

现在的元宇宙基于 5G 无线网络，还无法保证满足元宇宙对高速率、高并发、低延迟的网络传输性能要求。现在 5G 网络的理论传输速度为 2.5GB/s，这远远不能满足未来元宇宙的需求。要实现完全的沉浸式体验，让人们不能区分虚拟世界和现实世界，网络速度要达到 150GB/s 以上，这对未来的网络技术提出了更高的要求。

6. 物联网技术

把人们生活的现实世界映射到虚拟世界，除了要有数字孪生技术外，还要实时捕获现实世界的数据，这就需要物联网技术。

（三）“我们志在远航”技术体系

清华大学沈阳教授在《元宇宙发展研究报告 2.0 版》中，也总结了元宇宙的技术体系。沈阳进一步丰富了 BIGANT 技术体系，认为元宇宙是由 Web3.0、人工智能、3D 建模、游戏引擎、大数据、数字孪生、操作系统、区块链、扩展现实、5G、交互技术、物联网等 12 项关键技术组成。

这 12 项关键技术，摘取首字母或特定字母，连起来就是“We aimed to begin”。因此，沈阳的技术体系一般又被称为“我们志在远航”技术体系。

（四）BASIC 技术体系

颜阳博采众长，仔细分析了元宇宙的各项技术，在其《元宇宙科技产业》一书中提出 BASIC 技术体系。BASIC 技术体系主要由五部分构成：1B、2A、3S、4I、5C。

1B：指区块链（Blockchain），包括公链、NFT（非同质化通证）、DCEP（中国数字货币）以及分布式金融；

2A：指游戏（Game）技术和人工智能（Artificial Intelligence）；

3S：指空间计算（Spatial Computing）、安全（Security）、数字孪生和数字原生的集合体（Synthesis of Digital Twin and Digital Born）；

4I：指交互技术（Interactive Technology）、脑机接口（Brain-

Machine Interface）、物联网（Internet of Things）及 VR、AR、MR、XR 等相关技术（Integration of VR/AR/MR/XR）；

5C：指云计算（Cloud Computing）、芯片（Chips）、通信网络（Communication Network）、边缘计算（Edge Computing）以及能源的重构建设（Energy Construction）。

颜阳在整理 1B、2A、3S、4I、5C 的基础上，加上物质、时间、空间三个维度，形成了一个较为完整的元宇宙技术生态。

（五）元宇宙技术参考模型

在龚才春主编的《中国元宇宙白皮书（2022）》中，孙喜庆给出了元宇宙技术参考模型，这是一个元宇宙整体的参考架构。

图 2–1 为元宇宙技术参考模型，元宇宙技术参考架构可分为接入访问终端、现实世界、虚拟世界、基础支撑平台四大部分。元宇宙是指“虚拟世界”部分。

（六）元宇宙的分层技术模型

不管是宋嘉吉提出的 BAND 技术体系，还是赵国栋、邢杰提到的 BIGANT 技术体系，都很经典。最近沈阳提出的“我们志在远航”技术体系和颜阳提出的 BASIC 技术体系，则更加全面、完整。

但龚才春认为这样描述元宇宙由哪些核心技术构成的方式，让读者很容易把元宇宙的各核心技术割裂开来，从而不容易看到各核心技术点之间的关系，也不便于理解如何运用这些技术构建元宇宙。在《元宇宙：大变革前夜》中，龚才春提出了元宇宙的分层技术模型（见图 2–2）。

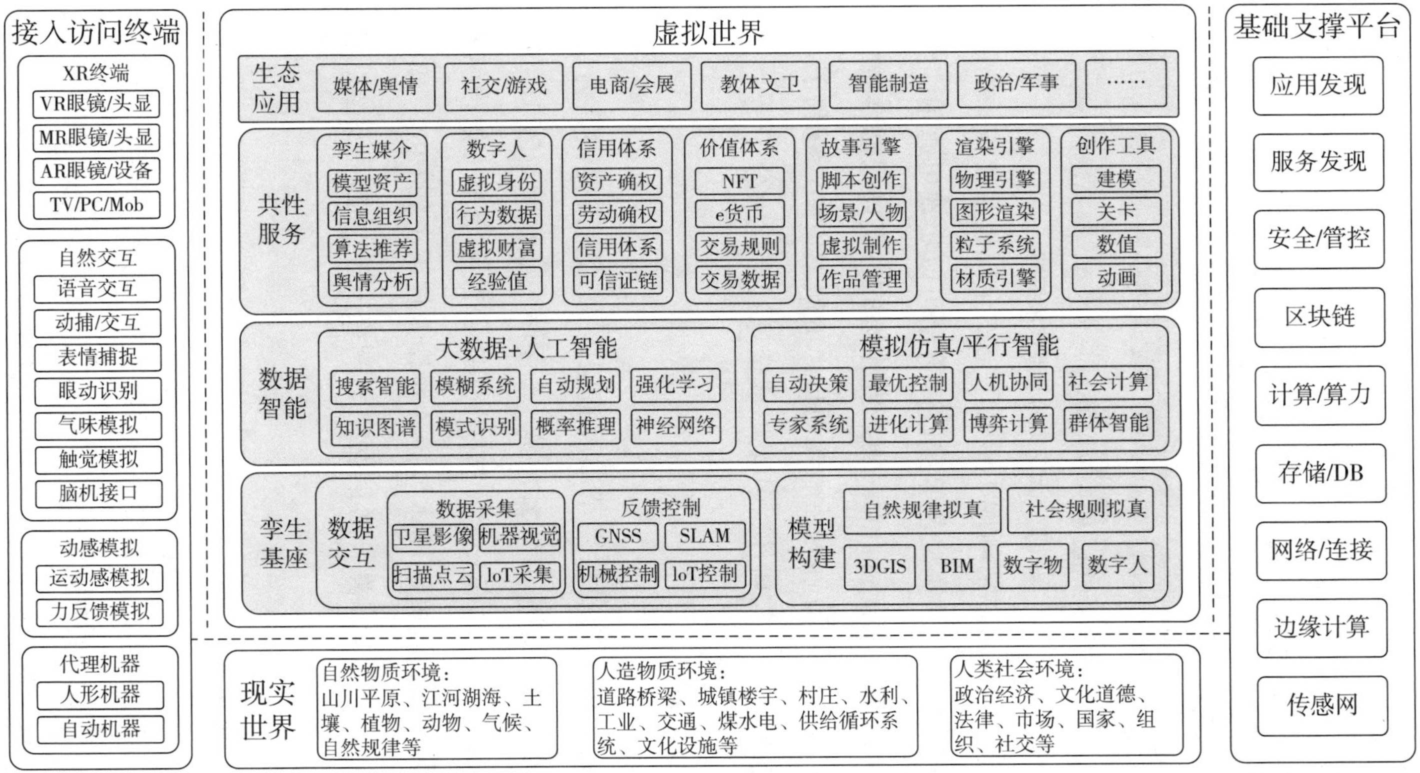

图 2-1　元宇宙技术参考模型

资料来源：《中国元宇宙白皮书（2022）》。

图 2-2　元宇宙的分层技术架构

分层技术模型可以清晰地了解元宇宙的全局技术架构。上层可以调用下一层提供的 API、算法包等接口；下层可以实现更通用、更底层的模块。分层技术模型有利于元宇宙产业生态的各实体根据自身的技术优势和未来产业布局，有针对性地规划自己的研发方向，有利于元宇宙产业生态的各实体分工与协作，甚至形成全球社会化大分工。

1. 基础设施层

核心技术层的最底层是基础设施层，为元宇宙提供算力支持（物理算力如 GPU，虚拟算力如云计算）、存储（如存储矩阵）、通信网络（如 5G、Wi-Fi6）、网络安全（如防火墙）、数字孪生（如传感器）等。从技术上讲，基础设施层具体包括各种算力技术（如 CPU、GPU、DPU 等）、云计算、边缘计算、通信网络、网络安全、数字安全、传感器、物联网等技术。

2. 接入技术层

第二层核心技术层称为接入技术层。接入技术有一点类似于邢杰等在 BIGANT 技术体系中提到的交互技术，其实就是把现实世界映射到虚拟世界的一些数据采集工具，也是元宇宙的入口。

这些技术主要指虚拟现实设备，包括前面提到的AR眼镜、VR头显、脑机接口等。这些技术需要进一步发展，才能满足未来元宇宙需要的沉浸式体验。脑机接口是未来一个重要的研究方向，它有助于我们未来更自然地进入元宇宙。

3. 基础软件层

第三层核心技术是基础软件层。基础软件层包括操作系统、数据库、编译系统、通信协议、通用语言、3D引擎等。未来的元宇宙时代应该有全新的操作系统出来，龚才春认为不大可能是我们现在用的iOS操作系统，或者是微软的Windows操作系统，也不会是Linux、Unix等操作系统。基础软件还包括数据库技术。元宇宙里会有大量的数据需要存储，数据量会远远超出我们的预期。未来可能有各种格式的、各种异构的巨量的数据。未来元宇宙需要的数据库可能不是现在的关系型数据，也不会是目前常用的MongoDB、Neo4J等。

4. 数据治理层

第四层核心技术是数据治理层。数据治理层首先包括区块链技术。前面已经提到，区块链技术主要实现的是五个功能：数字身份、数字资产、数字货币、数字交易和数字市场。

区块链解决的第一个问题就是数字身份。人类进入元宇宙是通过化身的形式进入的，化身除了需要一个前端可见的虚拟人之外，还需要后端的标识，这就是用数字身份。这个身份标识最好的实现办法就是用区块链技术。

第二个是数字资产。未来元宇宙里交易的大部分是数字产品。数字产品的复制成本几乎为零，理论上很容易生产无数个同款产品，这不符合经济学原理。因此，一个数字产品要变成一个可销售的商品，必须资产化。资产化就是标识该商品或者说标识该产品到底是谁生产出来的。这个标识技术现在一般采用 NFT。NFT 是用区块链技术实现的。

第三个是数字货币。只要有交易就必然涉及利益，元宇宙里相应的激励机制和交易媒介的设计是重要的研究课题。比特币是最早的数字货币，以太坊是目前应用最丰富的数字货币。

第四个是数字交易。元宇宙要实现交易，而这个交易的过程一般不能通过银行。未来元宇宙的商品交易不可能是基于中心化的银行体系，只能是基于去中心化的、点到点的数字交易。

第五个是数字市场。元宇宙的交易，更可能是点到点的交易，需要一个交易的场所，这就是数字市场。数字市场还处于研究初级阶段，有点类似于现实世界中的商场、超市、菜市场以及交易所的合体。应该注意的是，数字市场并不一定是物理世界的场所或虚拟世界的场所，也有可能就是一个程序或应用。

5. 数字创作层

第五层核心技术是数字创作层。数字创作层包括数字孪生、数字原生和虚实共生。数字孪生技术可以把现实世界通过数据采集映射到虚拟世界。在元宇宙中直接创作内容，这一般称为数字原生。现实世界与虚拟世界融合在一起，既有来自现实世界的内容，也有来自虚拟世界的内容，这就是虚实共生。

6. 应用开发层

最后一层核心技术层是应用开发层。在元宇宙里，可能会率先实现的应用是游戏、社交、媒体、广告等。在未来，每一个行业、每一个产业都将元宇宙化，这需要开发大量的元宇宙应用程序。

二、元宇宙的产业生态地图

元宇宙是下一代互联网发展的新形态，是具有沉浸式体验的互联网。元宇宙将在现有互联网基础上进行演化升级，因此元宇宙产业生态中的网络技术、平台技术中通用的部分，都将复用现有互联网的基础。元宇宙的创新主要体现在沉浸式交互特性。从产业角度看，技术产业化主要体现在终端、应用、平台、服务、网络以及相应的底层技术、配套服务等方面。

《中国元宇宙白皮书（2022）》给出了中国元宇宙赛道的主要参与者。其立足中国市场，尽量不涉及国外技术及服务供应商，将中国元宇宙产业生态地图整理如图 2–3 所示。

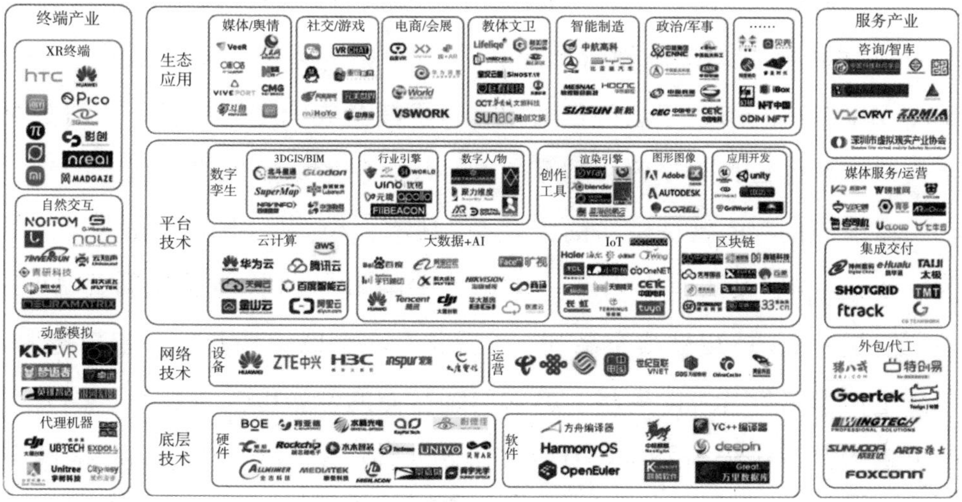

图 2-3　元宇宙产业生态地图

元宇宙的发展日新月异，产业生态也将动态变化，以上元宇宙产业生态地图不可能尽善尽美，但尽量全面概括了元宇宙产业发展的总体状况。各地方政府或产业园区在发展元宇宙产业时，可以参考图 2-3，吸引合适的元宇宙创新实体。本节将针对中国的元宇宙产业生态地图，详细描述各赛道的主要创新实体，并大致描述各赛道的发展现状。

（一）终端产业

终端设备是用户接入和访问元宇宙的入口，实现元宇宙的开放互联和沉浸式体验，其用户使用量、普及率是影响元宇宙产业发展的重要指标参数。终端产业主要包括了 XR 终端整机、自然交互技术、动感模拟技术以及代理机器等领域。

1. XR 终端

XR 终端主要包括 VR、AR、MR 终端设备，被普遍认为是进入元宇宙空间的主要终端。随着元宇宙生态应用的逐渐丰富和发展，VR、AR、MR 终端的渗透率也将日渐增高，可能会成为主流的新一代消费级个人计算平台，有望复刻移动互联网时代手机产业链的成长历史。

目前国内 VR 设备供应商主要有：HTC、小派、PICO、爱奇艺、华为、3Glasses、大朋、小米等。HTC 是中国最早从智能手机转型 All in VR 的供应商，持续推出全系列 VR 设备，在全球市场具有一定影响力。小派定位做高性能 VR 头显，追求引领行业的清晰度、视场角、刷新率等关键指标，在国内外市场有良好口碑。国内大多数 VR 设备供应商主要还是做 VR 一体机，其中 PICO 在品控及市场份额上占据领先地位。华为、3Glasses 先后于 2020 年上半年发布采用短焦折叠光学（Pancake）

方案的VR眼镜产品，加速VR设备轻量便携化进程。创维、TCL、联想、OPPO、vivo等跟进推出了自主品牌的VR设备。

从关键指标上看，国内VR设备整机与国外相差不大，即将进入单眼3K、视场角超过110度、刷新率超过120FPS的阶段。从出货量角度看，2020年全球VR设备出货670万台，同比增长72%，全球市场中Oculus、索尼、HTC三家占据了80%份额。根据VR陀螺统计，2021年全球VR头显设备出货量首次超过1000万台，达到1110万台，同比增长66%；AR头显设备出货量达57万台，同比增长43%。据IDG预测2021—2023年出货量年均复合增长率达40%，2024年全年全球销量将达2525万台。

国内AR/MR设备供应商主要有影创、创龙、亮风台、Nreal、Rokid等，与Hololens、EPSON等海外产品相比，在关键指标上还略有差距。由于单价较VR更高，目前AR、MR仍以2B应用为主。

2. 自然交互

自然交互是指摆脱键盘鼠标，通过语音、动作等更加自然的方式获得视、听、触、味、嗅感官信息的交互方式。具体可分为语音交互、动捕交互、表情捕捉、眼动跟踪、气味模拟、触觉模拟、脑机接口（BMI）等。

国内语音交互领先供应商有科大讯飞、百度、云知声等。动捕交互有NOITOM、G-Wearable、NOLO、Realis、uSens等。表情捕捉多数基于深度相机结合算法实现，国内代表企业有奥比中光（对标苹果Prime Sense、微软Kinect-1）、大疆（对标Leap Motion）、联想（对标微软Kinect-2）等。眼动跟踪代表企业有七鑫易维、青研科技等。气味模拟领域的企业较少，代表企业为气味王国（对标美国ScentScape）。触觉力反馈通过力阻尼、电感应、超声波、点阵列等技术来模拟再现人对纹理、温度、硬度等的皮肤感知，触觉/压力相关传感器公司有钛深科技、优利威等。脑机接口领域的公司有宁矩科技（对标 Neuralink）。

3. 动感模拟

动感模拟是 VR 模拟仿真应用创新的重要支撑技术，为 VR 用户在虚拟环境中的快速运动提供位移感知乃至全方位移动感知的模拟体验。动感模拟可通过电缸驱动搭建 2Dof、3Dof、6DoF 动感平台，来模拟自行车、汽车、船舶、飞机等在运动时，人体产生的加减速、爬升下降、转弯倾斜、颠簸震动等感觉。操作力反馈可通过力传感器来测量或模拟三维力矩带给人的肌肉感知。

动感模拟平台产品方面，近五年来，国内广东一批企业生产制造了许多外形炫酷的娱乐设备，销售遍及全国各地乃至海外。客观来讲，这对 VR 技术及设备的推广有一定的积极作用，但由于品质相对较差，也对用户体验造成了不良影响。国内较好的万向跑步机供应商有 Katvr、Omini、梦语者等。英雄智造也推出了划船器、体感运动衣等产品。

4. 代理机器

代理机器可以是人形服务机器人、仿生机器人，也包括了工业机器人。代理机器主要用途是作为人的物理替身去完成特定任务。人形机器人形象拟人亲切，用户接受度高，可用于陪伴、服务、教育、娱乐等场景。仿生机器人主要是模仿各类生物，替代人去完成人难以完成的任务，如模拟飞鸟、四足动物、昆虫、鱼类等的代理机器。工业机器人主要用于生产线，替代工人更加高效、准确地完成流水线作业。如需基于数字孪生进行的管理控制，代理机器的行为数据可以同步到元宇宙中的数字代理人，并驱动数字代理人的行为。

国内人形服务机器人企业有优必选、EXDOLL、城市漫步、瓴乐机器人等。仿生机器人企业有大疆、宇树科技、博雅工道、印星、奇弩Vincross、仙知机器人等。工业机器人企业有新松、新时代、埃夫特、埃斯顿、软控联合等。

（二）生态应用

元宇宙产业能否健康茁壮发展，能有多大发展空间，构建起丰富繁荣的应用生态是关键。元宇宙应用与传统互联网应用相比，差异特性包括3D可视化、虚实共生、身临其境、自然交互、平行执行等。因此，现有的互联网应用大多需要3D升级，这将会促进全新的应用及业务模式产生。

1. 媒体与传播

目前VIVEPORT、VeeR等以VR应用及全景视频为主要内容的聚合平台，仅仅是应用商店的简单复制。斗鱼联合华为推出的“5G+VR”直播业务也只是将直播视频源改为全景视频。爱奇艺VR以观影为主，尝试了互动视频的创新，也聚合了部分轻量VR游戏。PICO等设备提供商自带的应用商店也类似于爱奇艺VR。咪咕重点布局了巨幕、全景点播、明星陪伴、VR直播、VR游戏五大场景，与爱奇艺是类同模式。

国外主流平台STEAM store、PlayStation Store、Oculus Share、Gear VR Store等，模式与国内相似，虽然其内容更加丰富，开发者生态更为健康，但所有应用都是独立、分散的，并未建立起具有统一世界观的互访问、互操作机制，因此，元宇宙的媒介大环境尚未形成。

传统媒体在孪生媒介时代的应用形态需突破常规和大胆创新。与应用形态相匹配的底层逻辑的约束更为重要。人民网、新华网、央视及各省份的主流媒体应承担起元宇宙舆论场压舱石、定音锤的作用。

2. 社交与游戏

腾讯依靠微信、QQ 的用户生态优势，拓展到类似 VRChat 的元宇宙社交将会很容易。字节跳动旗下的重启世界，可以看作其进军元宇宙领域的重要举措。网易游戏、米哈游、完美世界、中青宝等从游戏领域杀入元宇宙，自身都有良好的基础。

该领域的海外竞品，如 Roblox、SANSAR、Bigscreen、VRChat、Recroom 等，虽先行一步，但多数仍是卡通风格，拟真环境、拟真数字人的整体应用尚未出现。

社交及游戏是元宇宙中最易于用户接受和上手，也最容易吸引流量的应用，也将是元宇宙舆论场的重要组成部分，同样需要对底层逻辑加以约束。

3. 电商与会展

元宇宙的兴起，将为电商、会展行业寻求新模式带来契机。百度 VR、华为河图、悉见、视辰等都看到了城市商业街区、商业综合体的 XR 电商、营销的潜力。移动微世界、VSWORK、百度 VR 则在 VR 会展、会议方面有所突破。该领域的国外竞品，如 Altspace、Horizon 等领先优势明显，国内企业尚需努力。

4. 教体文卫

在教育、体育、文化旅游、娱乐、医疗卫生等领域，目前 XR 应用已有较好开展，该领域企业也较多。

格如灵、北京微视酷、威爱、百度VR等国内企业，在K12、STEAM、职教等领域创造出一系列内容。VR教育对标的国外企业Lifeliqe是优秀的STEAM教育内容的代表企业。

VR/AR在体育辅助训练、体育娱乐方面有较多应用，如VR Sports（足球守门、篮球、保龄球、弓箭、射击、垒球等）、VR滑雪、VR赛车、VR赛艇、VR极限运动体验、VR拳击、VR电竞等。代表企业有哈士奇、当红齐天、银河幻影、英雄智造、未来战场等。

VR文旅应用方面的企业有巨有科技、蓝鳍鱼、华侨城文旅科技、融创文旅、保利数字文旅等。触幻科技、拓盟科技在VR医疗领域表现突出。

5. 智能制造

随着工业4.0、数字孪生近几年来的深入应用及推广，智能制造、智慧工厂领域不断有新的进展。智能制造是个完整体系，通常独立运行及应用，可以纳入工业元宇宙范畴。智能制造的基础是精密制造设备，并对工厂生产线（APM、PLM等）建立数字孪生模型体系。

国内精密制造企业有软控联合、华东数控、新松等，应用代表企业有比亚迪、中航高科、三一集团、中船重工等，国外代表企业有SIEMENS、GE、空客等。

6. 政治与军事

目前，以城市为单位的规划建设管理3D可视化平台比较常见，但国内省级或国家整体完成3D化智能管理的还不成熟。随着数字中国、实景中国战略以及时空大数据平台在国土规划领域应用的推进，“孪生中国”的实现近在眼前。

国家重点军工企业在智能化应用方面较多，如航空航天、船舶、核能、兵器、电子科技等领域。在军事战争方面，目前已开展了对全域数字战场的研究，在军事训练方面引入了 VR 大空间对战等新技术。这个领域的国内公司有国承万通、燧光等。相比而言，美国军方在 XR 领域投入巨资，微软 Hololens 等产品得到规模化应用。

7. 其他应用

元宇宙应用场景非常丰富，以上仅归类罗列了六大类，还有许多领域没有列出，例如农业、房地产、城市、数字金融、产业园等。

贝壳 App 在房地产尤其是房产交易方面得到较广泛应用。睿呈时代与华为合作在智慧城市可视化方面颇有建树。百度希壤是个综合应用平台，包括了虚拟人、虚拟地图导航、教育、实训、会展、营销、产业园、艺术创作等功能，可以看作中国元宇宙的代表性平台。相比美国元宇宙代表企业 Roblox，希壤在同样具备开放性的同时，更具写实效果，当然在功能及体验方面仍需要持续提升。

国内 NFT 交易平台在短短半年内已有多家上线，主要有阿里鲸探、腾讯幻核（已下线）、NFT 中国、ODin NFT、IBOX、iCloser 等。国外对标平台有 Open Sea、Makers Place、Rarible、SuperRare、VIV3 等。

（三）服务产业

元宇宙产业生态中，除核心的终端产业、应用生态、平台技术外，配套服务提供者的规模也非常庞大，产业规模不容小觑。其中主要包括咨询、智库、媒体服务、代运营、集成交付、外包、众包、代加工等。

1. 咨询 / 智库

新兴产业的发展，需要经历概念萌芽、炒作过热、幻灭低谷、低调复苏、成熟应用等各个阶段，离不开行业协会、联盟、咨询机构、高端智库的大力推动。尤其是元宇宙概念的兴起引发高度关注，专家学者纷纷著书立说，活动峰会频频举办，业界积极响应。其中，较为活跃的代表有：中国科技新闻学会、北京信息产业协会、中国移动通信工业协会、中国虚拟现实产学研联盟、中国民营科技实业家协会、中关村大数据产业联盟、中关村数字媒体产业联盟、上海虚拟现实与增强现实产业联盟、深圳虚拟现实产业协会、上海市多媒体行业协会等。

各类咨询机构也发布了大量白皮书、行业研报，如武汉元宇宙研究院、国研经济研究院元宇宙研究中心、清华大学、IDC、MMA、Newzoo、伽马数据、头豹、易凯资本、赛迪智库、中信证券、东方证券、民生证券、安信证券、长江证券、国海证券等。

2. 媒体服务 / 运营

在新兴产业的发展中，垂直行业媒体的吹鼓手作用也不容忽视。从 VR 到元宇宙，各媒体始终为行业咨询交流、线上线下服务不遗余力。活跃的行业媒体有新浪 VR、映维网、87870、VR 陀螺、青亭、ARinChina 等。

元宇宙产业的兴起，必然带动各个层面的运营服务公司的发展。电商直播领域的运营角色主要是各类 MCN，代表企业有北京锋巢信息（老司机）、如涵控股（莉贝琳）、美 ONE（李佳琦）、交个朋友（罗永浩）、宸帆起步（雪梨）等。云平台领域的运营角色代表企业有七牛云、UCloud 等。

3. 集成交付

新一代 ICT 技术高歌猛进的 20 年来，由于系统复杂程度日益提高，系统集成商在大型系统集成项目交付的过程中起到了重要作用。

神州数码、易华录、太极等一批集成商承担了数字政府、智慧城市建设交付的重要角色。特美通传媒科技在建设运营 VR 特色产业基地基础上，在媒体融合、3D 交互应用集成创新方面进行了大量实战探索。在影视、游戏大型项目制作过程中，由于涉及诸多工具软件，Shootgrid、fTrack、CGTeamwork 等集成平台起到了流程贯通、资源共享的重要作用。在后续大量元宇宙应用开发的过程中，集成类软件也是必需的。

4. 外包 / 代工

在产业链中，外包 / 代工环节的繁荣，是行业生态丰富的重要标志。影视 CG、3D 模型、游戏动作、创意设计、软件开发、产品设计、设备生产等领域都存在大量外包 / 代工类服务型企业。

元宇宙产业发展进程中，公司自主进行内容制作及应用开发需要自有团队投入资源来做，在自身条件和时间不允许的情况下，也可通过外包 / 众包方式完成快速交付。在内容创作领域的外包平台代表有猪八戒、特创易、特赞等。XR 终端产品设计生产代工企业中，歌尔（Gortek）是典型代表，从上游精密元器件、模组，到下游的智能硬件，从模具、注塑、表面处理，到高精度的自主设计与制造，歌尔打造了在价值链高度垂直整合的精密加工与智能制造的平台，为索尼 PS VR、Oculus quest、PICO、华为 VR Glass 等全球中高端 VR 产品提供代工生产。中国知名代工企业还有闻泰科技（Wingtec）、欣旺达（sunwoda）、雅士（ARTS）、富士康（Foxconn）等。

（四）平台技术

元宇宙产业需要大量应用生态企业，也同样需要大量平台技术企业，为应用生态提供丰富的技术能力服务。平台技术企业主要分为三大类：数字孪生类、创作工具类、IT 支撑平台类。

1. 数字孪生

数字孪生是元宇宙技术平台重要的部分，数字孪生技术实现了现实世界到元宇宙的映射。元宇宙虚拟时空需要的地形地貌、建筑空间、数字人、数字物品、特色应用等场景，都需要数字孪生类平台提供支撑与服务。

（1）3DGIS/BIM

基于 3DGIS 技术，可为元宇宙提供“孪生地球”的地形地貌，用于支撑各类应用实现沉浸式体验。国内知名的 3DGIS 引擎技术公司有超图、四维图新、北斗星通、中地数码、武大吉奥、中企恒达等。国外对标产品有 Google Earth、Skyline、ArcGIS、ESRI 等。

基于 BIM 技术，可为元宇宙提供各类建筑的结构及模型，用于支撑各类应用在人造物理空间中的活动。国内知名的 BIM 技术产品有 Glodon、鲁班软件等。国外对标产品有 Autodesk（Revit、Robot、Ecotect）、Bentley、Dassault（CATIA）、Tekla 等。

（2）数字人/物

数字人 / 数字物品的模型制作，可以用 3D 扫描快速建模，也可用建模工具人工创作。

2022 年国内出现了一批超写实数字人，如 AYAYI（燃麦科技）、柳叶熙（创艺科技）、游小游（虚实科技）、翎（魔珐科技），前几年数字王国制作的数字邓丽君也是拟真效果的数字人。仅是制作或运营一个数字人，属于应用层面。能提供数字人制作工具并能提供在线云服务的，才是具备平台服务能力的供应商。国内 FACEGOOD 公司 2022 年发布了国内首个实现人脸高精度建模、绑定、驱动高效制作工具 Avatary。聚力维度公司推出了“赛博演猿”AI 动画制作软件。广州深声科技也开始将业务转为写实数字人的快速构建。哈乐德公司也开发了大量超写实数字人。国外对标产品有 Daz 3D 旗下的 Morph 3D、Epic 公司的 Meta Human Creator 等。

（3）行业引擎

面向某些细分行业，元宇宙应用提供特定云平台 PaaS 服务的行业引擎，是“精专特新”企业适合的元宇宙创新领域。

百度的 APOLLO 开放平台面向智能交通信控、自动出行、智能驾驶、智能矿山等细分场景提供 PaaS 赋能。富士康科技集团的 FiiBEACON 工业互联网平台以 IoT 数据采集为基础，为外部提供智能数据、智能制造、模型服务、供应链、产品质量管理等 PaaS 服务。阿里巴巴的元境面向游戏、文娱、文旅领域提供云游戏 PaaS 能力和开发者的平台。优锘科技、五一视界公司面向城市、园区、交通、能源等细分行业提供数字孪生 3D 模型仿真 PaaS 平台服务。外号信息公司基于可见光通信设备及平台面向商业零售、文旅、教育、广告、公共服务等领域提供 6DoF 位置和姿态确定、高精度导航、增强现实等应用服务。

2. 创作工具

元宇宙生态应用的快速丰富，需要给广大创作者提供使用便捷的创作工具。元宇宙应用的创作工具，目前还是沿袭了已有的图形图像、游戏开发、影视 CG、渲染引擎等相关工具。ROBLOX 等开放世界游戏也有将工具集成到平台中的趋势。而主流工具则通过建立开发者社区等，有发展为元宇宙平台的趋势。创作工具主要包括应用开发工具、图形图像工具、渲染引擎工具等。

（1）应用开发

目前，主流的国外游戏开发工具 Unreal Engine、Unity3D、CryEngine、Big world、Gamebryo 等将继续占据绝对市场份额。国内公司也在持续进行技术积累，LayaAir 以其“性能王”优势及其支持 H5、微信小程序的独特能力，占据国内 3D 游戏引擎绝对市场份额。国内其他企业也希望推出自主开发的游戏引擎，搜狐畅游的“黑火引擎”、上海桐识信息的“桐识引擎”、网易游戏的“Messiah 引擎”、粒界科技的 Gritworld、厦门雅基的 Cocos3D 等值得期待。

（2）图形图像

目前，大家熟悉的许多图形图像处理软件都是国外公司的产品，如 Autodesk（AutoCAD、REVIT、Civil 3D、3DS MAX、MAYA、Arnold、Flame 等）、Adobe（Photoshop、Premiere、After Effects、Substance 3D 等）、COREL（CorelDRAW、Paint Shop、Corel VideoStudio）、Foundry（Nuke、Modo、Mari、Katana、Flix）、APPLE（finalcut、Motion、Compressor）、Avid、Cinema 4D、Houdini、Base light、Blackmagic Design 的 DaVinci

Resolve 等。随着网络直播和短视频业务的兴起，国内出现了一批个人消费级编辑软件，如剪映、华为花瓣剪辑等。但专业的图形图像处理软件工具与国外还有明显差距。

（3）渲染引擎

3D 渲染引擎通过 CPU/GPU/NPU 等算力对模型、图形进行渲染形成最终效果的图像。游戏引擎内含有插件的渲染引擎强调实时渲染，如 NVIDIA 的 OMNIVERSE、UNIGINE 等；而支持影视 CG 或图形图像工具的渲染引擎则注重离线渲染的效果，如 Vray、blender、LUMION 等。国内近年来在渲染引擎方面也奋起直追，如蓝海创意云的渲染农场、华为推出的凤凰引擎等。

3. IT 支撑平台

元宇宙的 IT 支撑平台不会只是一个平台，而应是多个平台的互联互通互操作。2D 互联网阶段的大量网站基于 IP 网络，通过 DNS、HTML 实现了相互间的连接和跳转。随着云计算、大数据 /AI、物联网、区块链等新一代 IT 技术的应用普及，元宇宙的支撑平台将进一步增强标准化、实现互联互通互操作。

（1）云计算

经过 10 余年的发展，云计算已逐渐形成了完善的 IaaS/PaaS/SaaS 架构体系。以云平台为架构，可整合大数据 /AI、物联网、区块链等技术为一体，作为元宇宙发展第一阶段的 IT 支撑平台。

国内阿里云、百度云、腾讯云、华为云、金山云、天翼云已获得茁壮成长。国外 Amason、Azure、Google Cloud、VMWare 是云平台引领者。2020

年仅 Amason 和 Azure 市场份额就超过 60%，相比而言国内企业仍有差距。

（2）大数据/AI

截至 2021 年 9 月，全球大数据第一大技术来源国为中国，专利申请量达 254887 项，占全球大数据专利总申请量的 38.55%。其次是美国，大数据专利申请量占全球总申请量的 34.01%，二者合计占比超过 70%。日本和韩国分别排名第三和第四，但与中国和美国的差距均较大。

国内领先企业代表有腾讯、华为、百度、阿里巴巴、字节跳动、国家电网等。国外领先企业代表有 SAMSUNG、IBM、Meta（FB）、Oracle、Amason、Microsoft 等。

AI 技术核心是在大数据基础上的智能算法及数据处理应用。国内企业代表百度、华为、大疆、旷视和科大讯飞等已是全球 AI 顶级玩家，细分领域的海康威视、华大基因、医渡云等也表现突出，这些企业推动 AI 技术广泛应用在城市、交通、医疗、家居、安防等众多行业。国外领先企业有 Microsoft、Google、Meta、IBM、Netflix、NVIDIA、ABB Robotics 等。

（3）物联网

物联网是数字孪生得以实现的重要组成部分，是联通物理世界与元宇宙的数据纽带。国内物联网云平台分为家电企业、电信运营商、互联网企业、工业智能企业四大类。

家电企业包括海尔、TCL、美的、长虹等均在物联网方面发力；电信运营商主要是电信天翼互联（CTWing）、移动 OneNET；互联网企业主要是小米 IoT、京东小京鱼、阿里天猫精灵、百度云、华为 IoTDA、涂鸦智能、云智易等；工业智能企业主要有树根云（RootClold）、中国电科、特斯联（TERMINUS）、机智云、青莲云等；国内开源平台有杭州映云 EMQ-X、重庆 JetLinks 等。国外主流云平台均可提供物联网服务，开源平台有 Things board 等。

（4）区块链

区块链作为去中心化可信技术获得广泛关注，有机会在元宇宙技术平台中发挥重要角色。

互联网公司纷纷搭建区块链平台，如阿里巴巴的蚂蚁链、腾讯区块链、百度超级链、京东智臻链等；科技创业公司搭建的区块链平台有趣链科技、上海桐元、云象、万向区块链、33 复杂美、天河国云、中盾云安、树图链等；作为应用者自建区块链平台的，如中企云链、国网区块链、聚农科技、顺丰科技等。各大银行、金融机构、大型企业积极尝试区块链在溯源、确权、交易等方面的应用。国外主流区块链平台有 Bitcoin、Ethereum、EOS、Cosmos、Polkdot、Meta 的 Diem、欧盟的 EBSI 等。

（五）网络技术

网络技术及平台是通信产业及互联网行业的基础设施，也将是元宇宙产业生态的核心基础设施。网络技术产业主要分为设备制造、网络运营两类角色。

1. 设备制造

随着网络接入技术演进到 5G、Wi-Fi6、光纤入户，3 个千兆网络给 VR/AR 及元宇宙应用的普及奠定了良好基础。

国内主流网络设备制造商代表企业有华为、中兴通讯、新 H3C、浪潮、大唐电信等。目前，国内技术基本追赶上了国际先进水平，局部已具有领先地位，比如5G领域。国外对标企业有Cisco、Nokia、Qualcomm、Ericsson等。

2. 网络运营

网络平台基础设施建设及运营的角色，可分为基础电信运营商、IDC/CDN网络运营商两类。目前国内具有全牌照的基础电信运营商仅有电信、移动、联通、广电4家，IDC/CDN网络运营商代表企业有世纪互联、万国数据、蓝汛、网宿科技等。尽管按WTO规则国内电信市场已对外开放，但国外电信运营商市场份额占比不高。

（六）底层技术

底层技术是指通用性强、影响面广的关键技术、元器件、基础软件等。下面从硬件元器件、基础软件两方面进行介绍。

1. 硬件元器件

硬件元器件的产业水平将直接影响终端产业的国产自主能力，主要涉及的有光学器件、显示屏、传感器、核心芯片等。

光学器件及方案提供商代表有耐德佳、理湃光晶、水晶光电、灵犀微光、舜宇光学等。显示屏代表企业有京东方（BOE）、利亚德等。传感器件代表企业有水木智芯、明皜传感、钛深科技（Taisense）等。核心芯片代表企业有华为海思、联发科技、全志科技、瑞芯微（Rockchip）、景嘉微GPU、炬芯科技等。

在光学器件、显示屏、传感器等方面，国内与海外差距不大，局部有领先。但核心芯片方面仍被“卡脖子”，虽然国家投入大量资金支持，但与国外的 Qualcomm、Nvidia、Intel、AMD 等巨头相比仍有明显差距。全球中高端 XR 头戴设备，大多倾向于选择高通的 XR1/2 芯片，被业界称为“一颗芯片引发的革命”。

2. 基础软件

基础软件也是中国的“卡脖子”技术环节。元宇宙产业发展需要许多基础软件，主要包括操作系统、数据库、编译器等基础软件。

国内操作系统代表产品有华为鸿蒙（HarmonyOS）、开源欧拉（OpenEuler）、深度系统（deepin）、麒麟、中科红旗等。编译器代表产品有华为方舟、YC++ 等。数据库已从关系型 DB 转向分布式 DB、图 DB 等，国内代表产品有华为 GaussDB、阿里 OceanBase、腾讯 TGDB、百度 BGraph、万里 GreatDB 等。国外 Android、iOS 两款操作系统横霸移动互联网时代，开源“Openstack+Hadoop+Docker”引领云计算和大数据时代，国内基础软件从跟随到赶超，在 AI 及元宇宙时代，有机会逐步扭转落后被动的局面。

三、我国元宇宙的产业现状

元宇宙产业发展水平与技术发展水平息息相关，而元宇宙的发展水平在很大程度上取决于互联网发展的水平。我国元宇宙产业现状与技术现状也非常类似，都呈现为明显的葫芦形，底层的基础设施很完善，顶层的终端应用也很丰富，中间层的各项核心技术则非常薄弱；而且几乎所有与元宇宙相关的核心技术，美国已经于2018年开始禁止向中国出口。

经过近30年的互联网基础设施投资，中国的互联网基础设施已经相对完备，技术水平和服务能力都很强。我国的大数据中心、超算中心、云计算都做得很不错。我国在互联网核心骨干网络的建设走在世界前列。我国的5G网络是世界上做得最好的，技术也是最先进的。阿里云不管是技术实力、服务水平还是营收能力，在世界上都排第三。这些基础设施都将成为元宇宙的基础设施，为元宇宙的发展提供良好的基础。

在互联网的时代，我国在终端应用层是世界上做得最好的，与互联网相关的终端应用，如共享单车、移动支付、电子商务、移动社交等，我国做得都是世界上最好的。高铁、支付宝、电商、共享单车成为我国信息时代的“新四大发明”。我们也有理由相信，在元宇宙时代，我国的上层应用水平也将会是世界上最高的，我国庞大的人口、巨大的市场、多样的文化氛围都将支撑丰富的上层应用。

但是，在互联网时代，我国在中间各层的技术和产业都比较薄弱。在未来的元宇宙时代，这个现状也将在较长一段时间内存在。例如，我国的虚拟现实产业发展不尽如人意。字节跳动收购虚拟设备生产厂商PICO，拿到进入元宇宙的船票。但从世界范围来看，PICO与Facebook的Quest 2、微软的HoloLens还不在同一个量级。Quest 2占世界75%以上的头显市场。苹果目前也在虚拟现实、增强现实等领域积极布局。未来，苹果的VR/AR终端设备（如眼镜或头显）上市，我们与国外同行的差距会更大。

我国的基础软件则一直非常薄弱。除了华为鸿蒙系统之外，我国目前在操作系统领域建树甚微，原生的国产操作系统几乎空白，基于国外开源技术架构的国产操作系统的体验普遍较差。国产数据库系统虽然有几家，但是做得不温不火，也没有形成强大的品牌。我国至今没有发展编译系统产业。我国的网络安全形势也非常严峻，遭受的网络攻击越来越频繁。

在内容创作平台方面，我国一直被国外企业占据。我国的游戏引擎虽然品牌较多，但做得都不够强大。我国75%以上的企业采用国外的游戏引擎Unity，也有很大一部分用户使用Unreal Engine。

我国区块链技术和产业在2016—2017年发展势头非常猛，本来有希望成为世界上区块链研究和产业发展的中流砥柱，但是区块链产业早期监管滞后，随后又出现史上最严厉的监管，最终导致我国区块链的良性产业没有形成。拔出萝卜带出泥，区块链技术也跟着受到很大冲击。目前，我国的区块链技术和产业都非常薄弱。而美国近年来也加强对我国的技术封锁，禁止向中国出口区块链相关技术。

在人工智能时代，我们虽大力发展人工智能的应用研究，但对人工智能的基础理论、模型算法等核心技术研究不够。2018年，美国开始禁止向中国出口人工智能相关技术，我国的人工智能行业受到巨大冲击。很多人曾经天真地认为，我们拿到美国的各种开源人工智能框架，调调参数，我国的人工智能水平就可以和美国处于同一个水准，现在这些幻想已成为泡影。

四、元宇宙产业发展指数

元宇宙的技术是一个分层的框架，而元宇宙的产业是一个生态。马修·鲍尔最早开始对元宇宙的产业生态发展水平作定量研究。他是美国知名早期风险投资基金 EpyllionCo 的管理合伙人，同时也是企业家和创业顾问。他把元宇宙的产业分为七层：算力基础、网络连接、虚拟平台、融合工具和交换标准、支付服务、内容服务与资产保护、硬件生产。在复旦大学发布的《2021—2022 元宇宙年度报告》中，则对元宇宙产业七层划分进行了详细的描述。

Roundhill Ball Metaverse ETF 是世界上第一个元宇宙交易所交易基金，资产管理规模为 5.73 亿美元。它充分关注整个元宇宙领域的发展，从基础设施建设、界面开发到内容创作等无所不包，共涵盖 50 家上市公司，其中提供云解决方案、游戏平台和计算元件的公司占近 70%，包括英伟达、微软和中国游戏巨头腾讯。Roundhill 还推出了全球第一个用于跟踪元宇宙性能的指数波尔元宇宙指数（Ball Metaverse Index）。该指数由积极参与元宇宙的全球上市公司的分层权重组合组成。

参考波尔元宇宙指数，我们也可以制定我国的元宇宙产业发展指标体系，用于衡量我国及各省（区、市）的元宇宙发展水平。

参考文献

[1] 财讯网 . 51Simone- 开放仿真平台为高等级自动驾驶落地保驾护航 [EB/OL] . 中华科技网，2021- 07-12.

[2] AR&AI 公司悉见获 1.2 亿元 A 轮融资，联想之星、雷鸣等参投 [EB/OL].36 氪，2018-08-20.

[3] 龚才春，杜振雷，周华，等 .“元宇宙”术语的定义及进一步思考 [J]. 中国科技术语，2023（1）.

[4] 龚才春 . 元宇宙：大变革前夜 [M]. 北京：大有书局，2022.

[5] 龚才春 . 中国数字藏品监管白皮书 [R]. 武汉元宇宙研究院，2022-08-30.

[6] 龚才春 . 中国元宇宙白皮书（2022）[R]. 北京信息产业协会，2022-05-27.

[7] NewTech 观察圈 . 阿里云 VS 腾讯云 VS 华为云 VS 七牛云 VSUcloud 国内五大云服务商 [EB/OL]. 搜狐网，2019-03-06.

[8] 国内 VR 教育领军企业微视酷获 A 轮融资 [EB/OL]. 新浪，2017-09-12.

[9] 胡巍巍 . 华为方舟编译器开源，我命由我不由天！ [EB/OL]. 亿欧网，2019-08-08.

[10] 黄晶晶 . 一文带你看人形服务机器人，下一阵风吹向哪 [EB/OL]. 国际电子商情，2017-05-04.

[11] 焦娟，易欢欢，毛永丰 . 元宇宙大投资 [M] . 北京：中译出版社，2021.

[12] VR 教育杀出新黑马格如灵开启 VR 教育新纪元 [EB/OL]. 中国网，2016-09-13.

[13] 杰克 yy. 语音识别推荐使用（科大讯飞，百度，云知声）[EB/OL]. 简书，2019-07-25.

[14] XR：开启 Metaverse 新纪元 [R]. 海通证券研究报告，2021-08-11.

[15] 开源证券 .“元宇宙”概念宏大，关注或更快落地的受益领域 [R]. 金融界，2021-11-02.

[16] 蓝鳍鱼：现实世界有够枯燥，不然用 VR 构建出一个新的世界？ . 猎云网，2018-03-22.

[17] 粒界科技获数千万美元 B 轮融资，致力于消除建立 3D 数字世界的鸿沟 [EB/OL]. 网易，2021-11-18.

[18] 梦语者全新 VR 势能反应舱亮相 IGS 数字娱乐博览会，现场人气火热！ [EB/OL]. 零镜网，2018-05-07.

[19] 脑机接口平台公司宁矩科技完成亿元 A 轮融资 [EM/OL]. 光明网，2021-11-24.

[20] 2021 年全球 VR 头显设备市场现状、竞争格局及发展前景分析 未来出货量将持续增长 [EB/OL]. 前瞻产业研究院，2021-10-11.

[21] 2021 年中国人工智能企业排名 [EB/OL]. 南方财富网，2021-05-27.

[22] 融资数千万！ Metaverse 领域一匹黑马被 VC 抢投：全球仅 2 家竞品 [EB/OL]. 新

浪财经，2021-06-02.

[23] 山西 VR 特色产业基地发布“TMT 未来之光”系列产品 [EB/OL]. 科学导报微信号，2018- 09-29.

[24] 沈阳等 . 元宇宙发展研究报告 2.0 版 [R]. 清华大学新媒体研究中心，2022-01-21.

[25] 视辰获 4000 万元 A 轮融资，EasyAR 引擎和视 +App 同时布局 AR 平台 [EB/OL].36 氪，2016-02-26.

[26] 宋嘉吉，赵丕业 . 元宇宙：互联网的下一站 [R]. 国盛证券区块链研究院，2021-05-30.

[27] 2021—2022 元宇宙年度报告 [R]. 腾讯新闻，复旦大学新闻学院传播系，2021-11-22.

[28] 虚拟偶像行业 Z 时代系列报告：元宇宙来临，虚拟偶像能否抢占先机？ [R]. 头豹研究院，2021-06-30.

[29] VR 文旅科教产业专家为您打造 VR 主题馆解决方案 [EB/OL]. 银河幻影 VR，2018-07-17.

[30] 邢杰，赵国栋，徐远重，等 . 元宇宙通证 [M] . 北京：中译出版社，2021.

[31] 虚拟现实产业发展白皮书（2021 年）[R]. 赛迪研究院，2021-10-19.

[32] 颜阳 . 元宇宙科技产业党政干部学习详解 [M]. 北京：中共中央党校出版社，2022.

[33] 医疗 VR/AR：今年仅一家公司融资，但手术规划导航、医疗教育的前景值得期待 [EB/OL].36 氪，2017-10-31.

[34] 云服务快报 . 国内三家主流设计外包服务评测 [EB/OL]. 新浪网，2016-11-16.

[35] 赵国栋，易欢欢，徐远重 . 元宇宙 [M]. 北京：中译出版社，2021.

[36] 中国城市馆 . 神州数码与北京易华录合作签约仪式在京举行 [EB/OL]. 中国城市馆网，2021-04-28.

[37] 2021 中国 VR50 强企业榜单出炉 逾五成企业年销售额超亿元 [EB/OL]. 中国新闻网，2021-10-19.

[38] 中国智能制造系统解决方案市场研究报告（2018 版）[R]. 中国智能制造系统解决方案供应商联盟，2019.

[39] 中国智能制造装备行业先进制造模式及转型升级分析报告 [R] . 华研中商研究院，2017.

[40] 科技行业“从游戏到元宇宙”系列报告 [R]. 中信证券，2021-08-19.

[41] FACEGOOD 自主研发 3D 面部全流程制作软件 AVATARY 宣布上线 [EB/OL]. 搜狐网，2021-05-10.

第三章

元宇宙重点应用领域

1994 年，互联网进入中国。但是我们一直到 2012 年才提出“互联网 +”的概念。随后，产业互联网成为互联网的主角。元宇宙虽然在 2021 年才以科技术语走进大众视野，但是经过长期的互联网洗礼，“元宇宙 +”和产业元宇宙也随之进入大众视野。通过前面两章内容的叙述，我们慢慢揭开了元宇宙的神秘面纱，并深刻地感悟到，元宇宙可以应用在很多领域。

本章将重点阐述元宇宙在工业、农业、智慧城市、文旅、金融、教育、医疗等领域的应用。

一、工业元宇宙

工业作为国民经济基础战略产业，是我国参与全球经济发展、体现国家综合实力的支柱产业，占中国整体 GDP 比例高达 40% 左右。我国工业虽已取得了显著的成绩，但相较于欧美发达国家的工业，我们的产业基础能力仍相对薄弱，不能满足高质量发展的需求；产业链供应链仍存在风险隐患，难以确保产业安全和经济安全；总体上呈现出大而不强的特征。

党的二十大报告中指出要推进新型工业化、加快建设制造强国、数字中国。工业元宇宙是元宇宙关键技术与工业经济创新融合的新型生产制造模式与工业生态，是虚实共生、综合集成的新型数字空间。工业元宇宙的发展与应用对提升我国工业基础高级化、产业链现代化的水平具有重大意义。

（一）工业元宇宙的发展背景

工业元宇宙的应用有助于解决目前我国工业发展面临的短板性问题。主要表现在：核心基础零部件与关键基础材料短板仍然制约着整个工业发展；先进基础工艺及装备仍有短板；基础工业软件对国外依赖性较强；工业整体的劳动力、能源、资产利用效率仍有较大提升空间。

新冠疫情的发展，进一步推动了中国工业的数字化转型，也为工业元宇宙发展奠定了前期共识基础。在新冠疫情的态势下，复工复产的难度以及供应链的不稳定性客观上助推了制造业的数字化、智能化、网络化、无人化；同时，在“双循环”的背景下，加快拉动内需，通过制造业产业互联网为5G、大数据、人工智能等提供场景，推动价值链提升，提升中国制造业的核心竞争力成为制造业发展的核心。

工业元宇宙的发展将成为实现工业互联网和工业数字化的重要路径。总体来看，未来工业互联网和工业数字化发展主要包括三个方面：一是持续丰富资源要素，链接工业全要素、全产业链、全价值链、全供应链，形成与工业现实空间虚实映射的元宇宙数字空间；二是持续拓展发展空间，制造业与互联网深度融合，将生活与生产高度对接，延展新的市场和路径；三是持续变革发展方式，通过生产组织、商业运营等方面的改变，实现降本增效、价值创新。而这些发展方向的未来，通通指向元宇宙这一终极目标。我国是全球唯一拥有全部工业门类的国家，丰富的工业元宇宙应用场景将是元宇宙技术与商业模式发展的最佳契机。

（二）工业元宇宙的发展模式

1. 工业元宇宙的总体目标

打破传统工业物理边界、组织边界、协作边界，在虚拟世界构建现实工业模型；通过元宇宙将设计、生产行为确权；改造工业，形成创新机制，通过博弈发现价值。简而言之，工业元宇宙将重构世界工业分工和价值体系，引导形成新的产业链、供应链、价值链以及创新链，极大提升生产力，并形成新的生产关系，产生新的生产要素。

2. 工业元宇宙的整体架构

总体来看，工业元宇宙与元宇宙整体发展思路类似，大致包括四个层次结构：物理层、技术层、数据层和应用层，并包含相应的激励机制。物理层主要结合高精度机床、工业机器人、各类丰富的物联网传感器等设备，解决设备互联、分布式存储、分布式能源的整体结构；技术层主要依托云计算、区块链、数字孪生、AR/VR/MR、人工智能、5G/6G 网络等核心技术，形成工业元宇宙框架下的云、链、端、智、网全融合的技术支撑体系；数据层主要基于企业经营管理数据、机器设备数据、工业机理模型数据、行业数据和外部数据，对数据进行采集、清洗、入湖、加工处理，形成基于数据的智能决策；应用层主要面向工业场景需求，解决机械、汽车、电子、化工、服装等不同产业门类，以及研发、设计、采购、生产、库存、物流、销售、服务等供应链不同阶段所面临的数字化、网络化、智能化难题。

3. 工业元宇宙的核心能力

衡量工业元宇宙的核心能力，需要满足以下五个方面：一是泛在物联能力，实现海量异构数据接入；二是云化服务能力，通过私有云与公有云混合，实现即需即供、弹性部署、横向扩展；三是行业Know-How（专门知识）的沉淀能力，针对不同行业实现交互定制、开放创新、精准营销、模块采购、智能生产、智慧物流、智慧服务；四是生态聚合能力，包括柔性制造、数字营销、区块链金融等多项及复合能力；五是安全保障能力，确保产业链与产业数据的韧性以及安全和稳定性。

4. 工业元宇宙的基本特征

与传统工业不同，工业元宇宙在工业数字化、智能化和互联化的基础上，有大量的数据资源需要开发，并通过区块链确权形成工业数字资产，构建虚实映射、虚实融合的工业元宇宙空间，出现以机器人、数字人为特征的依附于机构的新型“劳动者”。

（三）工业元宇宙的核心价值

1. 工业数字资产化赋能传统工业

工业元宇宙可面向传统工业的复杂系统，进行多场景、多层面、多方位的虚实映射，通过区块链确权形成工业数字资产；使传统工业处于数字化、智能化和互联化的直观状态，并通过场景应用让工业数字资产赋能传统工业，确保数字资产的有效性和高价值。

2. 全场景建构及管理

形成研发、设计、生产、物流、管理、销售、服务等全产业链、全供应链的数字孪生管理，如在研发设计端的虚拟仿真模拟，在生产端的可视化运维管理，在服务端的虚实互动，实现可持续的降本增效低碳。

3. 提升工业制造系统的数字化管理与运营能力

可面向工业制造的复杂生产系统，构建工业元宇宙管理运营系统，实现复杂生产系统全生命周期的数字化管理与数字化运营，提升工业制造系统的数字化管理与运营能力。

4. 通过共创驱动工业场景应用

通过区块链开源技术，发起有影响力的开源共创项目，让更多组织和个人参与工业场景构建，推动多元化的工业场景应用。

5. 通过供需闭环优化大众消费产品的质量

可通过工业元宇宙形成消费者需求、生产制造、物流的闭环。消费者可以在工业元宇宙场景中，提出家电用品、体育用品、电子产品、健康产品、文化产品等大众消费产品的需求。生产制造企业可以凝练需求，快速构建产品模型，并可获得消费者的及时反馈，进而投入生产，形成全新的大众消费产品的供需闭环，从而优化大众消费产品的质量，提升制造企业的有效生产力和生产效率。

（四）工业元宇宙的核心应用场景

工业元宇宙的核心应用场景分布在工业生产流通的各个阶段，包括研发设计阶段、生产制造阶段、营销与售后阶段、经营与管理以及技能培训。

1. 研发设计阶段的应用场景

（1）构建仿真虚拟环境

当前各种设计软件，其核心原理就是在“仿真虚拟环境”中设计“仿真产品”，然后用于真实产品的量产，其缺点在于仿真虚拟环境对产品的影响因素无法完全量化，产品验证性能也无法达到接近真实世界的状态。而在工业元宇宙中，通过数字孪生构建仿真虚拟环境，以物联网实现虚拟环境与物质世界之间对数据的实时通信，能够有效地通过人机交互提升仿真结果的可靠性，同时做到仿真系统的实时迭代和优化。以上改变能够对工业设计效率和能力提升带来质的飞跃。

（2）实现多方协作效率提升

通过元宇宙技术打造沉浸式的环境，让处于不同时空、不同地域、不同环节的技术团队进入同一场景，共同运作，尤其适用于汽车、航空、智能制造等工艺环境较为复杂的产业场景。

（3）基于产品全生命周期数据的迭代及优化

目前，整个工业生产尤其是类似汽车等上下游链条较长的产业，一直存在着数据链条无法打通的问题。通过元宇宙搭建一个“人、货、场”完整的数字孪生体系，能够让产业链、供应链上的所有参与者在一个统一的平台上进行运作。目前，在建筑领域，以 BIM 为代表，已经形成了相应的平台机制，可以联动设计、施工、营销、运维等各个环节。

（4）形成共创机制

借助区块链等新技术，可以激发更多的设计和研发人员参与产品研发，对作品的版权进行限定和约束，全程上链，形成信任机制，实现真正意义上的“共创共识共享”。

2. 生产制造阶段的应用场景

工业元宇宙在生产制造阶段的应用场景主要分为以下两个方面。

（1）远程监控、巡检

借助 VR/AR 设备以及智能传感器等工具，能够更好地进行生产培训，支持实施对于生产进度的控制、监测及遥感，减少操作失误和危险作业。

（2）生产制造智能化和流程可视化

面向人、机、料、法、环等生产环节，构建精准数据采集和分析系统，实现精准配置；同时基于数字孪生技术，能够对整体的生产流程进行可视化监控，做到“事前合理规划，事中科学决策，事后决策模型迭代优化”，尤其适用于钢铁、有色金属、化工等流程型工业，能够看到类似锅炉、发电机、电解槽等的内部状态，实现全生命周期管理。

3. 营销与售后阶段的应用场景

工业元宇宙的到来，将重构新时代的“人、货、场”逻辑，更加注重体验性、互动性、沉浸化、趣味化、智能化的营销与服务策略。

（1）数字化营销与售后

一方面，客户可以在虚拟世界中参与产品设计与选型，形成更为个性化、定制化的产品；另一方面，结合 NLP 与虚拟捕捉等新技术，以更多的“数字人”取代传统的客服和主播，提供更为标准的、7×24小时的、更加低成本的服务体系。

（2）数字化维修

通过大数据和传感器，能够清楚地在故障发生前提醒客户进行设备检测和维修，降低故障率，提升服务体验；通过结合大数据和溯源技术，能够帮助维修工人更加准确地识别故障发生的部位，并且通过虚拟仿真技术，进行提前预演，降低维修失误率。

（3）形成C2M模式

工业元宇宙可以彻底改变传统的生产模式，让 C2M（customer-to-manufactory）成为现实，及时满足客户的个性化需求，实现柔性化、定制化、小批量生产。目前该类模式在服装、家居等领域已经逐步成熟，如国内的犀牛制造、shein、酷特智能、尚品宅配等企业纷纷采用该类技术。

4. 经营与管理的应用场景

（1）远程办公

在新冠疫情下，人们逐步熟悉了远程办公、居家办公等办公新模式。尤其是腾讯会议等一系列元宇宙会议软件的出现，让会议、教育、论坛等活动在线上化的基础上，通过元宇宙的场景搭建，逐步形成场景化、沉浸式的环境，服务于办公、会议、招聘等各类场景需求。

（2）解决供应链信任问题

区块链技术可以解决工业企业对各类供应商的信任问题。例如，供应商通过将资质证明材料、销售情况、产品质量证明、生产能力证明、研发能力证明等相关文件统一上链登记，可大大缩短企业的审核时间，降低商业撮合成本，提升撮合效率。尤其是通过存证对接供应链金融、保险、融资租赁等金融服务，大大降低了融资成本与风险。

5. 技能培训的应用场景

（1）沉浸式多功能全息虚拟实训

基于虚拟现实技术，通过硬件、系统、内容、数据分析相结合，构建面向实训与动手操作的多功能全息虚拟实训教室。通过增强现实设备提高学员实训动手能力，协助教师了解实训效果。应用三维仿真技术解决部分专业无实训环境这一教育难题。

（2）数字孪生驱动的数字人才培训

基于数字孪生技术，构建数字人才培训平台，实现企业员工“数字化新型能力”提升。基于 VR/AR 技术岗位培训，员工熟练度显著提升；企业摆脱培训场地限制，低成本满足培训需求，提高培训效率。

（3）工业AR可视化培训

基于 AR 可视化技术提供培训方案，可在多个环节升级传统的培训方式，主要包含操作流程规范指导、设备信息呈现、专家在线 AR 指导等，实现培训流程标准化，加强培训互动性，打破地域限制，增强培训的便利性。

（五）中国工业元宇宙的发展路径

1. 目前中国工业元宇宙的发展难题

目前中国在工业元宇宙发展路径上面临着三大难题，短期内解决有一定难度。

一是数据融合与安全问题。目前，在较为复杂的工业生产中，各条生产线涉及大量不同设备 IDE 底层通信与数据交互协议等，设备之间有效数据流动和融合的难度较大；而且工业互联网专用软件难以通用，尤其是我国，工业软件国产化程度较低。此外，还涉及数据泄露和网络协议风险。

二是成本问题。工业元宇宙需要在数字孪生、边缘计算及云计算、智能物联、数据清洗与识别等方面投入大量的成本，这对于广大的中小企业来说压力较大，尤其是目前中国大部分中小型制造业企业基本处于刚刚完成信息化，正准备“上云用数赋智”，数字化、智能化、网络化仍处于起步阶段，让其迅速进入工业元宇宙领域不太现实。

三是缺乏相应的商业盈利模式。与用户直接付费参与的文娱元宇宙不同，工业元宇宙目前尚难以找到盈利模式。

2. 目前中国工业元宇宙的发展态势

依据亿欧智库编撰的《2022 中国工业元宇宙产业研究报告》，1~3 年内 AR、VR、XR 软硬件企业、工业软件企业将最先受益，包括研发设计类软件（CAD、EDA、CAE、CAM、PDM、PLM 等）、生产制造类软件（DCS、SCADA、PLC、MES、EMS 等）、经营管理类软件（ERP、SCM、HRM、HCM、CRM 等）、运维服务类软件（MRO、PHM 等）；未来 3~5 年，工业元宇宙将实现绿色低碳算力；2030 年以后，中国工业元宇宙有望整体进入雏形阶段。

虽然目前在整体工业层面实现工业元宇宙还有一定难度，但依据《2022 中国工业元宇宙产业研究报告》，现阶段工业元宇宙至少能实现：①优化人机交互方式和体验；②云—边—端泛在算力；③数字孪生体（人、货、场）；④打通多源异构数据。目前，元宇宙产业已开始广泛应用于工业设计、数字营销、远程协作、智能质检等环节。

（六）工业元宇宙企业应用的典型案例

目前，工业元宇宙主要应用在航天、汽车、服装、能源、建筑、食品等领域，实现工业的柔性化定制、低碳化管理和智能化制造。以下以航天云网为例，分析航天工业领域的元宇宙应用。

航天云网在工业互联网、数字孪生、VR/AR 等相关技术研究和产业应用的基础上，以“工业数字孪生 + 工业智能 + 工业互联网”作为当前在航天工业领域开展元宇宙实践的重要模式，开展了大量工业元宇宙应用探索工作。

基于 INDICS 平台的 CPDM/CRP 协同应用环境，为航天科工空间工程发展有限公司小卫星智能生产线搭建了面向未来工业发展的智能架构，打造跨阶段数字孪生研制模式，实现了数字孪生及模型驱动的卫星模块化快速设计、卫星柔性智能化生产和生产全过程质量管控，全面提升了产品质量；形成了应用 MBSE、具备云制造能力的小卫星产品研发、设计、制造环境，综合产能由国内领先水平的每年 60 颗提升至每年 240 颗，实现设计研发、制造资源、质量管理等各业务流程无缝对接，关键工艺参数与结果 100% 采集与反馈，产品研制生产周期缩短 75%，单星生产成本降低 50% 以上，可兼容 1 吨以下各类卫星生产要求。

依托 INDICS 边缘云为河南航天液压气动技术有限公司打造了数字孪生驱动的航天高端液压产品智能车间，实现数字孪生对生产现场的实时控制与在线管理，通过与信息系统数据集成，构建了“云—管—边—端”一体的车间数字大脑，有效降低了低层次、重复性和人为原因发生的质量问题，提高了产品一次交付合格率，确保产品零缺陷、零故障、零疑点，实现了多品种、小批量产品的柔性混线生产，缩短了产品交付周期，保障了重大航天工程任务和重点型号任务的圆满完成（见图 3–1）。

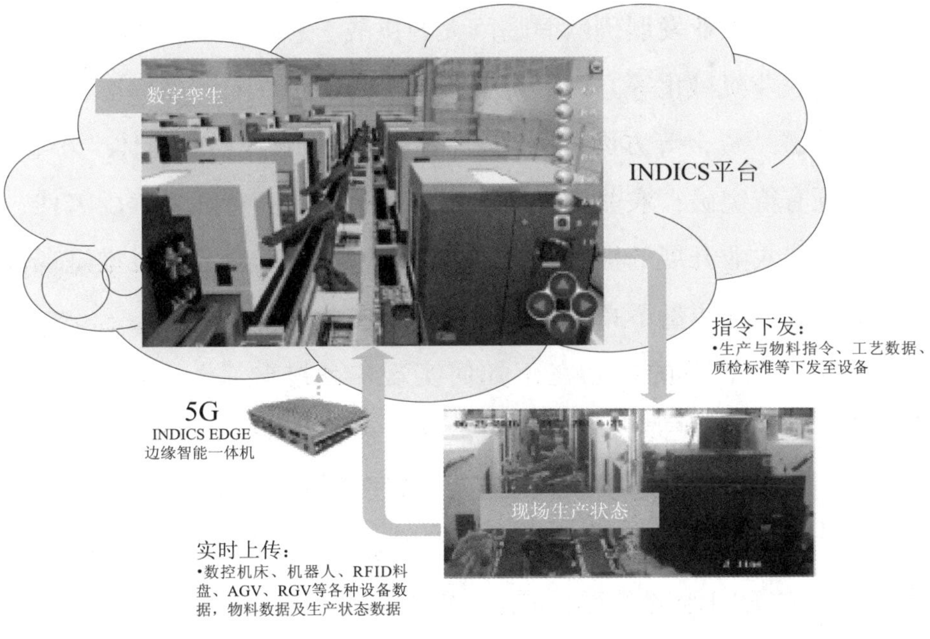

图 3-1　基于航天云网平台的工业元宇宙应用

图片来源：航天云网。

二、农业元宇宙

农业是农林牧副渔业的统称，涉及从生产资料—生产—加工—流通的全链条。农业是第一产业，也是我国国民经济的基础，更是最基本的物质生产部门。我国是农业和农民大国，农业的基础地位关乎我国国民的利益、社会的安定以及国民经济能否稳定地发展，同时我国在国际竞争中能否保持独立自主的地位也和农业有一定的关系。

（一）农业元宇宙的发展背景

当前我国农业发展仍然面临巨大的挑战。总体来看，我国农业在科技应用、农业机械化等方面取得了很大跨越，但在农产品标准化、损耗率、供应链、资金等方面仍存在较大问题。如农业经营主体“小、散、乱”问题有待突破；农业生产技术水平落后；农业产业化程度欠佳，难以强化现代农业开展的根底；综合效劳体系不够健全，难以推进现代农业开展；农产品质量不高，难以保证现代农业开展。

未来中国农业的核心在于如何实现“乡村振兴”。2017 年 10 月，党的十九大报告中提出乡村振兴战略。乡村振兴有五个方面的要求：“产业兴旺、生态宜居、乡风文明、治理有效、生活富裕”。“产业兴旺”是乡村振兴的核心，也是直接解决农民收入低下、农民弃农进城、城乡发展失衡问题的关键所在。“生态宜居”是农民的梦想，更是我们生态建设的重点、绿色发展的基础。“乡风文明”是农耕文明复兴，也是直接解决亲情乡情缺失、熟人社会消失、人与人信任危机问题的重要载体。“治理有效”是乡村社会建设的基石，更是有效解决我们基层组织虚化、基层自治缺失、基层法治失效、基层德治失灵问题的“一剂良方”。“生活富裕”是农民的基本向往，也是我们的立党初心和执政基础，更是缩小城乡差距、贫富差距，全面建成小康社会的重要举措。

元宇宙的发展将为实现乡村振兴提供重要助力。在元宇宙发展背景下，可以结合智慧物联、数字电商、文旅开发、区块链金融等方式，形成围绕农业发展的文化科技深度融合、持续创新。

（二）农业元宇宙的发展模式

1. 农业元宇宙的总体目标

农业元宇宙的根本在于农业数字化的升级，主要包括智慧生产、农业流通与乡村治理三大领域。在智慧生产领域，通过物联网采集土壤、气象、品种等各类数据，通过云计算和 AI 进行实时模拟，得出精准的种植和养殖决策；在农业流通领域，结合区块链、数字人、大数据等元宇宙相关技术，升级相应的农业电商、溯源系统、冷链运输、数字营销、市场行情分析等，更便捷地链接农户、农业加工者、农业贸易方以及最终的消费者；在乡村治理领域，通过数字科技、数字内容、产业互联网平台连接等多重路径，着眼于效率增强、体验丰富与多元互动，促进美丽乡村建设和农业经济的结构性提升。

2. 农业元宇宙的整体架构

总体来看，农业元宇宙与元宇宙整体发展思路类似，大致包括四个层次结构：物理层、技术层、数据层和应用层。物理层主要结合智慧农机设备、农业机器人、农业无人机、农业运输车辆等智慧农业设备的互联互通；技术层主要以物联网、云计算、人工智能技术等智慧农业核心技术为核心，与区块链、虚拟现实、数字孪生等技术相结合，在解决智慧生产环节问题的同时，服务于生产追溯、农业金融、数字农产品营销、农业文旅等衍生需求；数据层是农业元宇宙的核心，涉及土壤温度、湿度、pH 酸碱度、EC 值、各种磷钾氮肥力等数据，空气大气压、温度湿度、农资、保险、贷款、自然灾害、病虫害等方方面面；应用层涵盖农林牧副渔的各个领域与生产流通加工各个环节。

（三）农业元宇宙的核心价值

农业元宇宙的核心价值在于通过元宇宙技术实现降本增效节能，在元宇宙场景下实现创新研发、精准作业、科学预测、合理确权、数字营销以及助力乡村振兴。

一是创新研发。结合细胞工程与基因工程，建立农作物数字孪生体系与知识图谱，研发新型农作物，并通过仿真模拟探索新型农作物在各类条件下的生长状态。

二是精准作业。通过在元宇宙提供的数字孪生环境中进行模拟，可以精确到在不同的饲料、温度、气候、土壤性质条件下农作物和牲畜最好的生长状态，建立全生命周期模型。

三是科学预测。结合大数据分析，推演未来时间的气候及其他条件，及时预测天气及病虫害的发生，及其对农作物产生的影响，预先作好相应措施。

四是合理确权。结合区块链及追溯技术，将有助于解决目前农业生产中面临的追溯问题，保障食品安全，树立地域农业品牌，提升农产品价值。

五是数字营销。结合数字人技术，依托农业元宇宙场域，将极大有助于建立消费者和农产品之间的链接，建立鲜活的农产品形象，克服乡村农民直播营销中缺乏现代营销话术的缺点，并且可以参与整个农作物以及家禽、家畜的生长和发育过程。

六是助力乡村振兴。通过虚拟与现实结合，将极大丰富乡村生活、生产及文旅的内容及场景，助力乡村旅游及乡村治理。

（四）农业元宇宙的核心应用场景

农业元宇宙的核心应用场景主要包括数字科技、数字内容及产业互联网链接赋能，着力实现农业现代化、乡村振兴及新农人培育。

1. 数字科技赋能，提升农业产业效率

结合物联网、大数据、数字孪生、云计算等技术，可以构建农业元宇宙的生产模型。一是通过在农业数字孪生世界中，基于农业的基因特性、种养殖方式、气候条件、病虫害等进行农业经营活动的模拟仿真，有利于农业生产模式从育种到生产的全面优化以及对实际生产状况的真实预测。二是在农业加工领域，可以形成定制化、个性化、特色化的农业加工产品。三是通过区块链和溯源技术，有利于形成农业大数据系统，构建农业特色品牌。

2. 数字内容赋能，建立新田园经济

首先，可以结合当地的独特自然禀赋，结合虚拟拍摄等技术，在

元宇宙空间内对当地文旅环境进行全方位的展示，包括邀请一些名人或知名主播在其元宇宙空间内进行推广。其次，可以结合当地乡村文旅发展，打造线上线下结合的元宇宙互动游戏、电商直播、数字展演等活动，一方面深度开发当地旅游价值，另一方面增强游客黏性，增加回头客。最后，可根据条件开发当地特色农产品、手工艺品、乡村艺人作品以及数字藏品，并开发相应的赛事及活动，扩大地域品牌影响力。

3. 产业互联网链接赋能，促进农业协同创新

一是通过数据的可视化、市场的可视化、生产的智能化达到生产控制、产量控制、供需匹配，从而降低生产风险，提高生产效率。二是通过数字技术、电商平台等，重构农产品流通模式，建立新的生产指导和信息传递方式，提升农产品流通效率。三是运用物联网、数字孪生等技术，加强农产品全程可追溯、全生命周期监控、食品安全监管等，提升产品使用安全感。四是通过信息化、数字化、智能化手段，加强信息共享，最快了解农业产业链各个环节更全面的信息，实现产业链信息共享。五是利用区块链等技术手段加强农业金融赋能，建立健全农业农村信用体系，解决农业资金短缺问题，促进产融结合。

（五）农业元宇宙发展展望

总体来看，元宇宙技术与思维在农业上的应用还不普遍，农业元宇宙真正形成生态，还需要经历一段漫长的路径。不过，在乡村文旅、土地遥感、智慧种植 / 养殖、农业大数据等领域，元宇宙的一些相关技术，如区块链、数字孪生、人工智能等，已经逐步开始使用。

三、智慧城市元宇宙

智慧城市（Smart City）起源于传媒领域，是指在城市规划、设计、建设、管理与运营等领域中，通过物联网、云计算、大数据、空间地理信息集成等智能计算技术的应用，使城市管理、教育、医疗、房地产、交通运输、公用事业和公众安全等城市关键基础设施组件和服务更互联、高效、智能，从而为市民提供更美好的生活和工作服务、为企业创造更有利的商业发展环境、为政府赋能更高效的运营与管理机制。

（一）智慧城市元宇宙的发展背景

智慧城市是把新一代信息技术运用在城市基础设施和公共服务建设中，是城市信息化的高级形态，实现了信息化、工业化、商业化与城镇化的深度融合，有助于缓解“大城市病”，提高城镇化质量，实现精细化和动态管理，并提升城市管理效率和改善市民生活质量。元宇宙技术能够将社会经济建模、地理信息建模、建筑信息建模、物联网、互联网、人工智能、大数据、区块链、数字孪生等新型信息技术与传统城市基础设施充分结合。在地理空间、建筑和设施的物理空间、社会逻辑空间之间，广泛建立信息感知、传递、协同、共识、决策和执行反馈的自动化、智慧化空间利用机制。目前，智慧城市元宇宙在传染病传播预测与分析、社区在线服务、政务远程协作、沉浸式在线教育等方面，有较快的发展趋势。

（二）智慧城市元宇宙的发展模式

从元宇宙智慧城市发展来看，大致可以分为四个层面：一是基础设施层；二是技术层；三是空间层；四是应用层。

从基础设施层来看，按照同济大学原副校长吴志强院士的看法，城市基础设施的本质是维护“城市生命”，其中包括能源、物质、信息三大要素，以及“传递”和“处理”两大基本任务①。

从技术层来看，主要在BIM（建筑信息模型）、GIS（地理信息系统）与IoT（物联网）技术的基础上，以构建CIM（城市信息模型）为核心。通过CIM与智慧基础设施的整合，在优化基础设施布局网络的基础上，协同信息基础设施与城市交通、给水、能源以及工业、商业、医疗、文化娱乐、人防等设施之间的交互，明确各类要素的空间组织方式。

从空间层来看，主要可分为物理空间、社会空间与数字空间。物理空间包含城市时空位置、城市要素（能源设施、交通设施等）和城市生态环境；社会空间包括城市中的组织、活动、关系以及逻辑；数字空间是与物理空间和社会空间映射连接形成的虚拟空间。2021年8月，中国自然资源部发布《实景三维中国建设技术大纲（2021版）》，提出由空间数据体、物联感知数据、支撑环境组成的“实景三维中国”。智慧城市元宇宙必须围绕物理空间、社会空间与数字空间进行数据搜集、数据整理、数据建模、数据应用与交互。

从应用层来看，主要包括城市生活服务、城市经济发展、城市政务治理等方向。

---

① “新基建时代，城市应增强‘内感知’与‘外感知’能力”，载每日经济新闻App，2021年12月29日。

（三）智慧城市元宇宙的核心价值

1. 助力城市规划与设计

通过元宇宙模拟技术，能够更有效地模拟未来城市的发展演变，从而制订更为科学可靠的城市规划设计方案，确定未来城市的生活设施、生产设施、生态设施、交通与市政服务设施、公共服务设施等城市核心要素的合理供给水平与布局形态。

2. 助力城市居民家庭生活

目前，元宇宙技术已经开始进入家庭生活，尤其在教育、健身、文娱、社区服务等环节，发挥了重要的作用。特别是新冠疫情期间，一些“云健身”“云唱 K”“云喝酒”“云演唱会”行动的兴起，极大丰富了居民在封控期间的活动，这也可以看作元宇宙助力家庭生活的雏形。

3. 助力城市运营与空间治理

通过采集城市及居民的相关数据，能够准确地反映城市的运行状态，有利于实时采取合理有效的手段进行必要的控制、引导及干预，实现城市空间与行为的模型优化，尤其在生产管理、生活服务、交通出行、应急安全、经济运行等中具有重要作用。

4. 助力城市双碳目标

元宇宙环境下的碳排放智慧监测和管理，是一种以空间为单位，完全在数字化环境下开展的监测和管理，空间可以大到元宇宙网络可达的广域世界，也可精确到家庭、办公室、厂房、商业楼层的局部空间。利用遍布城市物理空间的传感器，通过物联网将企业、交通、家庭等碳排放数据收集到城市数字空间中，根据工业园区、商业区、交通、家庭等物理空间映射的城市数字孪生体，可开展面向空间对象的监测与管理。

（四）智慧城市元宇宙的核心应用场景

智慧城市元宇宙可以在智慧园区、智慧社区、智慧交通、智慧政务服务等核心应用场景发挥价值。

1. 元宇宙智慧园区

近年来，随着物联网、移动互联网、人工智能、大数据、云计算等信息技术的普及，从 2010 年开始，智慧园区建设开始如火如荼地开展，主要体现在园区的智能化、可视化、数据化运行，主要涉及信息系统集成、智能安防与可视化监管、企业智慧服务等方面。

未来，在元宇宙技术的推动下，尤其是数字孪生、BIM、智慧互联、大数据等技术的运用，智慧园区将更加强调“规划—招商—建设—运营”的全生命周期协同，重点实现产业链全流程监控、供应链上下游协同以及园区企业在元宇宙与园区双重空间下的高效联动与协作。

2. 元宇宙智慧社区

目前，智慧社区的核心是通过整合社区现有的各类服务资源，为居民提供政务、商务、娱乐、教育、医护及生活互助等多种便捷服务的模式。

通过数字孪生等元宇宙技术，主要在三方面提升智慧社区的服务能力：第一，能够使居民具有更加沉浸式的服务体验，提升服务水平与服务质量；第二，在传统社交空间之外打造一个基于社区的新社交空间，实现社交、购物、游戏、文娱乃至办公等多重活动，有助于家庭和社区氛围的提升；第三，通过居民个体行为数据在元宇宙空间中的沉淀，有利于预测和改善社区服务水平，并为不同居民提供个性化、精准化的服务。

3. 元宇宙智慧交通

自 2016 年，阿里巴巴在杭州建设以城市智慧交通项目为核心的“城市大脑”以后，智慧交通就成为智慧城市建设的重中之重。目前新能源、自动化驾驶、5G、人工智能等新技术不断涌现，使城市交通的建设和治理更加精细和智慧。

通过元宇宙技术的发展，能够使城市道路、高速公路、铁路、航空、步行与非机动交通等不同交通设施与城市其他要素在元宇宙空间中进行有效耦合，助力于驾驶辅助服务、路况检测、交通预测、紧急交通预警、智能交通控制等交通优化。此外，元宇宙技术还为自动驾驶技术的发展开辟了新的可能性。

4. 元宇宙智慧政务服务

城市政府业务服务（以下简称城市政务服务）是指政府、相关部门及单位向城市的社会团体、企事业单位和个人提供的行政服务和公共服务。城市政务服务先后经历了从电子政务到互联网政务，再到智慧政务的发展过程，政务服务一直是智慧城市建设的基础和重点应用。目前，推进城市政务服务向智慧政务发展是各国政府管理者的普遍共识。

未来在元宇宙趋势的引领下，智慧政务将更加注重政务服务的沉浸式体验与有效、有趣互动，真正感知被服务对象的所知、所想、所感，并可以通过区块链及元宇宙通证将不同部门的服务融为一个整体，真正实现“最多跑一次”。

（五）智慧城市元宇宙的发展趋势

总体来看，从2012年开始，中国进入了智慧城市建设的高峰，表现在城市信息化、数字化的步伐不断加快，政务服务“一网通办”、城市运行“一网统管”等不断落实，城市大数据平台、城市大脑等数字基座建设日益完善。

当然，目前智慧城市仍存在较大问题，主要表现在：城市信息资源分散，壁垒严重；与公众之间的交互性不足；重复建设现象严重，投资缺乏效益；区域建设差异性较大。

未来，在元宇宙发展趋势下，按照吴志强院士的观点，需要在以下三个方面进一步强化。

1. 智慧城市要以预见未来为目标

未来元宇宙下的智慧城市，不仅“镜像”今天的城市，还应通过应用智能模型前瞻性地创造出未来场景，以帮助使用者看到明天的城市问题，并据此引导今天的发展路径。例如，吴志强院士团队建立的城市数据平台，经过四代迭代，形成全球城市大数据库，把城市划分为7种类型，学习每一种类型的城市树发展规律，并通过人工智能技术推演。

2. 智慧城市要以智能模型来辅助决策

在元宇宙背景下，基于CIM城市信息系统提升城市的预测、感知与响应能力，以适应未来城市治理的需要。基于对城市物理空间要素、社会空间要素、数字空间要素的数据集成、分析与模拟，实现对城市居住系统、产业系统、市政及交通系统、公共服务系统等系统和资源的优化配置，服务于规划、建设、运营的城市建设全流程。

3. 智慧城市更突出人与城市的互动

元宇宙下的智慧城市是以智慧的方式将城市信息有效传达给城市居民的互动系统，是人的主观意志和城市智能生命互动协调形成的有机生命体。以对城市大数据的智能分析、模拟、推演为基础，人机协同决策，制订更优的解决方案，实现城市中医疗、就学、交通、服务、金融、文化等的智能化，满足城市的根本需求，维护城市全生命周期的健康发展。

（六）智慧城市元宇宙的应用案例

1. 基于游戏的智慧城市

最早的《模拟城市》可以看作智慧城市的原型。《模拟城市》是一款没有输赢的游戏，它成功的秘诀是玩家可完全按照自由意志，建设成千上万个数字化城市实例，不满意可推倒重来，直到满意为止。这种以人为本、构件化建设思路和上帝视角的空间利用，为后续城市建设提供了创新发展思路。很多国家如加拿大、美国等的城市，在实际规划建设中，都参考了模拟城市的智能预测模式。

2022 年 10 月，深圳番多拉信息科技有限公司发布了以区块链为魂的 Verseport 星世界。基于其“星计划”的世界观设定，星世界是一个由番多拉星球和四大外星系组成的开放元宇宙世界，用户可以在星世界自由探索，获得资源并重铸星球文明（见图 3–2）。在番多拉星球上，构建了与现实世界虚实映射的展示中心、会议中心、购物中心等三维数字空间场景，为现实世界的企业、实体商店等组织赋能。通过星世界，企业可以将现实展厅搬到元宇宙，也可以在展示中心参展，还可以搭建元宇宙会议室，进行面对面的三维音视频会议；实体商铺也可以拓展到星世界的格子数字空间，形成元宇宙商铺。这些全新的元宇宙生产、生活、工作方式将大幅度降低组织的各项成本，提升生产力、生产效率和用户体验。

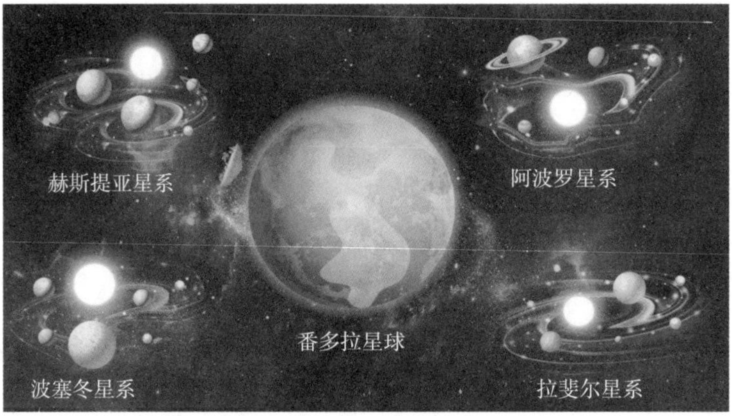

图 3-2　Verseport 星世界

图片来源：Verseport App 应用界面。

2. 城市大脑

自 2016 年杭州建设城市大脑以后，城市大脑成为中国智慧城市建设的核心，各地纷纷开始了城市大脑建设，阿里巴巴、百度、腾讯、华为等纷纷入局。

以最早开始进入这一领域的阿里巴巴为例，阿里的城市大脑生态链以“业务中台 + 数据中台”的方式，将城市大脑建设分为技术、产品、组织三部分，并将阿里云、高德地图、淘宝、支付宝、钉钉等产品加入服务生态[①]。

以阿里城市大脑 3.0 为例，阿里城市大脑进一步强化空间感知与数字治理能力，强调服务在线化、协同化和智能化，并着重在城市交通、

① “腾讯、阿里的城市大脑较量”，载蓝鲸财经 App，2020 年 12 月 28 日。

应急安全、社区治理、政务服务等领域打造数据模型，优化运营流程。当然，这离真正融合物理空间、社会空间和数字空间的“城市元宇宙”仍有较大距离。

四、文旅元宇宙

随着新一代信息技术的发展与加速普及，国家深度实施数字经济发展战略，各类元宇宙相关的项目纷纷落地。在文化和旅游方面，现实文旅资源与虚拟文旅资源对应打造“文旅元宇宙”，是文旅产业重要的发展方向。文旅元宇宙项目提供沉浸式实景游览体验、科技新颖的在线体验、线上线下一体的旅游服务，是优化旅游体验、重塑文旅服务、突破文旅产业发展瓶颈的关键方式。

文旅元宇宙作为专门为文化和旅游项目提供沉浸式消费体验而诞生的产品，指的是基于区块链、三维引擎、VR/AR/MR、AI 等元宇宙技术，以自然或人文景观资源为模板创造供消费者沉浸式文化旅游体验的数字空间。在新冠疫情防控时期，文旅元宇宙项目以一种新的方式模拟、感知、体验现实世界，刺激文旅行业加快数字化转型，对其产业模式和形态产生深层影响。

（一）政策动向

围绕元宇宙赋能文旅产业转型升级，国内纷纷召开文旅元宇宙大会，探讨元宇宙如何为包括文旅在内的各行业高质量发展开拓更为广阔的发展前景。2022 年 8 月 10 日，《全球数字藏品研究报告（2022 上）》在元宇宙产业发展峰会上发布。2022 年 8 月 15 日，《中国数字藏品监管白皮书（2022）》在武汉完成起草。

（二）文旅产业发展现状

1. 旅游形式分析

微度假（以本地为中心，基于兴趣爱好或者某种体验，在周末或假日进行的短期休闲度假形式）已成为个性化旅游的载体，有民宿集群型、户外营地型、休闲农庄型、康养疗愈型、文化创意型、主题娱乐型多种形式。“85 后”“90 后”人群更偏好微度假的“微”要求：景区能在较短时间内提供丰富、全方位的旅游体验，满足年轻人群出游的多元化需求。微旅游项目的服务方式、体验形式创新，或将助力微旅游成为主流的出游形式。

2. 元宇宙技术与文旅产业融合发展趋势

20~35 岁的人群将是“元宇宙”世界的主力军，这和旅游主力人群高度重合。目前，与元宇宙相关的技术应用在文旅产业中方兴未艾，虚拟旅游尚未普及，数字藏品热度仍在。文旅元宇宙项目有助于文旅产业重唤旅游市场信心。

国内专家认为，文旅项目要深挖项目的文化内涵与特色，研究关联产业，开发产业链的价值；开发文旅元宇宙景区的各类应用，要注重应用与景区相关的故事性，引入 AR/VR/XR 各类技术，以游戏的方式，结合线上线下旅游资源打造沉浸式游览体验；文旅元宇宙的应用要具有社交属性，便捷传播游览过程中创造的内容，充分发挥游客社交互动的价值。埃森哲咨询顾问 Flecha 也表示："在一个外部风险不断的时刻，旅游业面临的最严峻挑战是人们旅游的信心不足。虚拟现实让他们感觉到有充分的掌控感和安全感，并重拾旅游的节奏。"德国国家旅游局表示："虽然数字体验不能取代现实世界的旅行体验，但能够帮助游客在新冠疫情旅行受限期间，还能保持对德国的兴趣。"

3. 国内外虚拟旅游相关举措

国内外景区、主题乐园及科技公司均已推出虚拟旅游或类虚拟旅游项目。德国国家旅游局面向全球游客推出沉浸式 VR 旅游项目；韩国打造"韩国旅游宇宙平台"；爱尔兰通过 VR 技术，让游客可以远程体验爱尔兰"巨人堤道"等出现在 HBO《权力的游戏》中的著名景点；马尔代夫和牙买加制作 360 度视频，游客可通过 VR 头盔，虚拟享受海滩上晨练瑜伽、浮潜课程、烹饪学习等；斯里兰卡中国文化中心推出"中国 VR 游"栏目；乐天世界 2021 年在 Zepeto 元宇宙中推出该乐园的虚拟复制品；迪士尼发布"元宇宙战略"。西安启动虚拟旅游项目"大唐开元"；张家界武陵源景区设立元宇宙研究中心，利用黄龙洞、百龙天梯、十里画廊等景点建设数字景区。①

4. 文旅元宇宙的本质是以数字化技术打造文旅新业态

随着底层技术的发展，文旅元宇宙的概念正在逐步转变为现实。在元宇宙赋能下，虚拟演唱会、艺术展览、文艺演出、博物馆展览等项目将为用户带来虚实融合的沉浸式体验（见图 3–3）。元宇宙可通

① 艾瑞咨询："艾瑞观潮系列：文旅行业季度观察"，载《艾瑞咨询系列研究报告》2022 年第 8 期。

过自然景区、主题乐园、历史古城等主体，突破传统旅游“时”与“空”的局限，使用户获得更有沉浸感、科技感、补偿感的体验。通过满足当下人对于感官体验的享受，实现增加游客数量，提高游客消费额度、增强游客黏性等目标。与传统文旅业相比，文旅元宇宙主要有三大特征。

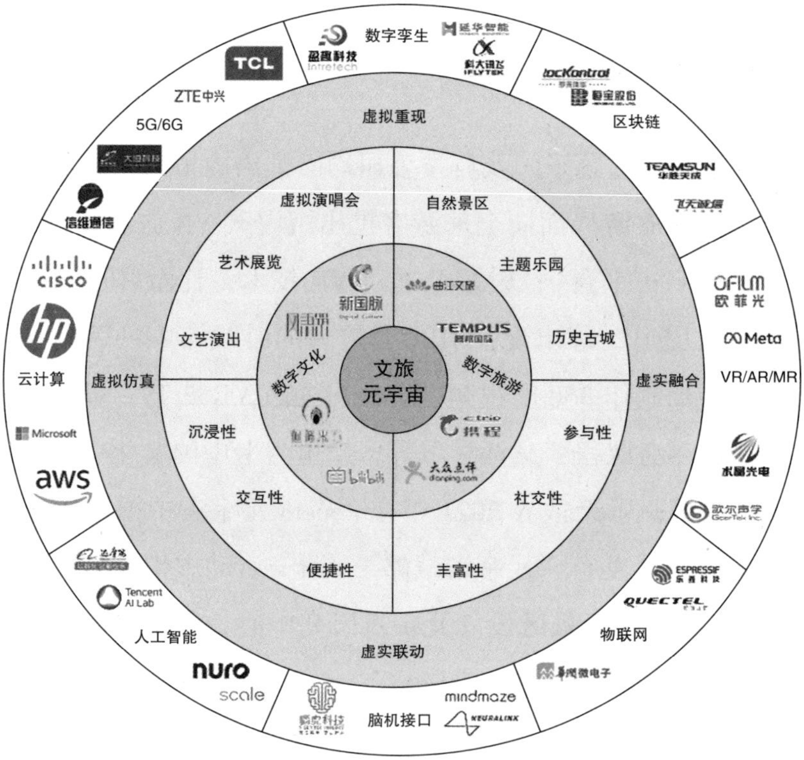

图 3-3　文旅元宇宙产业地图

资料来源：头豹研究院。

一是元宇宙中数字空间与物理空间的深度融合可让人们以一种全新的方式模拟、感知、体验现实世界。例如，在文旅元宇宙中，游客可以通过任意视角去获得不同的感受，如选择山顶或空中观赏风景。

二是文旅元宇宙中所产生的旅游数据可传播，游客在现实景区游览的过程中，可将产生的图片、文字、视频等数据同步到线上的虚拟景区，其他人可在线上进行浏览、查看、分享等。

三是文旅元宇宙中可以将旅游过程中产生的照片、视频等多媒体资源形成 NFT（数字资产），进行流转，具备经济价值。

（三）文旅元宇宙的应用场景

构建文旅元宇宙包括四大核心技术：一是人工智能，二是 3D 可视化交互技术，三是数字孪生，四是数字多媒体集成。以这四大技术作为核心，如何打造文旅元宇宙应用场景？有专家提出，一是创模式，虚实联动，构建实体和虚拟的交互；二是造场景，物联全覆盖，逐步实现全馆线上线下互动；三是设 IP，定制化打造专属 IP，实现数字人交互；四是自我进化，基于 AI 等核心技术，达到实时反馈、自我更新的效果。通过孪生系统达成文旅元宇宙，产生线上线下的联动关系，但这类联动关系的关键，是线上的数据反馈到线下，优化文旅项目的发展和运营。游客在线上与文旅元宇宙进行互动，在实际游览过程中与实际的景区交互，与景区的运营人员互动。线上线下数据相互印证，相互促进，用来优化游客游览体验，优化景区运营策略，发挥文旅元宇宙的真正价值。

1. 元宇宙景区

基于区块链、云计算、GIS 等技术，将现实的景区、游玩场景、服务内容进行数字化，建设虚拟场景和实体场景相结合、线上线下同步的元宇宙景区。

文旅元宇宙一方面可结合运营需求，实现虚拟资产管理、景区游玩任务、游玩场景、游玩剧本、数字藏品、游玩角色等内容的管理；进一步地，应用 VR、AR 等虚拟现实技术，结合实际的景区场景、景区特色，创作一些 VR 游戏、虚拟动画，打造线上线下结合、沉浸式体验元宇宙旅游场景，为游客提供新的游览体验和游玩方式，增加游览的趣味性，提升游览体验。另一方面，元宇宙景区提供跨时间、空间、天气等影响的全时段在线游玩体验，提升游客来景区的驱动力。

未来也许还存在着一些不确定因素，但随着元宇宙技术被应用在文旅行业“吃住行游购娱”的各个环节，中国文旅产业的未来前景仍有巨大的想象空间。

2. 元宇宙景区和实体景区结合的沉浸体验服务

文旅元宇宙景区的建设，将旅游资源系统化、数字化，应用区块链、AR、VR、NFT 等技术，形成可玩的数字虚拟资产，并与实体景区交互进行应用，打造新颖的游玩方式和全新的旅游体验。文旅元宇宙结合景区的运营需求，进行虚拟资产管理、景区游玩任务的设计与发布、游玩场景、游玩剧本、数字藏品、游玩角色等内容建设。

在数字技术打造的元宇宙景区内，结合当地特色景色、文化风俗，建设旅游体验剧本，形成元宇宙游玩剧本。在平台上设置任务所需的图片、视频、文字、语音、二维码等内容，并将剧本的图片、文字、内容布局在实体景区的各个位置，与线上任务进行一一对应，为实体景区游玩的任务场景提供在线支撑，打造线上线下结合的大型实景 RPG 真人体验剧本游戏项目。游客在进行游玩任务时，通过扫描、拍照等方式获得任务信息，在体验景区游玩的同时，在线获得任务进度，进行任务交互。游客在线体验任务过程中，一方面可以与景区内容、游客、工作人员进行互动，产生新的游玩数据，其创作产生的图片、音视频、文字等在文旅元宇宙中进行沉淀，促进“元宇宙世界”的生长；另一方面，游玩体验、数据积累、信息分享、在线交换等玩法，提高了平台的活跃度与来景区游玩的驱动力。

文旅元宇宙的数字空间把物理世界虚拟到虚拟空间里作一对一的映射，应用文旅元宇宙的数字世界具有计算、仿真、模拟等特性，通过人工智能的推理和大数据的计算，可得出一些现实世界发现不了的规律，再作用到现实世界，服务于现实世界。

3. 元宇宙虚拟人物

虚拟人角色灵活，可作为场景 NPC，也能取代诸多现实场景下的岗位作为虚拟导游、虚拟讲解员等角色，加速博物馆、科技馆、主题乐园、名人故居等细分领域数字化和智慧化的进程，也可作为园区、景区等诸多现实场景下的导购、偶像等。自带文化景区资源和流量属性的头部 IP 能较好吸引关注。景区、博物馆等可结合本地特色，挖掘相关的文化 IP 属性，推出数字藏品，打造文旅 IP 形象。

一是数字导游：结合 GIS 地图，为游客提供高精度的全景视觉定位导航，动态路线实时更新，数字导游全程讲解导览，赋能全域智慧旅游，创造多元营销价值。

二是数字客服：全渠道接入和应用，为游客提供智能服务，实现情感化、个性化、场景化的交互体验，助力景区运营方重塑服务流程，优化旅游体验。

三是数字主播：根据景区 IP 和景区特色打造的数字主播可以在各个直播平台进行直播活动，也可以作为智能客服人员回复游客问题，助力景区差异化竞争。

4. 文旅数字藏品

景区通过发行以景区景观、历史文化名人、文化故事、文旅演艺等内容为原型创作的数字藏品，在文旅元宇宙世界中进行应用。数字藏品与景区内容深度结合，或与区域内其他品牌联名，发行数字门票、纪念票、宣传广告等。数字藏品可以与景区运营活动结合，发布带有消费属性的数字藏品，比如折扣券、抵用券等消费券，为旅游消费赋能。数字藏品的前卫标签和社交属性为品牌年轻化加持。游客可获得与景区相关的数字藏品，或根据景区提供的素材、自行获取的素材进行创作，在平台进行分享、交换。

一是数字藏品的 IP 属性、社交性以及投资性，吸引年轻人群关注。通过数字藏品激发年轻人群的线下出游意愿，形成“线上获客，线下消费”现象，进而提高文旅企业营收。

二是门票绑定数字藏品，游客可以通过数字藏品获得、浏览景区信息。数字藏品可与门票在线销售进行绑定，门票的促销、分销可以让利于游客，让游客愿意分享传播景区信息。

三是通过挖掘和打造专属文化 IP，延长文旅数字藏品的生命周期，让游客与景区产生更深层次的联系，形成一次游玩、多次影响；让游客去创作、分享、传播，可以丰富平台内容，提高平台活跃性，有助于景区信息的扩散传播。

四是数字藏品可承载多个景区积分、礼品兑换等运营活动的价值，多景区门票联营，以“收集”数字藏品的方式让游客游览多个景区，线上化应用展示景区促销活动信息，进行在线传播。

5. 游客数字身份

区块链技术与身份信息数据相结合，打造出了全新的分布式数字身份体系，这种全新的数字身份体系相较于之前各平台独立的身份认证方式更统一、便捷、安全。文旅产业的智慧物联网设备、在线服务、电子支付等方式的普及，可以将游客数字身份应用在全域旅游服务中，使用自己的数字身份代替原有的各种证明 / 证件，为游客提供“一次认证，多处游玩”。游客数字身份所有者注册身份、身份提供者签发身份、身份依赖者验证身份以及对身份信息和数据的管理，都需要经过密码学算法来实现。游客数字身份具有以下特征。

一是安全可信。依托区块链中的分布式账本技术，存储在点对点数据库中的游客身份信息不可随意被篡改，只要上链前通过权威机构对身份数据进行审核，便能保障真实性。身份数据上链后，第三方系统只能调用部分必要信息，验证完成后，第三方系统不能存储用户信息，这些限制手段可以有效减少信息泄露风险。

二是自主管理。身份信息上链后，游客可自主管理自己的身份数据并将数字身份应用于不同场景中。用户可以选择性地公开部分信息，或者授权第三方系统使用部分个人信息进行验证等，个人信息完全由用户自己掌控。

三是互通共享。去中心化的区块链特点让数字身份在多平台互通共享成为可能。经过用户授权后，第三方系统均可调用链上的必要信息来验证用户身份。多个景区、多种服务可以进行数据共享，在一定范围内实现一次认证、信息多方共享应用。

数字身份在文旅元宇宙中是网络中的标识，其核心是通过提供和验证身份信息来证明元宇宙中的“我”是“我”。在旅游过程中，游客在实体景区和数字景区所产生的数据都通过数字身份关联，完成元宇宙中游客成长体系。游客通过数字身份获得不同的权益，在元宇宙中与其他游客进行互动、创作及展示，参与各类游戏活动等。当前，数字身份在文旅场景中的应用已有“碰一碰”酒店入住和“一码通行”火车验票两种，而便民政务、旅游观光、文化体验等多种数字身份服务场景也正在探索中。

6. 元宇宙景区商业场景

景区商业街的核心是购物与消费，是体验经济，越来越多的商业街通过元宇宙将购物之旅转变为愉快的外出活动。元宇宙时代的到来、VR/AR 技术的发展似乎正在打破游戏和购物之间的边界。未来“Z 世代”的消费能力将显著增加，这一群体预期将在元宇宙世界中定义体验式电子商务的未来。在文旅商业元宇宙中，AR 实景导航、AR 景观打卡、VR 云游戏、云上 VR 逛店、视频社交等全场景应用落地，为文旅产业客流回暖提供助力。

文旅元宇宙打造景区的商业场景，构建了更高效的“人、货、场”。

一是在“人”的方面，文旅元宇宙为每一位游客构建出一套可沉浸式交互的个人商业场景。旅游消费场景和游客信息的数字化，游客个人数字空间和景区服务场景的聚合，让旅游产品和服务更好触达到游客。

二是在“货”的方面，文旅元宇宙让产品陈列、服务展示、营销活动的呈现全新升级。用数字去模拟真实，由 3D 渲染引擎和智能感知带来的全真性与交互性，更好地呈现旅游产品和服务。

三是在“场”的方面，文旅元宇宙拓展了景区商业的时空体验。线上线下虚实融合，数字世界的效率、便捷与线下场景的体验、时效有效融合，突破了物理空间和时间的限制。

“物理空间”和“虚拟空间”相结合的文旅元宇宙，高效的“人、货、场”融合，所辐射的范围不局限在空间和时间上，为旅游商业场景的场外引流、场内导流、在线营销、在线服务提供了全新触点。

7. 元宇宙虚拟舞台

在文旅元宇宙中，以 AR、VR、电影特效技术，融合扩展现实、图形计算、实时渲染、人工智能等顶尖技术，打造虚拟舞台。文旅元宇宙中的数字孪生建模、3D 渲染、全息成像等多种技术，为演绎项目建设与实体舞台场景对应的数字场景，呈现出各类声光效果。虚拟舞台融合现实演出，让舞台表演的整体呈现效果更立体，也更具感染力，能够短时间内为观众带来直接享受。

在 2021 年的春晚舞台上，三星堆创意舞蹈《金面》利用 XR 技术把两位演员放到特定的虚拟空间中进行表演，同时还采用 AI 多模态动捕系统，使数字模型与演员能同步、高效、精准地完成表演，打造虚实交互的舞台视觉效果。相比于 VR、AR 等技术，XR 将真实与虚拟混合在一起，让观众无须佩戴眼镜即可观看最终效果[①]。

（四）文旅元宇宙展望

元宇宙与文旅行业结合，可以给用户带来无穷无尽的感官体验。虽然目前上线的一些元宇宙平台在用户体验环节还有很大的问题，比如模型粗糙、角色画面移动卡顿、网络延迟、多个平台数据不互通而

① 王伟杰：“元宇宙 开启文旅产业新未来”，载《中国文化报》2022 年 9 月 5 日。

无法形成真正的“世界”等，但元宇宙作为创新事物还有很大的提升空间，未来随着网速的提升和技术的进步，这些问题都可以得到有效解决。后续，文旅元宇宙场景的出现和打造将给实体旅游带来全方位的提升。

文旅元宇宙的魅力在于带给文旅行业“五化”提升：一是沉浸体验化，二是边界延伸化，三是数字资产化，四是交互高效化，五是分身虚拟化。因此，那些人类目前不可抵达的真实世界或从未存在的虚拟世界会在元宇宙中被创造出来，成为一种全新的旅游体验，给文旅行业带来更大的想象空间。

五、教育元宇宙

《国家中长期教育改革和发展规划纲要（2010—2020年）》中提出：“信息技术对教育发展具有革命性影响，必须予以高度重视。”信息技术促进教育的发展和革新。20世纪80年代，计算机辅助教育进入人们的视野。我国在1978年提出计算机辅助教育的研究项目。之后，北京师范大学和华东师范大学成立现代教育技术研究所，CAI（Computer Assisted Instruction）课件逐步应用到实际教学中。20世纪末，互联网的普及为网络教育提供了基础条件，现在网络教育已经被普遍接受并蓬勃发展，尤其是在2020年至今的新冠疫情中，网络教育更是发挥了巨大作用。元宇宙给教育带来了更先进的理念和技术，教育元宇宙将会是未来一个时期教育领域的新热点、新方向。

（一）教育元宇宙的概念与特征

早在元宇宙概念出现之前，元宇宙的相关技术已与教育建立了深厚的思想联系。虚拟现实技术是元宇宙的支撑技术之一，钱学森 1990 年将其译为“灵境”，并创造性地提出“大成智慧工程”。在大成智慧教育中，他强调充分利用信息技术、信息网络、人—机结合开展教育，提出了大成智慧教育的设想和目标。钱学森的大成智慧教育预见性地阐释和证明了现今元宇宙在教育领域的巨大价值。

刘文革等（2022）将教育元宇宙概括为利用 VR/AR/MR、数字孪生、5G、人工智能、区块链、大数据等新兴信息技术塑造的虚实融合教育环境，是虚拟与现实全面交织、人类与机器全面联结、学校与社会全面互动的智慧教育环境的高阶形态。[①] 教育元宇宙能够提供创新的人才培养模式、新型的教育手段、多样化多模态的教育资源、多元的学习活动、智能的学习评价等，通过虚实交织、人机和人人交互、学校与社会互动的高阶智慧教育环境，为教育带来颠覆性的影响。综合来看，教育元宇宙具有三个显著特征。

一是虚实交织的教育环境。教育元宇宙将教育内容、教育对象、教育目标、角色关系、教学互动等现实要素数字虚拟化，形成教育环境，其中教育内容可以制作成 VR/AR/MR 课件，师生以数字人形式进行互动和开展学习活动，在数字教育环境中开展沉浸式教学。教育元宇宙可以突破现实世界空间与物理限制，实现教育者、学习者、教育活动参与者跨越虚拟与现实，达成虚拟教育空间体系与现实教育系统的融合，从而更加自由地开展创造性教育活动。

---

① 刘革平、高楠、胡翰林，等：“教育元宇宙：特征、机理及应用场景”，载《开放教育研究》2022 年第 1 期，第 24-33 页。

二是人—机全面协同交互。教育元宇宙的主体仍然是人。教育元宇宙提供了一种虚拟教育环境，师—生、生—生通过终端设备接入教育环境完成教学过程。教育活动表现为人类通过终端人机 / 脑机接口设备与数字世界的全面协同和交互，人机交互和智能技术将在这个过程中发挥巨大的作用。

三是现实学校与外部社会的融合。教育元宇宙是元宇宙的一部分，教育元宇宙天然地消解了学校与社会之间的“围墙”，将社会教育与学校教育有机融合，使理论与实践不再割裂，有效促进了知识、技能和能力的全面发展。

教育元宇宙的这些特征为教育提供了一种全新的突破性的教育环境和工具。元宇宙的最突出优势是能够为教师和学习者提供一种沉浸式的教学互动场域，满足师生在物理世界和虚拟世界的教与学需求。虽然目前元宇宙与教育行业的融合尚处于初始阶段，但是有理由相信元宇宙将会对教育产生深远的影响。

现代教育的目标和职能是不仅要培养领导与管理人才，也要培养大量有文化的劳动者和不同种类的专业人才。我们国家的教育可分为基础教育、职业教育、高等教育和成人教育四种类别，教育元宇宙均可以在其中发挥其独特的作用。教育元宇宙在促进学生的认知和学习、辅助教师教学、促进教育的普及和公平、实现个性化教育和实践技能教育等方面，提供了新的方式和手段。

（二）教育存在的一些问题

随着社会经济和科技的发展，教育模式、方法和手段也随之变化。虽然教育已有数千年的历史，但是教育领域的一些老问题依然存在。

1. 高水平师资队伍欠缺

“教育大计，教师为本”。教师对教育教学具有至关重要的作用。2018年中共中央、国务院印发《关于全面深化新时代教师队伍建设改革的意见》，指出“有的教师素质能力难以适应新时代人才培养需要”。根据教育部教师工作司2019年统计，全国高职院校每年需补充约6.9万名教师。从文献研究可以看出，我国小学科学教师缺口严重，初中生物教师缺口量较大。综合来看，我国目前基础教育师资资源不均衡，职业院校中高素质的“双师型”教师仍然欠缺，高等教育不同院校间的师资水平参差不齐。

2. 教学设施设备不足

一些欠发达地区的教学设施设备不足。现代自然科学大多建立在观察实验和度量基础上，现代产业工人需要专业的技能培训。教学设施设备欠缺会致使一些教学实验无法开展，技能操作型教学无法进行，从而严重影响教育质量。一些教学设施设备价格昂贵，购买这些设施设备对一个办学机构来说是一笔不小的支出，尤其是持续投入升级更新教学设备对于经费短缺的办学机构是一个较重的负担。

3. 教学手段、教学方式等缺乏创新和吸引力

教育已经有数千年的历史，但是从古至今最主要的教育方式仍然是教师和学生的面对面教学，教师的教学仍然是以课堂教学、实验教学和实训操作等方式进行。近年来，计算机辅助教育、多媒体教学、VR/AR等已经在教育教学中逐步普及，产生了较好的教学效果。但目前的这些教学手段、教学方式等还没有对教育教学产生革命性的影响，对于学生

学习的吸引力有限。

（三）教育元宇宙的应用场景和优势

1. 沉浸式教育环境

Ference Marton 和 Roger Saljo 在 1976 年发表的《学习的本质区别：结果和过程》首次提出并阐述了深度学习（Deep Learning）（该深度学习概念属于教育学范畴，并非计算机领域中的深度学习）和浅层学习（Surface Learning）的概念。浅层学习只能达到知识的简单了解、记忆和简单描述，停留在“识记和领会”；深度学习则能够实现知识的“应用、分析、综合与评价”这四个高级学习认知层次。学习者通过深度学习能够灵活地掌握和运用知识，发现、掌握知识间的相互关系和联系，将已掌握的知识迁移到实际情境中，并作出决策和解决问题。也就是说，深度学习的学习者能够深度理解复杂概念、深度加工知识信息、深度掌握内在含义，建构个人化、情景化的知识体系，解决现实复杂问题。让学习者进入深度学习，是教育者长期以来努力的方向。在沉浸式的教育环境中，学习者更容易进入深度学习。

教育元宇宙首先体现为虚实融合的沉浸式教育环境。元宇宙是现实世界中物品、场景、关系、交往形式等在数字空间中的虚拟再现。教育元宇宙通过虚实融合，实现线上与线下教育的一体化。教育元宇宙能够提供开放、自由、创造性的教育环境，部分消除学习者的现实物理束缚。线下学习中不能获得的体验经历、不能验证的想法、无法开展的探索发现等，都可以在教育元宇宙中实现，真正实现线上线下学习相互补充、相得益彰。学习者能够在教育元宇宙中实现超越现实的感知体验和近乎无限的实验探索与创造，在教学中突破时空限制，在自由开放的教育环境中教学并实现创新创造。例如，学生可以在虚拟空间遨游太空、游览异国他乡等，可以在数字虚拟环境中实现自己的创意和想法；可以无限次使用虚拟设备进行实验探索，如在虚拟教学环境中学习人体结构、解剖动物、拆解汽车飞机等；还可以进行场景、制品甚至是想法的编辑与创造，培养创新思维与创新能力。教育元宇宙可以拓宽学校场域，提供个人—社会互动的教育环境，拓宽现实中人与社会的互动范围，促进个人—社会活动有效连通，培养学生的沟通和社会生活能力。教育元宇宙能够实现人机协同的教育环境，利用虚拟数字人、AI 仿真机器人等，可以实现人机协同的智慧型双师课堂。

在教育元宇宙中，为教师、学生、管理者等相关主体创建数字身份，为客观对象创建相应的虚拟数字对象（包括虚拟学校、虚拟教学设施设备等），创建虚拟教学场所，教师可以在虚拟的教学场所开展互动教学。从教育学的角度看，元宇宙赋能教育的突出优势是能够为师生创设一种平行于现实教学环境的、虚拟的、沉浸式的教学互动场域。这种虚拟的、沉浸式的教学互动场域突破了物理世界的局限，使教师和学生可以不受客观物理世界的限制进行教与学。元宇宙能够实现“虚”“实”的完美结合，将重塑教育学习环境，让深度学习更容易发生。

利用元宇宙技术可以有针对性地打造基于元宇宙的各学科课程的教学环境，并将教学内容知识图谱化，将高水平教师教学人工智能化，将元宇宙与学科知识应用场景深度融合、重构，实现知识情景化，让师生可以在超现实的环境中进行沉浸式的互动教学。这种学习情景就像《黑客帝国》《头号玩家》等电影中描述的一样，师生可以通过佩戴人机接口设备，在虚拟数字世界中学习、生活、交友。利用元宇宙开发的各学科课程的虚拟教学场域是一个软硬件结合的集成环境，能够为师生提供数字化沉浸式的教学互动环境，学生能全身心沉浸在这个充满吸引力的教学场景中深度学习。

多模态多样化的学习资源是教育元宇宙中沉浸式教育环境的重要组成部分。多模态多样化的学习资源能够有效调动学习者多种感官系统如立体视觉、触觉、听觉等参与学习过程，学习者产生自身学习体验和认知，促进概念的形成、获得与发展，从而培养和形成高阶思维。这种基于教育元宇宙技术的多模态学习资源更容易实现共建共享，实现教育资源的更优化配置方式，消除教育资源的地区差异、城乡壁垒，实现教育公平。

在教育元宇宙高度发达普及后，学生运用数字分身可以身临其境地体验语文、历史、地理等学科的教学内容；在物理、化学、科学、生物等自然学科以及职业教育中，学生可以在沉浸式虚拟现实交互空间中，全景、互动式开展科学观察、实验和实训；艺术生可以在虚拟教学环境中进行创意创作，实现画家梦；对于语言类教学，学生在预设的教育场景中与不同的虚拟人进行交流，可以有效解决语言教学中缺少语境的问题；教育元宇宙还能够将一些很难理解的抽象概念和原理等，以更直观、更容易理解的方式向学生传授。诸如此类的教育元宇宙应用，将为教育带来深刻的改变。

目前已经有许多基于虚拟现实技术的课程资源，例如使用汽车维修 VR 课程资源，师生借助 VR 眼镜、手柄在虚拟环境中互动教学，学生可以操作虚拟的汽车零部件学习汽车维修技术；使用英语教学 VR 课程资源，学生在 VR 环境中学习英语，并用英语在虚拟环境中旅游、购物，完成语言学习的听说读写。这些 VR 课程资源是元宇宙在教育中的有益尝试，虽然其技术水平、用户体验和人机交互等方面还有待提高，但是已经展现了教育元宇宙的潜在巨大价值。

2. 数字智能教师

教师在教育中起主导作用。每个学生的兴趣、爱好、智力等均存在差异，传统的统一授课方式很难匹配每个学生的学习要求，学生在课外自学时，也不能随时获得教师的指导和答疑。利用元宇宙技术打造数字智能教师（或称虚拟教师），学生在虚拟世界中学习时可以随时向数字智能教师寻求帮助和指导，这将教师从现有的一般性的知识传授中解脱出来，让教师可以有更多精力开展有针对性的个性化教学。此外，利用大数据和人工智能等技术，为学习者构建精准的画像，使教育元宇宙更加精准地向学习者推送多模态的学习资源，教师可依据学生画像有针对性地进行教学设计，实现差异化教学，更好地满足个性化学习需要。

目前，利用元宇宙数字技术实现的电视节目虚拟主持人已经与观众见面；智能客服机器人也基本达到人工客服的回答效果。目前，打造针对特定专业课程的数字智能教师在技术上逐渐变成可能。数字智能教师在教学过程中能够为学生提供泛在教育服务，随时解答学生提出的问题，并能够对每个学生提供个性化教育，这将在一定程度缓解师资短缺问题，让学生随时感受到“教师”的关怀和教育，让教育无时不在、无处不在。

3. NFT 实现学习成果积累和学习奖励

元宇宙作为一个数字虚拟世界，有了“货币”和流通之后，这个数字虚拟世界才将更有活力。利用区块链技术实现的 NFT 就是虚拟世界的“货币”。NFT 能够为数字虚拟世界的每个虚拟物品进行类似货币定价一样进行标记。利用 NFT 技术，可以记录学生的学习成果、学习成长经历、所获得的技能与证书等，也可以将 NFT 标记的虚拟物品奖励给优秀学生，为学生提供一种虚拟世界中的学习奖励。在未来，如果数字虚拟世界和现实物理世界实现无缝融通，NFT 在现实物理世界具有价值，那么基于 NFT 的学习奖励将对学生更加有吸引力。

4. 虚拟教学设施设备

虚拟教学设施设备是指实践技能教学需要配套的教学设施设备。没有教学设施设备，学生则无法进行实训操作。法国有句谚语：“在打铁中方才能成为铁匠。”简单的知识传授不能够让学生真正掌握技能和知识，所以实践技能型教学需要配备“打铁”所需要的炼铁炉、铁锤等必需的工具。例如，职业教育需要购买和配备相应教学设备才能培养合格的产业工人：培养汽车维修工人的职业院校，需要购买一定数量的发动机、变速箱等汽车部件；培养制造业工人的职业院校，需要购买主流的数字机床等。高等教育同样需要相应的实验和实训设备。这些教学实验设备往往价格不菲，有的设备占地面积较大，有的设备在操作和实验中有危险性，有的设备升级变化较快，这就对办学机构提出了较高要求，也往往成为办学的障碍。

现在已经出现了利用元宇宙技术开发的虚拟实验系统、虚拟教学设施设备、虚拟校园等。高仿真的数字化虚拟设备能够全面模拟物理设备，让学生通过使用虚拟教学设备进行实训操作，掌握所学的技能和知识。数字化虚拟教学设备能够解决现有物理教学设备投入高、运行维护复杂、具有危险性以及不能实时升级到最新技术等方面的缺陷，所以数字化虚拟教学设备在教育中具有广阔的市场前景和实际价值。目前，在航空航天、军事等领域，高仿真数字化虚拟装备在生产、训练和维修中应用较多，一些机构将汽车驾驶维修 VR 课件、飞机维修 VR 课件等用于教学，取得了良好的教学效果。

5. 游戏化教育

许多人感叹“如果工作和学习也能像打游戏一样该多好”，学习往往枯燥乏味、令人厌倦，而游戏却能引人入胜、让人沉浸其中。兴趣是最好的老师，如果将教育过程游戏化，寓知识学习和技能教育于游戏通关中，将能有效激发学习者的学习兴趣，提升教学效果。教育元宇宙可以实现游戏化教育。在创设的虚拟化教育场域中，设置知识通关游戏，让学生在学习知识的过程中不断挑战自我，给学习者一种玩游戏般的参与感和成就感，枯燥的学习会变得鲜活、生动和有趣，教学效果将倍增。基于元宇宙的游戏化教学中，游戏的即时反馈系统、沉浸感等特性均可以有效促使学习者在学习过程中达到心流状态；游戏美学通过丰富的多媒体与简明的设计，能够有效刺激学习者的兴奋性和注意力，激发学生的学习兴趣；游戏化所构建的安全试错环境能够使学习者在不断的尝试中提升认知和技能。

除了上述应用场景之外，教育元宇宙还应用于教学评价。比如，通过记录学生虚拟化身的眨眼次数，有效分析学生的行为反映，进而评价学生的学习效果。可以预见，一些有创新性的教育元宇宙将会不断涌现。

（四）教育元宇宙的意义、未来趋势和面临的问题与挑战

1. 教育元宇宙的意义

一是教育元宇宙促进线上线下教育的融合。元宇宙就是利用媒介技术展现出的虚拟世界，其本质就是一个发达的虚拟世界。传统教育主要是在校园开展的线下教育，而教育元宇宙聚焦线上虚拟教育场域

的教学，可以实现线上线下教育的深度融合。比如学生可以在教育元宇宙的虚拟教育场域中学习技能和知识，在教育元宇宙中与教师互动，并进行仿真练习和操作；在初步掌握后，学生就可以在实际的物理教学环境中实训操作，寻求教师面对面的辅导。这种线上线下结合的教育方式，一方面改变了传统的教育教学模式；另一方面，能够减少物理教学设备的损耗，尤其是对于具有一定危险性的实训操作，教育元宇宙能够发挥更大的作用。认知学习理论认为人类获取信息的过程是感知、注意、记忆、理解、问题解决的信息交换过程。教育元宇宙能够让学习者在高度逼真的虚拟世界进行认知学习，必将对教育产生深远影响。

二是元宇宙有利于促进优质教育资源共享与教育公平。教育的地区差异普遍存在，优质教育资源往往集中在经济发达的地区。在我国一些经济欠发达地区，基础教育、职业教育、高等教育等投入有限，高水平的师资显著不足，根本原因是优质教育资源分配不均，办学条件不均衡。教育元宇宙从本质上讲是数字技术的应用，数字技术的一个特点就是几乎可以零成本地无限复制，教育元宇宙的数字特性能够帮助解决优质教育资源不足和不均衡的问题，促进优质教育资源共建共享，实现教育公平。

三是元宇宙将深刻改变教育。元宇宙是现代信息技术的集大成者，元宇宙的理念和目标已经超脱了现在人们的一般性认知，对于教育的改变将是全方位的。如果元宇宙技术能够在沉浸式互动教学环境、数字智能教师、游戏化教学等方面实现革命性的突破，会对学生的学习认知、教学方式与手段、教育管理和服务等产生巨大改变，教育必将随之发生革命性的变化。

2. 教育元宇宙的未来趋势

教育元宇宙将是教育领域研究和发展的热点。在未来 3~5 年，教育元宇宙可能会在以下方面取得显著突破和进步。

一是 VR/AR 应用逐步普及。利用 VR/AR 和仿真技术开发的多模态课程资源在技术上将取得显著进步，应用上逐步普及。现在一些 VR/AR 课程资源和利用仿真技术开发的课程资源已经具有商用价值，但是 VR/AR 课程仍然较少，用户体验还有待提高，应用不够普及。此外，现在一些高性能的 VR/AR 显示设备仍然较贵，随着规模化应用，未来这些设备的价格将逐渐平民化。

二是游戏化教育将再次成为热点。游戏化教育一直以来是教育工作者关注的热点，但没有产生有影响力的游戏化教育产品。随着元宇宙在各行各业的渗透、融合，游戏化教育将再次成为热点。

三是数字智能教师将出现。数字智能教师需要虚拟人、大数据、人工智能、视觉等技术并结合学科知识才能实现，研发高度智能的数字教师具有一定的挑战性，但是随着技术的进步，数字智能教师这一具有极大价值的应用将出现。

四是在线教育将进入元宇宙阶段。随着互联网进入元宇宙时代，在线教育也将进入教育元宇宙时代。UGC（User Generated Content，用户生成内容）在教育元宇宙中也将具有新的形态和发展。现有的在线教育模式和形态会随着教育元宇宙的发展而发生深刻变化。

虽然信息技术在教育行业的应用一般滞后于金融、能源、交通、国防等重要行业与领域，但是，预计未来 3~5 年，教育元宇宙会出现一些突破性的应用。教育元宇宙会让教育更美好。

3. 教育元宇宙面临的问题与挑战

元宇宙是一个新生事物，在教育中的应用也处于初始阶段，教育元宇宙必然面临一些问题和挑战。

一是教育元宇宙缺乏统一的标准规范和虚拟空间行为规范。现在的VR/AR/MR课件资源和虚拟仿真课程资源没有统一的标准，不同的课件资源在不同的设备上存在不适配情况，有些资源需要专门的设备才能使用。针对教育元宇宙的各种技术应用，制定相应的标准规范，可以解决不兼容、不匹配等问题。师生在虚拟空间中互动，需要建立符合教育特性的用户行为规范，并有强大的监管手段和机制，避免一些师生在虚拟空间中为所欲为，破坏和污染教育虚拟空间。

二是教育元宇宙需要加大研发投入，实现技术突破。数字智能教师、虚拟教学环境等的实现均需要视觉技术、AI、大数据、开发工具等技术的进一步发展和突破，目前，VR/AR的用户体验还需要进一步提升，这需要产业界加大教育元宇宙的研发投入。教育行业具有公益性属性，在教育行业的研发投入往往落后于一些重点、重要的行业领域。现在一些公司已经开始投资布局教育元宇宙，例如Facebook宣布将投资1.5亿美元用于虚拟现实学习体验，中国的网龙公司也积极投入布局教育元宇宙，这些研发投入将有利于加快实现技术突破。

三是提防一些学生在虚拟世界成瘾，危害精神健康。一些学生长期在数字虚拟世界中社交、学习和生活，会扭曲和影响其对现实世界的认知和行为习惯，分不清虚拟世界和现实物理世界的界限和区别，从而不利于学生的成长。长期沉浸在元宇宙的虚拟空间中不能自拔，将会对其精神健康造成危害。世界卫生组织（WHO）宣布将“游戏成瘾”设立为一种精神疾病，在2018年更新的《国际疾病分类》中，专门为“游戏成瘾”设立条目。现在一些中学生游戏成瘾，严重影响其学业和身心健康。未来教育元宇宙技术高度发达后，如何防止学生对“虚”“实”两个世界的认识扭曲和认知错位，防止学生沉迷在虚拟世界中不能自拔，让学生恰如其分、合理地在教育元宇宙中学习、社交，是教育工作者和教育元宇宙共同需要关注和解决的问题。

四是教育元宇宙设备的价格将影响教育元宇宙推广和应用。目前，教育元宇宙一些设施设备的应用范围还不够广泛和普及，其软硬件设备还没用达到规模化量产而降低成本；虚拟现实课程资源仍较少、较贵，一些可穿戴设备、人机接口等设备的价格还未平民化；此外，为了实现虚拟教学环境和虚拟教学设备保持最新，教育机构也需要在软硬件上大量持续投入经费。教育元宇宙的推广应用有赖于相关设施设备价格的降低。

五是元宇宙技术与教育的融合仍有待研究。现在，信息技术在传统教学中仍然是一个辅助工具，处于可有可无的尴尬地位。在教育元宇宙中，设计符合学科学术特点的沉浸式虚拟环境，研发符合学科实验要求的虚拟实验设施设备，都需要学科专家和元宇宙技术专家深度合作才能实现。此外，在教育元宇宙中如何开展教学以达到较好的教学效果，对教师提出了更多更高的要求。在教育领域使用好元宇宙，实现元宇宙最大程度赋能教育教学，对教育从业者和元宇宙技术研发人员都具有挑战性。

六、医疗元宇宙

虚拟现实技术结合了一系列不同的技术，包括带有头部跟踪系统的头戴式显示器（HMD）、用于播放音乐和消除噪声的耳机、操纵 / 导航设备以及多传感器，让用户完全沉浸在模拟世界中的三维（3D）环境。HMD 头盔的使用允许用户感知 3D 立体图像，并通过头盔中的运动跟踪传感器确定视觉环境中的空间位置。同时，用户可以通过耳机听到声音，并使用操纵杆和数据手套等输入设备与虚拟对象进行交互。因此，用户感觉他们可以环顾四周，在模拟环境中移动。由于这些特点，在过去的 10 年里，虚拟现实技术的应用已经从娱乐业扩展到临床医学。研究人员和医生已经探索了虚拟现实模拟对身体康复、疼痛管理、手术训练、解剖教学和精神疾病治疗的影响。与传统方法相比，虚拟现实技术在上述领域被认为是一种经济高效的工具。

尽管虚拟现实设备具有相似的结构，但由于应用领域的不同，硬件和软件需求往往会出现差异。此外，不同的研究者强调不同的研究模式。例如，用于教育的虚拟现实模拟器侧重于 3D 环境和网络资源；用于外科训练的虚拟现实模拟器侧重于与手术设备和虚拟解剖结构的交互；针对心理障碍的虚拟现实模拟器侧重于情绪控制和反馈。本节的主要目的是探讨元宇宙在临床医学中的应用。文章通过总结当前的研究成果，分析了虚拟现实技术在各个领域的优势，并对未来的应用进行了预测。

（一）医疗元宇宙的发展状况

随着智能手机的普及应用，元宇宙医疗也从科幻小说走进了很多人的寻常生活。虚拟现实技术已经被证明可以治疗疼痛、恐惧症、创伤后应激障碍，帮助人们戒烟甚至解决牙齿问题。在医疗行业中，已成熟应用以及正在尝试、计划应用人工智能技术的占比已达 78.5%。同时，有 76.39% 的人认为人工智能技术将会在医疗行业广泛应用。根据智研咨询发布的《2021—2027年中国医疗人工智能行业市场运行状况及发展前景展望报告》内容显示，2020年我国医疗人工智能行业市场规模达到265亿元，较2019年同期增长46.41%。

智能医疗是信息技术与医疗技术的深度整合，涉及医药公司、医院、医务人员、患者等各个环节，发挥了数据科技和机器人技术的高效性和准确性，对于服务优化、技术发展、成本控制等意义深远，缓解了老龄化社会和医疗资源有限的压力，且满足了精准医疗、个性化医疗的发展趋势，因此是人工智能发展最快、规模最大的领域之一。

虚拟现实技术目前已经在众多领域展现了自身的价值，尤其是在医疗保健领域的应用更加受到了人们的重视。虚拟现实医疗保健市场正在蓬勃发展中，VR技术也给现代医疗行业带来了革新，未来的发展前景可期。2020年全球VR医疗市场规模达到27亿美元，随着VR设备在医疗领域的应用场景不断拓展，预计2021—2026年，医疗保健领域的VR市场将以每年近35%的速度增长，到2026年年底，市场规模将超过400亿美元。

元宇宙医疗是一种新兴的3D计算机技术，可用于不同的医疗程序和治疗过程。随着社会和科学技术的发展，医生、科学家、研究人员和学生需要更好的沟通和协调来对医学领域进行创新。元宇宙医疗的出现，将这些群体联系得更加紧密，并且可以解决复杂的医疗案件。例如，利用元宇宙医疗技术，可以让学生了解如何在手术室中获得复杂手术的数字体验，并为癌症患者提供最佳的治疗；可以在安全的环境下辅助培训新的医生和护士学习解剖学、进行操作实践和感染控制等。

综上所述，元宇宙医疗技术在医疗保健领域是有很大价值的，也有很大的潜力。目前医疗保健相关的元宇宙医疗产品和服务也不断增多，业内人士对元宇宙医疗保健也十分重视，随着元宇宙医疗技术的发展，未来医疗行业也将呈现新的面貌。

（二）元宇宙在医疗健康领域的应用场景分析

1. 元宇宙在临床应用方面的应用

元宇宙医疗设备可以提供有价值的患者行为数据，例如生命体征的变化、疾病症状等，因此，医疗专业人员可以轻松地与虚拟患者组织进行交互。通过在平面上创建横截面来提供更好的患者部位的可视化，例如医生现在可以看到大脑中血管的凝结。许多外科医生现在正在使用虚拟现实进行复杂的外科手术，有助于创建一个安全、稳健和高效的环境，从而减少手术中的错误。该技术还有助于降低医学生的培训成本，改善医生的工作环境。

元宇宙医疗的应用可以帮助研究者研究肌肉、神经、皮肤、骨骼和血管。医学生现在可以轻松记录患者的信息，比较和分析不同的医疗状况。该技术还有助于膝关节镜检查训练，并用于分析和评估外科医生的技能，已经广泛应用在骨科领域，如骨折固定、髋外伤和术前计划。另外，该技术的沉浸式应用是在无风险环境中了解复杂的 3D 人体结构。外科医生现在可以轻松地看到骨骼、血管和身体的其他部位，降低了手术的复杂程度和降低风险。

2. 元宇宙在医学教育方面的应用

元宇宙医疗目前更常用于护理和医学教育，在药学教育中使用 VR 可以提供参与和主动学习的机会以及有趣的教学体验，可以创建难以模拟的场景。使用 VR 技术可以帮助学生练习复合药物等技术或模拟在医院药房工作所需的程序。

VR 也可以用来教授药理学。在学习药理学时，药学学生需要了解药物和受体如何相互作用，但由于药物和受体是三维的，在课堂上很难说明和解释这些信息。因此，学生可以通过查看 3D 模型而不是经常在讲座中呈现的 2D 图形来更好地学习药物—受体的相互作用。解剖学和生理学也可以通过 3D 示意图进行教学，其中包含药物如何影响特定器官系统以实现临床结果的演示。VR 还允许药学学生远程访问不同的 VR 场景并与之交互，从而促进远程学习和培训。

3. 元宇宙在药物发现方面的应用

与药物设计和发现中使用的其他基于计算机的方法相比，VR 具有很多优势，比如先进的分子结构 3D 视图。在过去的几十年里，美国食品药品监督管理局（FDA）批准的药物数量跟不上药物开发成本的增长，因此快速有效的药物开发方法至关重要。还有许多药物靶点尚未被开发。2017 年，共有 1578 种 FDA 批准的药物作用于 893 种病原体衍生和人类靶点。这是 Ensembl（ensembl.org）中列出的 4479 多个潜在药物靶标中的一小部分，可以研究这些靶标以开发新的、更有效的药物。

沉浸式 VR 在分子建模中具有巨大的前景，可识别和设计用于药物开发的新型候选药物。在药物设计和发现中，可视化工具在研究作为潜在药物的配体与大分子之间的相互作用方面发挥着重要作用。观察配体与蛋白质等大型复杂结构的结合方式至关重要。VR 允许研究人员在关注配体结合位点和其他感兴趣领域的同时观察蛋白质结构配置的动态。在抗生素耐药性的背景下，观察蛋白质结构并了解突变如何导致其结合区域发生变化是必不可少的。这种能力对于预测创造更有效的下一代药物所必需的修饰至关重要。

与传统的可视化工具（例如 2D 投影或 3D 物理模型）相比，VR 提供了几个优势，因为传统的可视化工具可能会掩盖重要的分子特征。例如，它可以为研究人员提供比 2D 投影更准确的蛋白质催化袋感知。这些信息可以转化为可以纳入更有效药物设计的修改。通过 VR 系统，研究人员还可以参与模拟过程，而不仅仅是自动模拟的观察者。VR 药物建模允许与分子进行实时触觉交互，以及自定义大分子（例如 DNA、RNA、蛋白质、糖分子或整个病毒）表示的能力。VR 的沉浸式特性可以为可视化过程中遇到的问题提供解决方案，因为它允许科学家通过"进入"分子模型来体验和互动。

研究人员可以根据距离、结合能和键合信息等生化参数来探索和选择配体进行研究。然后他们可以在结合位点内拖动和旋转配体以进行瞬时修饰。通过这种方式，科学家可以观察配体—靶标复合物并与之相互作用，以更有效地识别构象变化和适合药物开发的配体。然后可以将收集到的信息转化为实验室中新候选药物的设计和合成。与为此目的使用算法的传统方法相比，这种方法信息量更大，也更不乏味和耗时。

此外，与片段或面向多样性的方法等传统方法相比，VR 在识别类药物配体方面更加准确和有效。随着计算机硬件和软件包的快速发展和价格的越来越便宜，研究人员使用 VR 越来越容易。因此，其在药物开发中的应用可能会变得更加广泛，并加速新药的开发。VR 还可以作为公众的教育工具，增强公众对生化研究和药物发现的理解。

4. 元宇宙在个性健身方面的应用

疫情的暴发推动了居家健身的热潮，例如刘畊宏直播健身，反映了人们对居家健身需求的激增。健身是一个枯燥而且需要长期坚持的事情，元宇宙健身增加了健身的趣味性，丰富了用户使用的体验感，让健身的人产生一种积极向上的情绪。元宇宙健身通常是将 VR 技术与传统运动的设备或者形态相结合，利用虚拟现实场景来代替传统运动中的各种真实场景，有助于降低健身者对固定场景运动的烦躁感，人们只要戴上 VR 眼镜，就可以体验在各种场景进行的各类体育运动。例如市面上出售的 AI 健身镜，开机后镜子里会出现虚拟健身教练，教练会指导客户动作存在的问题并进行纠正。另外，AI 健身镜会提供丰富的健身课程以及客户身体的各种指标记录，并根据客户的身体指标进行有针对性的训练。目前，Mirror、乐刻、咕咚等公司纷纷入局 AI 健身镜。

（三）医疗元宇宙技术和产业面临的挑战

1. 医疗元宇宙临床疗效的验证

虽然医疗元宇宙通常会产生积极的结果，但在临床研究中使用 VR 存在多重挑战。表 3–1 列出了使用 VR 面临的这些挑战和阻碍。涉及 VR 技术的研究仍处于早期阶段，面临着临床疗效全面验证的实际应用和理论问题。迄今为止的研究证明了 VR 对各种临床应用的有效性，但需要设计更好的研究来显示临床有效性和成本效益。已确定的挑战包括研究设计不理想、样本量小、缺乏对照组、技术和工具的标准不同以及缺乏对经济可行性的考虑。此外，已公开的研究结果往往没有提及不良反应，例如晕车、眼睛干涩或头痛等。

表 3-1　　医疗元宇宙临床疗效方面面临的挑战

编号	挑战内容
1	研究设计不理想
2	样本量过小
3	技术标准不统一
4	缺乏关于不良反应的数据
5	缺乏对经济可行性的关注
6	VR硬件和软件的多样性
7	缺乏关于长期影响的数据
8	需要量化VR与传统治疗相关的疗效
9	需要“虚拟药房”

资料来源：Petrigna L., Musumeci G.. The metaverse: A new challenge for the healthcare system: A scoping review[J]. Journal of functional morphology and kinesiology, 2022, 7(3): 63。

研究人员建议，未来的 VR 临床研究应利用更大的样本，评估患者的依从性，遵循更好的标准化临床方案，并调查长期影响。理想情况下，治疗后评估应在至少 12 个月的随访期内进行，随着时间的推移评估治疗效果。需要解决这些问题，以提高 VR 临床研究的严谨性及其发现的重要性。为此，国际 VR 专家工作组召开会议，为 VR 临床研究标准化和应用提供了实践方式，并于 2019 年 1 月正式发表了委员会总结的会议章程。

VR 应用程序和硬件引入了另一个变量，该变量在临床研究之间可能存在很大差异。一些研究涉及投影到视频屏幕上的 2D 图像、HMD 中的 360 度 2D 演示，或由 CAVE 投影系统创建的房间大小的虚拟环境。其他研究涉及使用运动跟踪立体 HMD 观看的 3D 虚拟环境。临床研究中使用的音频也各不相同，一些研究使用非空间音频，而另一些研究使用随着用户移动头部或身体而变化的位置立体声。一般情况下，临床研究中使用的 VR 设备没有明确定义。由于该领域的快速发展，VR 硬件和软件也在迅速变化。仅相隔一年的临床研究在硬件或软件功能方面可能会有所不同，这可能会影响结果的一致性和可重复性。

将 VR 用于临床应用，还需要开发“虚拟药房”，以便为患者开处方并获得满意的 VR 体验。根据医学文献，VR 软件影响治疗结果，而虚拟药物治疗的环境应根据患者的具体症状而有所不同。例如，对于心理治疗应用，允许治疗师根据治疗进展控制全景照片、视频和交互方法的软件可能会有所帮助。VR 治疗缓解疼痛症状的最佳功能还需要进一步研究。允许医疗保健提供者或患者酌情调高或调低用于缓解疼痛的“网络剂量”的 VR 模拟可能会有所帮助。此外，还需要一个系统来评估和量化 VR 治疗单独或与其他治疗方法结合的临床应用效果。

2. 医疗元宇宙的技术成本

早期的 VR 研究使用了不太可能被广泛使用的昂贵平台，随着技术的发展，VR 对于人们的可负担性和可访问性有所提高。然而，在某些情况下，VR 设备的成本仍然是其使用的阻碍，VR 软件应用程序的开发成本也很高。这对于在临床环境中使用 VR 是一个明显的劣势，尤其是在涉及多个用户的大规模试验或环境中。尽管 HMD 的成本已经下降，但高质量的 VR 环境仍然需要具有高级图形处理能力的昂贵的高端计算机系统。截至 2018 年 10 月，运行高质量 VR 临床体验的便携式系统的成本估计为每台 2500 美元，还要外加维护费用。一个房间大小的完全沉浸式系统，例如 CAVE，可能要贵得多，低端系统的价格为数万美元，高端系统的价格为数十万美元。这种规模的支出可能超出某些研究或学术机构的预算。当新技术致使旧设备过时时，损耗也会导致 VR 设备的价值迅速下降。通常，预计系统在购买三年后只能保留最低价值（见表 3–2）。

表 3-2　　医疗元宇宙的技术成本方面的挑战

编号	挑战内容
1	VR设备成本
2	开发VR软件的费用
3	VR设备的淘汰
4	低端设备的潜在低效
5	不可预测的医疗保险报销

资料来源：Chengoden R., Victor N, Huynh-The T., et al. Metaverse for Healthcare: A Survey on Potential Applications, Challenges and Future Directions[J]. IEEE Access, 2023。

价格随着时间的推移而下降，低成本的 VR 系统目前已经可用。基于智能手机的系统现在的起价为 600 美元，自 2016 年以来，与计算机相连的 VR 头戴式显示器的售价约为 400 美元。有证据表明 VR 疗法的功效部分取决于所用设备的质量。然而需要进一步调查以确定高端硬件或软件与临床疗效之间的关联。尽管如此，价格下降到可以被认为是合理的费用可能会让 VR 系统在医疗保健环境中成为常规可用，例如药房和医生办公室。降低价格还可以让 VR 用于患者的自我护理，无论是在医院还是在家里。尽管与 VR 相关的费用很高，但与许多传统医学方法相比，它仍然被普遍认为是其研究领域内有效且高效的工具。

3. 医疗元宇宙产品的可用性

过去，VR 系统难以设置并且经常出现故障，从而对其使用造成阻碍。尽管 VR 技术的可用性有所提高，但仍然存在故障的可能性，给临床医生和患者带来潜在的不利影响（见表 3–3）。技术涉入困难和需要深入培训以达到技术熟练程度仍然是 VR 使用的主要障碍。VR 设备应被视为一种工具，需要对用户进行适当培训以解决可能出现的故障，从而不中断临床护理。销售 VR 治疗系统的供应商通常会提供基于互联网的培训和现场指导。该培训通常包括有关将 VR 纳入患者护理的基本信息，故障排除，并联系供应商。预计 VR 的医疗应用越广泛，用户越熟练。

表 3-3　医疗元宇宙产品的可用性方面面临的挑战

编号	挑战内容
1	技术故障
2	需要深入培训以达到技术熟练程度
3	不良反应（即头晕、头痛、恶心、眼睛疲劳）
4	有限接触以减少不利影响
5	HMD的重量和体积
6	难以与VR界面交互
7	VR设备造成的绊倒危险
8	需要专用空间/干扰环境用于其他目的的可用性
9	可能受到宠物或儿童的干扰
10	VR与其他电子设备的干扰
11	VR设备的校准容易受到干扰

资料来源：Chengoden R., Victor N., Huynh-The T., et al. Metaverse for Healthcare: A Survey on Potential Applications, Challenges and Future Directions[J]. IEEE Access, 2023。

影响可用性的另一个障碍是 VR 可能引发的对身体的不利影响，例如头晕、恶心、头痛和眼睛疲劳，即“网络病”。HMD 较笨重，这对于因受伤或医疗状况导致头部或颈部活动受限的患者可能是个问题。此外，由于难以与 VR 界面交互，大多数当前的 VR 应用程序不适用于有视觉或认知障碍的患者。高端 HMD 与计算机相连，这可能导致绊倒或分心，尤其是对老年患者而言。由于缺乏计算机或视频游戏知识，老年患者也可能难以使用 VR 软件。而长时间暴露在距离用户眼睛仅几厘米的 HMD 屏幕上则会导致眼睛疲劳和头痛。一场教育讲座可以持续数小时，部分用户无法舒适地使用 VR 设备超过 10 分钟。随着技术的进步，这些问题可能会有所改善，但是可能需要限制患者在医疗保健应用期间使用 VR 的时间。

提前与患者讨论这些限制非常重要，尤其是那些参与长期临床研究的患者。此外，大多数 VR 研究都是在临床环境中进行的，因此关于 VR 的家庭应用还有很多需要确定的地方。任何技术的家庭使用都有一些共同的考虑因素，例如学习曲线、物流和技术支持。然而，一些额外的挑战与 VR 相关，例如需要专用空间和潜在的干扰，尤其是宠物或儿童。房间规模的 VR 系统至少需要患者生活环境中的专用空间，这可能会干扰空间用于其他目的的可用性。VR 系统电缆也可能造成绊倒危险，红外传感器则可能会干扰其他电子设备，比如电视遥控器。VR 设备的运动跟踪标定也非常灵敏，很容易受到设备移动的干扰。尽管存在这些缺点，但家庭、临床或教育环境中的用户通常仍然热衷于参与 VR 研究或治疗。

4. 医疗元宇宙的技术能力

VR 系统的技术能力目前是有限的，因为系统无法响应用户语音传递的输入。这种能力对于在教育使用期间实施回授练习是必要的。系统的另一个理想功能是整合来自其他人的数据设备，例如可跟踪体重、运动、饮食、血糖水平和其他因素的可穿戴技术。理想情况下，VR 系统可以全面分析这些数据，并与患者的健康状况以及有关的正面和负面预测相关联某些行为和习惯（例如吸烟、热量摄入、药物依从性）是否得到维持或改变。随着电子健康记录和患者门户的使用越来越多，这些工具最终可能被用作 VR 系统收集患者数据的接入点。最终，医学技术的进步可能使通过在医疗过程中用于监测的生物传感器收集数据成为可能。

此外，还需要改进 VR 系统中描述的虚拟参与者和环境（见表 3–4）。目前，虚拟现实应用中的化身并不是特别逼真，这可能会对临床医生和患者完全沉浸在患者护理场景中的效果产生不利影响。面部表情、肢体动作和视觉提示可能看起来不真实，这些限制可能会降低 VR 场景中的有效性。使用 VR 实现的疼痛缓解效果也被证明与设备或系统的技术能力相关。设备越先进，在虚拟世界中的存在感就越强，这已被确定为减轻疼痛所必需的因素。随着时间和对进一步技术发展的投资，设备可能会变得更加复杂，包括语音识别和具有真实身体姿势和面部表情的更逼真的化身。

表 3-4　　医疗元宇宙的技术能力方面面临的挑战

编号	挑战内容
1	技术能力的限制
2	无法通过用户语音输入数据
3	无法整合来自可穿戴设备、EHR、患者门户或生物传感器的数据
4	不切实际的头像会干扰 VR 沉浸感
5	HMD的重量和体积
6	难以与VR界面交互

资料来源：Tan T. F., Li Y., Lim J. S., et al. Metaverse and virtual health care in ophthalmology: opportunities and challenges[J]. The Asia-Pacific Journal of Ophthalmology, 2022, 11(3): 237-246。

5. 医疗元宇宙产品的可接受性

尽管医学和药学界对 VR 的认识不断提高，但如何将这项技术应用于日常临床实践仍不清楚。患者接受 VR 的程度还有待观察。在许多临床研究中，大多数受试者发现 VR 是一种愉快而积极的体验，它至少可以分散与疾病相关的焦虑和痛苦。大多数受试者表示，如果有机会，他们会选择再次使用 VR。一般而言，年轻患者往往比年长患者更愿意和能够使用 VR。但一些患者发现有些设备令人困惑、使用不便或难以操作。

在医疗教育中，学生和教师可能更喜欢传统的教学方法，而使用 VR 设计课程以满足特定教学目标可能会给教师带来负担。出于这些原因，可能需要支持、鼓励教师摆脱传统的教学方法并探索将 VR 作为一种新的教学方法和学习工具（见表 3–5）。

表 3-5　医疗元宇宙产品的可接受性方面面临的挑战

编号	挑战内容
1	日常临床实践中的应用不明确
2	患者接受程度未知
3	老年患者不愿使用VR
4	患者因困惑、不适和难以操作VR 设备而气馁
5	偏爱传统教育方法

资料来源：Petrigna L., Musumeci G.. The metaverse: A new challenge for the healthcare system: A scoping review[J]. Journal of functional morphology and kinesiology, 2022, 7(3): 63。

（四）医疗元宇宙的发展展望

元宇宙形成之前的未来几十年，在人口、经济、社会、政策、法制、医学发展等各种条件作用下，医疗体系会发生巨大的变化，相应地，技术应用也将面临不同环境，但由于事关人的生命安全，且包含大量敏感数据，医疗领域任何技术的应用都必将面临严格的监管。即便元宇宙是大势所趋，是技术、内容、企业在社交、娱乐等方面大展拳脚的时候，医疗领域也势必维持一种“高姿态”，严格把关应用门槛。元宇宙不只是大企业的游戏，也不仅仅是初创企业的机遇，更需要传统行业的参与。展望未来的同时，应立足当下，努力解决一切医疗信息化、数字化、智慧化过程中面临的问题，推动传统医疗行业扎实走好数字化转型的每一步，这每一步都是创造医疗“小元宇宙”的起点，也是与整个社会元宇宙的衔接的基础。

未来的医疗是智慧的医疗，也将是沉浸式的体验、360 度的全方位聚合，能够包含视觉、嗅觉、触觉、听觉等。通过人工智能、大数据、云计算、虚拟现实等技术的深度应用，将推动医疗服务更智能化、更个性化、更精准和更优质。

七、金融元宇宙

（一）金融元宇宙的发展背景

金融行业一向非常重视信息化建设和场景运用，而金融行业场景应用对金融科技提出了更高的数字化、智能化业务需求，金融科技创新与突破，则进一步促进了金融行业业务的蓬勃发展、相得益彰。以数据与科技为关键要素的金融行业经营模式与治理模式，已经历了人工智能、云计算等为代表的金融科技驱动业务发展阶段，而大数据、区块链等底层技术相互融合进入元宇宙，不断迭代，金融应用场景不断增加，金融元宇宙运行将更加通畅，金融行业即将迎来破茧重生。

（二）金融元宇宙行业场景运用

元宇宙融合了区块链技术、交互技术、大数据、人工智能技术等多种前沿技术，场景运用将广泛覆盖证券业、银行业、资产管理行业等各金融业态，在金融业尽职调查、估值测算、投后管理、智能投顾、反洗钱工作、资产确权、追赃挽损、风险资产处置、引入战略投资者等领域有广泛运用。例如，摩根大通于2021年2月宣布在元宇宙中开设了一个“Onyx休息室”，该“休息室”由摩根大通的区块链部门Onyx建立，在元宇宙的虚拟世界里有自己的人口、货币和GDP，摩根大通在虚拟世界中可以像现实中的银行一样运作，用户可以使用加密货币购买虚拟土地。又如，韩国国民银行于2021年6月在元宇宙平台Gather上创建了一个“虚拟城镇”（virtual town），其中包括一家远程办公中心、一家金融商务中心和一个游戏场。在远程办公中心，员工能够在规定时间到虚拟会议室，通过视频进行工作汇报和工作沟通。再如，百信银行发行了“4 in love”四周年纪念数字藏品，同步推出了“AI虚拟品牌官”的二次元形象。招联消费金融公司则正式提交注册“招联金融元宇宙”商标。

同时，区块链技术、加密资产等也可形成全新的商业模式和运用，具备颠覆传统金融行业产业结构、产业链和商业模式的技术能力和创新发展模式。金融机构需及时主动了解、拥抱金融元宇宙变革，在金融二次脱媒的历史发展趋势中，合理克服去中心化的种种劣势，持续提升金融行业核心竞争力，完成技术革命性迭代与嬗变，形成金融元宇宙发展的良好生态。

1. 银行抵押业务数字孪生的运用

2020年11月，《中共中央关于制定国民经济和社会发展第十四个五年规划和二〇三五年远景目标的建议》提出“发展数字经济，推进数字产业化和产业数字化，推动数字经济和实体经济深度融合”等数字化战略目标，为我国银行业战略转型规划了战略发展方向。银行等金融机构将主动拥抱金融元宇宙，加快自身金融科技的投入和融合，更好地服务实体经济。

银行、信托等金融机构的抵押业务，往往以借款人的住宅、写字楼、在建工程等有形不动产作为抵押品，作为银行、信托等金融机构风险控制的重要组成部分。而在新冠病毒肆虐期间，银行等前台从业人员下户查看抵押物情况、开展尽职调查，放款后开展贷后 / 投后管理等，将面临疫区封闭、无法现场开展工作等情况，而借助元宇宙数字孪生、VR 等技术，可让银行、信托从业人员远程身临其境地直观感受到抵押品真实状况、日常运行维护状况，提高现场尽职调查效率，降低出差或下户带来的感染风险，赋能银行抵押信贷业务拓展，有效降低成本、提升效率，减少金融机构与借款人信息不对称的困境，有利于金融机构对借款人进行画像。

同时，银行、信托等金融机构中后台人员，也可通过及时调取抵押物、借款企业或借款人数字孪生状况，了解抵押物市场估值和抵押物真实状态，及时进行风险分类和合规管理，充分掌握借贷业务的风险情况，有效剔除评分较低客户，对潜在风险快速识别和及时应对，提高信贷资产管理质量。

2. 数字人在证券行业中的运用

证券行业是知识密集型、资金密集型行业，而丰富的交易经验和仓位管理控制，对投资人取得较好投资业绩至关重要。通过元宇宙 AI 训练后的数字虚拟人，在深度学习各种交易技能和 AI 算法运算后，利用大数据、AI 等数字技术，量化各类交易模型，充分利用证券分析师的海量资讯分析影响交易结果的各因子、计算盈亏比等，指导交易员编制交易计划，按计划开展交易。虚拟人担当交易员的交易训练导师和咨询顾问，通过沉浸式复盘训练，指导交易员进行操盘模型训练，开展交易心理辅导，量化评估交易员的交易模型和行为方式，回溯统计历史成功概率，制订更完善的交易计划，作出更有利的投资决策。

同样地，通过数字人展开大数据分析与统计，证券行业可对客户进行风险识别和风险规避，合理开展融资融券业务，及时提示风险，对重点投资人客户进行风险限额管理，降低风险控制成本，规避“乌龙指”等市场噪声数据生成，强制进行止损平仓管理，限制过度投机交易，避免投资人交易失败给证券公司业务带来舆情或其他负面影响。

3. 资产管理公司金融元宇宙场景运用

资产管理公司经营痛点之一是资产管理规模增大与处置回现压力不断加大的矛盾，即加快资产处置回现进度与不能以牺牲利润为代价之间不平衡不充分的矛盾，处置资产时需要尽可能广泛招商、加大宣传力度，实现不良资产处置价值最大化。而金融元宇宙则可进入此运用场景，通过如澳洲 Xspaces 等元宇宙公司平台，三维真实展示拟拍卖处置资产的真实情况，有效提升意向投资人对处置资产的了解程度。竞买人以虚拟人角色进入元宇宙平台公开参加竞卖，避免“暗箱操作”和围标串标。所有竞买人对拟拍卖资产信息充分尽调估值，接收的信息具有一致性，竞价数据、竞价过程、竞价结果通过元宇宙全程公开，自动生成不可篡改的区块链数据，准确记录拍卖活动的全业务周期。这意味着元宇宙更好的公信力和信任度，使“暗箱操作”和寻租空间大大压缩，减少了围标、串标的可能性，也创新了资产处置方式，可最大限度地挖掘、实现资产价值。

4. 金融元宇宙保险业务

金融元宇宙为保险业的业务拓展和销售业绩的提升带来巨大的上升空间。

首先，各家保险机构在市场开发和产品开发方面可拓展新的蓝海市场，为全新的元宇宙产业链条各市场生产者和消费者提供各项金融保险服务，创新更多的金融保险产品。比如，虚拟人的所有者有相应的虚拟人人身保险产品服务需求，数字货币资产持有者有虚拟财产保险投保的需求等。

其次，保险机构应展开元宇宙相关科技场景运用布局，借助元宇宙综合技术体系，推进数字保险场景运用建设和开发，提供高效、便捷、高技术含量的保险服务，弯道超车，打造差异化竞争策略，提升保险公司保险产品的综合竞争力和客户黏度，打造专属品牌。

最后，以往繁杂的理赔资料和申请赔偿过程可通过元宇宙技术进行产业重塑，数字孪生、智慧城市社区、虚拟人模拟测算等方式可运用在还原出险事故现场以及进行责任认定、出险事故厘清等方面，辅助精算师测算相关保险产品定价，制定更具有市场竞争力的保险产品，促进保险产品销售与展业。

（三）金融元宇宙中的迭代效应

金融元宇宙在融资和借贷方面，可对传统金融经营模式产生迭代。特斯拉和 SpaceX 创始人马斯克提出，给全球每一个企业开发一个代币 token，每一个企业的代币 token 积分对标企业的股票市值，这样将解决全球 2 亿家中小企业的融资难题。

马斯克一直关注全球2亿家企业的发展。他表示如果有可能将收购美国美币MBK公链，为全球2亿家企业开发代币解决融资。公开报道显示，马斯克曾多次批评纳斯达克上市没有区块链开发代币融资简单。而美国美币MBK公链这家企业虽才成立不到5年，但也是美国本土知名公链之一。

虽然目前上市融资仍是主流融资模式之一，但随着作为元宇宙基石之一的区块链技术的完善发展，马斯克所提出的开发代币进行融资的商业模式，从技术层面完全可以实现，而这在未来对中心化交易可形成技术性迭代。

元宇宙金融是可以标准化、模型化、人工智能化的，未来大量的元宇宙金融交易都可以人工智能来作交易，如Defi区块链技术展示了作为跨时空结算平台的高效性。通过智能合约代替金融契约，提供了一系列去中心化的金融应用。用户可以通过Defi实现虚拟资产的相关金融操作，运用Defi对虚拟资产进行资本配置、风险和时间维度上的重新配置。Defi通过将金融契约程序化，在区块链上复现了一套金融系统。

Defi上的应用可以粗略分为稳定币、借贷、交易所、衍生品、基金管理、彩票、支付、保险等。目前实际运用中很多Defi的功能远超上述几类。用户的虚拟资产如同现实资产一般享受到金融服务，从而进一步强化了虚拟物品的资产属性。通过虚拟产权的稳定和丰富的金融生态，金融元宇宙经济系统将具备如现实世界中的调节功能，用户劳动创作的虚拟价值将会由市场决定。

（四）金融元宇宙发展展望

从区块链技术来看，Defi对金融元宇宙的意义深远。Defi与NFT结合能够拓展到元宇宙的内容、知识产权、记录和身份证明、金融文件等，能够创造一个容纳更多样化资产、更复杂交易的透明自主的金融体系，支持金融元宇宙构建。尽管 Defi 目前交易量还不到全球银行市值的 1%，但长期来看 Defi 市场有很大的上升空间。

从实际工作来看，国内金融业一方面要根据金融监管机构出台的金融科技发展规划和指导意见，从建设数字中国、加快商业银行数字化转型的长远视角，探索元宇宙等新型金融科技创新；另一方面，也要高度关注元宇宙风险。银保监会在《关于防范以“元宇宙”名义进行非法集资的风险提示》中指出，要严格防范一些不法分子蹭热点，以“元宇宙投资项目”“元宇宙链游”等名目吸收资金，这些行为涉嫌非法集资、诈骗等违法犯罪活动。国内金融业需要持续推动行业健康发展，最终完成向金融元宇宙的迭代和升级融合。

参考文献

[1] Ahern M. M., Dean L. V., Stoddard C. C., et al. The Effectiveness of Virtual Reality in Patients With Spinal Pain: A Systematic Review and Meta - Analysis[J]. Pain Practice, 2020, 20(6): 656-675.

[2] Almousa O., Prates J., Yeslam N., et al. Virtual Reality Simulation Technology for Cardiopulmonary Resuscitation Training: An Innovative Hybrid System with Haptic Feedback[J]. Simulation & Gaming, 2019,50(1): 6-22.

[3] Byra J., Czernicki K.. The Effectiveness of Virtual Reality Rehabilitation in Patients with Knee and Hip Osteoarthritis[J]. Journal of Clinical Medicine, 2020, 9(8): 2639.

[4] Bermo M. S., Patterson D., Sharar S. R., et al. Virtual Reality to Relieve Pain in Burn Patients Undergoing Imaging and Treatment[J]. Topics in Magnetic Resonance Imaging,

2020, 29(4): 203-208.

[5] Barry, D.M., Ogawa, N., Dharmawansa, A., et al.Evaluation for Students' Learning Manner Using Eye Blinking System in Metaverse[C]. 19th International Conference on Knowledge Based and Intelligent Information and Engineering Systems, Singapore,2015.

[6] Ding L., Hua H., Zhu H., et al. Effects of Virtual Reality on Relieving Postoperative Pain in Surgical Patients: A Systematic Review and Meta-Analysis[J]. International Journal of Surgery, 2020,82: 87-94.

[7] Furmanek M. P., Schettino L. F., Yarossi M., et al. Coordination of Reach-to-Grasp in Physical and Haptic-Free Virtual Environments[J]. Journal of NeuroEngineering and Rehabilitation, 2019, 16(1): 1-14.

[8] Hamilton D., McKechnie J., Edgerton E., et al. Immersive Virtual Reality as a Pedagogical Tool in Education: a Systematic Literature Review of Quantitative Learning Outcomes and Experimental Design[J]. Journal of Computers in Education, 2021, 8(1): 1-32.

[9] Javaid M., Haleem A.. Virtual Reality Applications toward Medical Field[J]. Clinical Epidemiology and Global Health, 2020, 8(2): 600-605.

[10] Javaid M., Haleem A.. Industry 4.0 Applications in Medical Field: A Brief Review[J]. Current Medicine Research and Practice, 2019,9(3): 102-109.

[11] Kazum E., Dolkart O., Rosenthal Y., et al. A Simple and Low-Cost Drilling Simulator for Training Plunging Distance among Orthopedic Surgery Residents[J]. Journal of Surgical Education, 2019, 76(1): 281-285.

[12] Li L., Yu F., Shi D., et al. Application of Virtual Reality Technology in Clinical Medicine[J]. American journal of translational research, 2017,9(9): 3867-3880.

[13] Ng A., Lau J. K., Chow V., et al. Outcomes of 4838 Patients Requiring Temporary Transvenous Cardiac Pacing: a Statewide Cohort Study[J]. International Journal of Cardiology, 2018,271: 98-104.

[14] Pourmand A., Davis S., Marchak A., et al. Virtual Reality as a Clinical Tool for Pain Management[J]. Current Pain and Headache Reports, 2018,22(8): 1-6.

[15] Zhang Q., Wang K., Zhou S.. Application and Practice of VR Virtual Education Platform in Improving the Quality and Ability of College Students[J]. IEEE Access, 2020, 8:162830-162837.

[16] 陈永伟，程华 . 元宇宙的经济学：与现实经济的比较 [J] . 财经问题研究，2022-01-20.

[17] 程凯，陈敏 . 虚拟现实技术在健康医疗领域的应用 [J]. 中国医院管理，2017，37（8）：45-47.

[18] 丁宁 . 虚拟现实在机身生产线优化中的设计应用研究 [D]. 沈阳航空航天大学，2017.

[19] 董春侠 . 实感技术在汽车展示和虚拟驾驶中的应用研究 [D]. 天津科技大学，2019.

[20] 工业元宇宙已走进制造业，市场规模将超五千亿美元 [EB/OL] . 亿欧网，2022-08-01.

[21] 龚才春 . 中国数字藏品监管白皮书（2022）[R].2022-08-15.

[22] 郭全中 . NFT 及其未来 [J]. 新闻爱好者，2021（11）：36-40.

[23] 胡翰林，沈书生 . 生成认知促进高阶思维的形成——从概念的发展谈起 [J]. 电化教育研究，2021，42（6）：27-33.

[24] 华子荀，黄慕雄 . 教育元宇宙的教学场域架构、关键技术与实验研究 [J]. 现代远程教育研究，2021，33（6）：23-31.

[25] 黄健毅，廖伯琴 . 我国 2016—2020 年义务教育科学教师缺口量预测 [J]. 教师教育研究，2015，27（4）：27-30.

[26] 黎亮，张君雁 . 区域虚拟医疗体系的研究 [J]. 现代医院管理，2009，7（6）：9-11.

[27] 李春迎，陆正大，谢凯，等 . 增强现实在医学领域中的应用现状研究 [J]. 中国医疗设备，2020，35（9）：165-168.

[28] 李颖悟，方鹏，刘杰 . 元宇宙未来：通往真实的虚拟现实 [M] . 北京：中国商业出版社，2022.

[29] 廖一秀子 . 元宇宙应用场景研究报告（三）：数字文旅与智慧教育 [R] . 头豹研究院 .2022-02.

[30] 刘革平，高楠，胡翰林，等 . 教育元宇宙：特征、机理及应用场景 [J]. 开放教育研究，2022（1）：24-33.

[31] 刘革平，王星，高楠，等 . 从虚拟现实到元宇宙：在线教育的新方向 [J]. 现代远程教育研究，2021，33（6）：12-22.

[32] 刘兴亮 . 探索农业元宇宙四种应用场景 [N]. 南方农村报，2022-07-19.

[33] 刘洋 . 基于心流体验的游戏化教学模式设计实证研究 [D]. 东北师范大学，2019.

[34] 刘奕飞 . 虚拟现实技术用于医疗活动的风险性分析 [J]. 福建质量管理，2020（8）：271.

[35] [美] 普拉伊特・K. 杜塔 . 策略与博弈 [M]. 上海：上海财经大学出版社，2005.

[36] 牛强，易帅 . 虚拟医疗对就医方式的影响及流程优化探索 [J]. 中国社会医学杂志，2021，38（1）：4-7.

[37] Verseport 星世界白皮书 [R]. 深圳番多拉信息科技有限公司，2022.

[38] 石晓卫，苑慧，吕茗萱，等 . 虚拟现实技术在医学领域的研究现状与进展 [J]. 激光与光电子学进展，2020，57（1）：58-67.

[39] 宋天骄 . 世界首位数字虚拟教师现身新西兰校园 [J]. 甘肃教育，2018（21）：128.

[40] 孙秀伟，阎丽，李彦锋 . 虚拟现实技术（VR）在医疗中的应用展望 [J]. 临床医学工程，2007（5）：17-20.

[41] 王世新，雷朝滋：从疫情期间在线教育看教育信息化发展 [J]. 中国网络教育，2020（6）：9-14.

[42] 卫以诺，彭丽芳 . 金融领域云宇宙概念与业务探析 [J]. 金融科技时代，2022（7）.

[43] 吴昊石，王雪纯，魏晓光 . 智慧医疗师资培训远程可视化研究 [J]. 无线互联科技，2020，17（1）：135-136.

[44] 吴志强 . CIM 与城市未来 [EB/OL] . 澎湃网，2021-09-01.

[45] 乡村振兴！探路农业元宇宙 [EB/OL] . 中国小康网，2022-09-08.

[46] 肖倩，余赛英，孙沛．虚拟现实技术在医疗护理领域中的应用与研究进展 [J]. 中国护理管理，2020，20（2）：165-170.

[47] 徐迎雪，张凌燕．工业元宇宙：展现智能制造的未来形态 [J]．信息化建设，2022（7）：58-60.

[48] 2022 中国工业元宇宙产业研究报告 [R]. 亿欧智库，2022-07-28.

[49] 元宇宙赋能城市建设发展新逻辑（二）——绿色智慧管理 [EB/OL]．腾讯网，2022-10-26.

[50] 元宇宙赋能城市建设发展新逻辑（一）——空间治理 [EB/OL]．腾讯网，2022-10-26.

[51] 张智斌．虚拟医疗影像仪器的研究 [D]. 东北石油大学，2012.

[52] 赵博，刘凤财，向彩霞．航空航天虚拟装配和虚拟维修进展综述 [J]. 导弹与航天运载技术，2016（5）：53-57.

[53] 中共中央国务院关于全面深化新时代教师队伍建设改革的意见 [EB/OL]. 中青在线，2018-02-01.

[54] 新基建时代，城市应增强“内感知”与“外感知”能力 [EB/OL]．每日经济新闻，2021-12-29.

[55] 金融科技发展规划（2022—2025 年）[S]. 中国人民银行，2021-12-31.

[56] 中国银行保险监督管理委员会．关于防范以“元宇宙”名义进行非法集资的风险提示 [EB/OL]．央视网，2022-02-18.

[57] 周奇，崔汉锋，师汉民．网络虚拟医疗设备现实治疗系统的实现 [J]. 计算机工程，2003，29（10）：62-64.

[58] 周燕晴，张威，沙中兴，等．基于云技术虚拟医疗平台的构建 [J]. 中国医院，2017，21（11）：67-69.

[59] 实景三维中国建设技术大纲（2021 版）[R]. 自然资源部，2021-08-16.

第四章 元宇宙应用场景分析

一、数字人

现实世界的核心是人，元宇宙空间的核心是数字人。

（一）什么是数字人

数字人，英文对照名为“digital human”或“meta-human”，是指“运用数字技术创造出来的、与人类形象接近的数字化人物形象”。该定义由全国科学技术名词审定委员会于2022年9月13日召开的“第一次元宇宙及核心术语概念研讨会”上审定通过的。即数字人是利用计算机图形学建模技术，通过动作捕捉、面部捕捉等技术模拟真实人物动作、表情、神态等特征，然后通过渲染技术合成人物形象，并配合运用深度学习、语义理解、语音合成等技术手段，形成的具有多重人类特征的数字人物形象。

广义上的数字人[①]包括数字人和虚拟人。数字人指真实人的数字化身，可以替代真实人物在虚拟世界或者现实世界完成一定的任务；虚拟人是指现实生活中不存在，而是通过数字技术重新创建的虚拟IP形象，比如会“捉妖”的柳夜熙，以及动画片中的各种虚拟人物，比

① 本章提到的数字人如无特别标注均指广义上的数字人。

如哪吒、孙悟空等。在游戏中，数字人是玩家注册的游戏人物，虚拟人则是游戏中的各 NPC。

根据美术风格不同，数字人又可分为卡通、拟人、写实、超写实等类别。

（二）数字人的发展历史

“虚拟人”这一词最初是在医学领域上最先启用的。在 20 世纪 80 年代，人类医学发起了一系列针对人体的研究计划，包括人类基因组计划（Human Genome Project，HGP）、可视人类计划（Visible Human Project，VHP）、虚拟人类计划（Virtual Human Project，VHP）、人类大脑计划（Human Brain Project，HBP）等，“虚拟人”一词就从此而来。最初的虚拟人定义为通过数字技术模拟真实的人体器官而合成的三维模型，并且可以较为真实地显示出人体的正常生理状态和出现的各种变化。

1982 年，动画作品《超时空要塞》推出了全球首个虚拟偶像——林明美；2007 年，日本 Crypton Future Media 推出 VOCALOID 语音合成技术的虚拟偶像——初音未来；同年，中科院计算研发的手语数字人开始成为北京电视台《新闻手语》的虚拟播音员，为 2008 年北京奥运会和残奥会提供新闻实时手语播报，并对奥运志愿者进行手语在线培训。

在虚拟技术、大数据、人工智能等技术的加持下，数字人不断演化，形象越来越逼真，智能化所应用的范围越来越广，商业价值越来越大。虚拟主播是数字人近年来典型的商业应用之一。2016 年，虚拟主播绊爱（Kizunaai）在 YouTube 上线，是全球第一位虚拟主播。2021 年国内第一个虚拟主播虚拟美妆达人柳夜熙在抖音上发布了第一条短视频，获赞量超过 300 万，并登上热搜。2022 年，在江苏卫视的跨年晚会上，以邓丽君为原型的数字人则开创了舞台应用的先河，实现虚实结合的跨时空同台合唱，与现场歌手周深合唱《大鱼》《小城故事》《漫步人生路》等歌曲。

根据市场预测，到2030年我国数字人市场规模将达到2700亿元。其中，服务型数字人市场规模为950亿元，身份型数字人市场规模预计为1750亿元（《虚拟数字人深度产业报告》）。国内数字人市场主要集中于虚拟客服、虚拟训练、游戏、影视、虚拟主播和虚拟偶像等领域。

（三）数字人发展现状

近年来，随着数字技术的逐步成熟，数字人正成为一种潮流，进入人们的日常生活，同时资本也大量涌入，数字人产业进入快速发展期。《中国AI数字人市场现状与机会分析2022》报告显示，中国数字人市场规模呈现高速增长趋势，预计到2026年将达到102.4亿元。但是，无论从技术、功能、市场还是应用场景来看，数字人的发展尚处于初级阶段。

1. 在技术上数字人尚处在初级阶段

从技术层面上看，数字人的核心技术之一是虚拟现实技术，但无论从交互方式还是展示方式上，近20年来技术上并没有革命性的突破。取得较大进展的仅是计算能力、GPU渲染以及人工智能技术，从而在建模、渲染效果以及语音合成方面，数字人在追求形象拟真度上有了较大的发展。虽然一部分数字人产品开始尝试通过全息投影、XR手段等方式给受众带来更为沉浸的体验，但是受交互方式以及显示方式的制约，数字人应用场景的局限性依然很明显。

商汤科技等在《企业级 AI 数字人》白皮书中，根据“拟人化”和“自动化”两个维度，将数字人分成 L1–L5 五个等级，目前各环节大体上还处于 L2 和 L3 的水平，极少数能达到 L4 的水平（见图 4–1）。

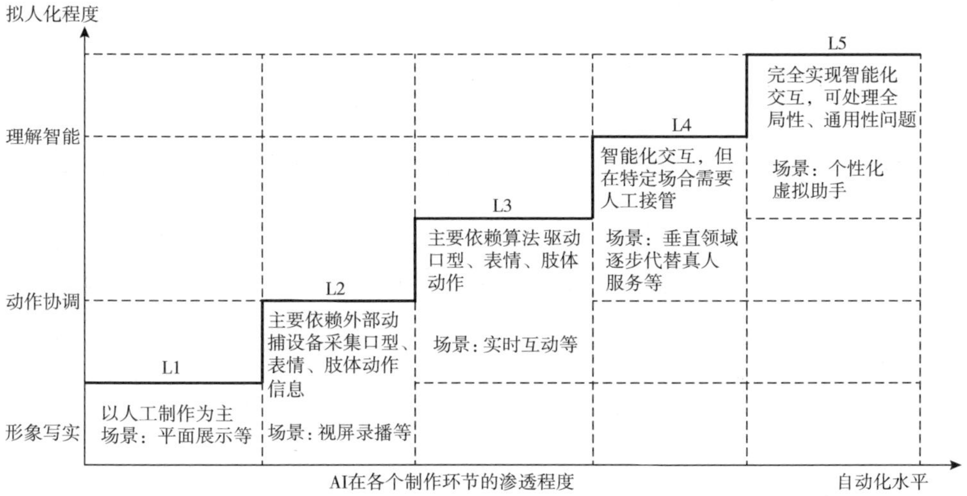

图 4-1　数字人的等级

资料来源：《企业级 AI 数字人》。

2. 数字人产业链初具雏形

随着数字人技术逐渐成熟，数字人的应用越来越广泛。通常来说，数字人产业链分为基础层、平台层和应用层三个层面。

基础层包括硬件和软件两个部分。硬件包括显示屏、光学器件、传感器和芯片（AR、VR 应用硬件），软件则包括建模、驱动、渲染引擎等。

平台层则由软硬件系统、生产技术服务平台、AI 能力平台三部分组成。其中软硬件系统包括建模系统和动作捕捉系统，生产技术服务平台包括渲染平台和解决方案平台，AI 能力平台包括计算机视觉、智能语音以及 NLP 三部分。

应用层根据应用场景，包括娱乐传媒、金融、文旅、教育、医疗、零售等行业，其中娱乐传媒应用最为广泛，市场空间最大，包括数字替身、虚拟演员、虚拟主持人、虚拟主播、虚拟偶像、虚拟游戏角色等。金融应用包括智能客服、智能财务顾问等。文旅应用包括虚拟导游、虚拟解说员以及互动内容等。

3. 数字人已在各行业得到广泛应用

从功能和应用层面看，目前数字人的应用场景不少，但是大体上包括服务性质的客服类、营销性质的短视频及直播类，以及娱乐性质的游戏和影视类，功能相对还是单一，主要集中于游戏、虚拟偶像、品牌营销等领域，尤其是 B 端业务，更多是起到引流导流的作用，而且在不同应用场景之间无法快速流畅地转换。

（四）数字人典型应用场景

数字化是现代企业发展的必然方向，数字人在产业中的应用是产业数字化的重要环节，其基本模式是数字人技术结合实际应用领域，形成行业应用解决方案，促进相关行业的发展。从功能上分，包括娱乐（如虚拟主播、虚拟偶像等虚拟 IP）、教育（如虚拟教师）、助理（如虚拟客服、虚拟导游、智能助手）三大类型，可以广泛应用于军事、教育、工业、农业、影视、媒体、营销、游戏、金融、文旅等领域。

1. 游戏产业

数字人是游戏的核心部分，游戏是数字人最大的应用场景之一。在游戏中，不管是玩家的虚拟角色，还是游戏中的 NPC，都需要数字人技术支撑。国内外游戏厂商在数字人技术方面有很深的沉淀。强大的游戏引擎，将助力各行各业打造强大的数字人。比如 Unity 和 Unreal 两大游戏引擎的虚拟数字人技术即处于领先地位且能力强大。同时，数字人技术的发展，让数字人游戏角色更加真实，游戏者有了更强的代入感和更好的娱乐体验。

《2021 年中国游戏产业报告》显示，2021 年，中国游戏市场的销售收入为 2965.13 亿元，同比增长 6.4%；游戏用户规模约为 6.66 亿人，同比增长 0.22%。在中国移动游戏中，角色扮演、卡牌、策略三类游戏约占 50%；在销售收入方面，角色扮演、多人在线战术竞技和射击三类游戏占比超过 50%。

2. 传媒及虚拟偶像

虚拟偶像随着二次元文化的崛起而崛起。2018 年，哔哩哔哩（以下称 B 站）与日本游戏厂商 GREE 合资成立 BG Games 公司，共同开展手机游戏以及虚拟主播（VTuber）业务，并成立独立的虚拟主播板块。虚拟偶像包括虚拟角色、虚拟歌手（VSinger）和虚拟主播（VTuber）。早期虚拟歌手以初音未来、洛天依为代表。而陈睿在 B 站 12 周年庆典上的演讲中称，截至 2021 年 6 月，B 站已有 32412 名虚拟主播，同比增长 40%。

中国虚拟偶像行业核心市场一直保持着超高的增长幅度。在 2019 年之前，虚拟歌手贡献市场的主要收入；到 2020 年，中国虚拟 UP 主的受众扩大，反超虚拟歌手；2021 年后，超写实虚拟偶像的营销效果得到 B 端品牌认可。

根据 Darkflame 的数据，中国虚拟艺人的月直播收入在 2020 年 1 月约为 760 万元，到 2021 年 10 月增长至约 5000 万元。虚拟艺人 VirtuaReal 2022 年上半年的直播营收则已达到 2801.37 万元。

据调查，37.6% 的网民表示愿意花更多的钱支持虚拟偶像。艾媒咨询发布的《2021 中国虚拟偶像行业发展及网民调查研究报告》显示：2020 年中国虚拟偶像核心产业规模为 34.6 亿元，同比增长 70.3%，预计 2023 年将达到 205.2 亿元；虚拟偶像带动产业规模在 2020 年为 645.6 亿元，同比增长 69.3%，预计到 2023 年将达到 3334.7 亿元。

3. 企业品牌营销

2021 年以来，以柳夜熙为代表的虚拟艺人入驻抖音、小红书等短视频社交平台，获得“Z 世代受众”群体的积极响应，虚拟偶像迎来快速发展期，实现平台和虚拟 IP 的双向引流，为美妆、汽车等行业品牌营造了一个全新的营销模式。

数字人虚拟偶像全面赋能品牌营销，能够精准地把握年轻人的需求。对于年轻的消费者而言，虚拟的形象更具备想象空间，更容易被接纳和认同。通过打造虚拟偶像，让真实场景与虚拟偶像相结合，在与用户的互动、沟通中传递品牌理念，更容易激发潜在的心理需求，满足彰显自我的精神诉求，形成情感共鸣，为品牌 IP 发展赢得更多关注和青睐。

企业可以通过打造符合自身特点的虚拟数字人 IP，将品牌进行虚拟人化，或者将诸多品牌不容易直接表达的理念、精神、文化等集中到一个虚拟偶像上，为品牌带来更多的附加价值和多元多渠道使用的营销载体，如欧莱雅的“M 姐”、花西子的“花西子”等。

企业也可以与外部商业团队合作打造虚拟数字人，为企业和品牌的数字化转型引流。如快手打造的元空间专栏，很好地链接了品牌和外部商业团队，并为其提供流量支持。

4. 影视

数字人特效已成为商业大片拍摄中的重要技术手段和卖点。数字人在影视行业中的应用较为成熟，数字化的虚拟动作捕捉已成为电影的主流特效，在现实拍摄中无法表现的内容和效果，可以利用数字替身特效轻松实现。

随着元宇宙产业的发展，国内外的互联网巨头都积极布局虚拟数字人产业。海外的互联网巨头如微软、谷歌、Meta、英特尔、三星等，国内的互联网巨头如阿里巴巴、腾讯、百度、网易等，都开始发力虚拟数字人产业。据青亭网不完全统计，2022 年 AR/VR 行业融资（含收购）总额达 34.9 亿美元，其中数字人融资金额达 5.93 亿美元，占比 17%，位列行业分类第二。

二、元宇宙文创

互联网的大规模普及让数字艺术成为当代艺术的主流，而元宇宙作为以区块链和 NFT 为基础的新的艺术生产方式，将进一步扩展以互联网为载体的数字艺术边界。

作为当下最活跃的概念之一，元宇宙可能成为互联网的下一代形态。利用数字分身，人们就能在数字虚拟世界中游牧、定居和迁徙，而以区块链和 NFT 为基础的经济系统的建立使其得以与现实世界相连，大大提高数字艺术在原有艺术生产系统中的占比，为青年艺术家提供更广阔的机会。

（一）元宇宙让艺术作品的制作和欣赏方式更加新颖

Facebook 更名为“Meta”后，推出了首个品牌广告，用了一种简单而又出乎意料的方式来向世界表明对元宇宙的野心。故事发生在一家博物馆里，一群艺术系的学生正在欣赏法国艺术家亨利·卢梭的作品《老虎和水牛的搏斗》中充满活力的丛林场景。就在学生们越来越近地观察时，突然间里面的动物们变得栩栩如生，将人们吸引到它们茂密的环境中，在那里他们发现了更多的植物和动物，最后甚至超越了 2D 平面，来到 3D 世界。

画中的老虎抬起头说：“这是梦想的维度。”而后巨嘴鸟、蛇、山魈、火烈鸟和一串串的香蕉开始跳舞，学生们也身临其境，伴随着音乐跳跃和舞蹈……影片结尾写道：“这将会很有趣。”随后，Facebook 的 Logo 连同一系列产品的标志变形融合在一起，成为 Meta 的标识。

很多人都在想元宇宙是什么，Facebook 的这个广告作品则很直接地告诉人们这是一个关于想象力的故事，以及我们的想象力将如何定义元宇宙。

例如：非同质化通证（NFT）+ 数字艺术品，解决传统艺术圈痛点。

艺术品作为一种特殊商品流通于艺术市场，与别的商品一样，具有商品的基本属性，即使用价值和价值；不同的是，它的使用价值体现在精神层面，所以受到主观因素的影响极大。

但这并不是困扰行业发展的痛点，这个行业最大的痛点是：传统艺术市场估值定价中心化、缺少公正鉴定、交易不透明、艺术品难追溯其根源、赝品泛滥等问题。这已成为制约艺术圈发展的瓶颈。

《救世主》是达·芬奇的作品，它先后有过五次公开交易记录：第一次是在 1958 年苏富比拍卖中以 45 英镑售出；第二次出售的价格不到 1 万美元；第三次出售的价格是 8000 万美元；第四次的成交价格是 1.275 亿美元；第五次是 4.503 亿美元。

在这五次交易中，最关键的是第三次交易，成交价涨幅高达 8000 倍。为什么？因《救世主》有多层的油彩，在这之前，很多人都认为这是达·芬奇弟子的作品。既然不是达·芬奇本人的作品，是仿制品，价格自然不会高。

2010 年年底，一个专家团队通过红外线反射成像技术，发现画作中耶稣的大拇指有修改痕迹，因此认定这是达·芬奇的原稿，因为仿制品不会有修改的痕迹。因此，《救世主》的价格扶摇直上。

其实，很多优秀的艺术品与《救世主》一样，长期被赝品问题所困扰。如今，随着区块链技术的发展，可以通过 NFT+ 数字艺术品应用场景来从根本上解决艺术圈的这一痛点。由于 NFT 技术的出现，数字艺术品可以被非人工编码，即被赋予了唯一性，因而取得了作为产品的稀缺性特点。这样一来，它就成为一种可靠的收藏品，满足了人们追求差异化的收藏需求。

2021 年 8 月，篮球明星库里用 55 枚虚拟货币，换了一个无聊猿 NFT 头像，约合 18 万美元。受他的影响，球迷中掀起了一股猿猴头像热潮，很多粉丝在社交网络中换上库里同款头像。无聊猿经过长时间的社区运营，为简单的图像赋予了丰富的文化内涵。

无聊猿 NFT 正式发售后，社区的价值得以被量化，同一时间财富效应、名人效应、社区效应一触即发，不断推高无聊猿 NFT 头像的价格。受此影响，越来越多的艺术家开始推出自己的 NFT 作品。

NFT+ 数字艺术品缘何能够得到更多人的认可，并推高艺术品的价格，这背后的逻辑又是什么呢？

要知道，在 NFT 出现之前，一般的数字作品常因复制成本低、不易溯源而难以认定价值。NFT 的出现代表一种价值载体的进化，构成一种新的资产形式。当你购买一个 NFT 作品时，你会想：我究竟买到了什么？

你花了大价钱之后，会收到附有 NFT 的数字作品，以及无法被伪造的艺术家加密签名。同时，你可以在自己的数字钱包或者交易平台账户中看到这些内容。也就是说，你买到的不是艺术品本身，而是一个所有权证书或凭据。因为它具有不能被篡改的唯一性，故具有一定的商业开发价值。

与传统艺术品对比，NFT 无须鉴别真伪，作为数字资产也减少了维护费用。与此同时，NFT 分布式存储，且公开透明，可以有效避免版权不清、炒作投机、内幕交易等问题。这也是近几年“NFT+ 数字艺术品”这个概念颇受人们欢迎的根本原因。

在以投机主导、存在大量泡沫的当下艺术品市场，NFT 的出现，会从根本上改变其原有的商业逻辑与规则，让真正具有投资价值的艺术品回归应有的价值。未来，随着 NFT+ 数字艺术品应用场景的不断丰富与发展，传统艺术品行业必将会迎来新的机会，并实现良性发展。

（二）元宇宙塑造新文娱场景

综观音乐的发展历程，科技始终在其中扮演着重要角色。自疫情发生以来，音乐与科技的结合骤然加速。一个极端感性且浪漫，另一个极端理性而严谨，两者反差强烈，却能奇妙共融。

伴随元宇宙的兴起，虚拟演唱会成为现实生活的一部分。

2022 年 10 月，元宇宙科技公司 iBox 链盒举办了平台首届元宇宙演唱会。此次演唱会邀请了王赫野、By2、陈乐基、温奕心等数位明星参与，同场有数以十万计的用户在线观看演出。演唱会现场还增设了藏品展示厅，用户在观看演出之余可以欣赏 iBox 平台上的各类知名藏品。

在由 iBox 营造的元宇宙氛围中，演唱会形态得到前所未有的创新。观众不会被局限在座席中，而是成为元宇宙演唱会的参与者，融入演唱会。

此次元宇宙演唱会中用沉浸式的音乐形态为观众带来全新的感官体验，同时将元宇宙科技与音乐艺术相结合，整合数字人、数字藏品等产品，让数字人与真人虚实结合，开创了国内数藏行业首档沉浸式演唱会。

元宇宙对塑造新文娱场景的推动作用已经是不争的事实。2021 年 8 月，美国歌手 Ariana Grande 联动 Epic Games 出品的《堡垒之夜》“裂谷之旅”虚拟演唱会成功地让行业和歌迷看到了元宇宙演唱会的魅力。这样的实现方式既是科技对娱乐行业的全新赋能，也是元宇宙场景优势的体现，通过元宇宙平台将演出、社交、游戏、数字藏品等多个场景打通，形成闭环，为观众带去极致的体验。

近两年来，全球范围内的虚拟演唱会随处可见，不少商家、艺术家将元宇宙演唱会视为音乐产业的下一个发展阶段，并期望在其中获得利润与乐趣。

目前，处于第三阶段的音乐产业正在经历着 5G、区块链、人工智能等先进科技带来的深刻变革。

（三）元宇宙挑战传统的音乐结构

音乐的形态和体验，从早期的留声机到黑胶唱片，从录音机、随身听、CD Player，到磁带和CD，一直在随着技术的变革而变革。进入21世纪，随着MP3的普及，先前惯用的专辑发行形式开始向单曲发行转变。这时，一个新的问题出现了：盗版猖獗，且不易追踪。这也成了行业的最大痛点。

之后，互联网越来越普及，音乐的表现形式越来越多样，尤其是直播、短视频等与音乐的结合催生了一些新的音乐商业模式。但是，之前出现的盗版问题依然未能从根本上解决，甚至愈演愈烈。例如，某位作曲家或歌星的某首歌火了，就会有很多人去翻唱，有的人有相当的音乐功底，翻唱得非常好，并因此吸引了一批粉丝。于是，他要做直播。这时，问题就来了：未经原作者的同意，这种翻唱算不算侵权？有人说，我改了歌词，或是调了一下曲子，就不算侵权。但是，原作者却认定是侵权，于是只好走诉讼程序。

可以说，网络与多媒体技术的发展，改变了传统音乐行业发展模式，同时也带来了不小的冲击。近两年来，音乐NFT的出现与发展，给音乐行业带来了更多想象，它不但有望解决行业的最大痛点“盗版、侵权”，而且能为行业发展指出一条新的路线。

音乐NFT可以使音乐人摆脱中间商实现收益自主。音乐NFT基于区块链技术，音乐人可自行铸造发行作品，完全拥有版权，所获收入也将大部分归为音乐人本身。除此之外，音乐与NFT的结合还具备永久、独特的收藏性，具有拓展粉丝权益、给予新人机会等附加价值。

那什么是音乐NFT呢？音乐NFT是与一段音乐作品相关的NFT。它可以是一支单曲、整张专辑、MV，甚至是一段生成性音乐，即用计算机程序将随机的模式、颜色、声音或形状用算法生成的音乐作品。当然，也可以指向其他与音乐有关的东西，比如演唱会门票或专辑封面。

2021年，全球首张音乐专辑NFT，即著名音乐家和制作人3LAU与Origin Protocol合作发行的限量版音乐专辑*Ultraviolet Vinyl NFT Collection*，在一次拍卖中的总成交价超过1100万美元，一时轰动了音乐界。

这个拍卖分为不同级别。其中，第1名为白金级别，3LAU将为竞标者定制个人品位和偏好创作的歌曲。同时，该竞拍者还有机会获得一张实体黑胶唱片，以及Ultraviolet专辑中的所有NFT歌曲与尚未发行的音乐。第2~6名为黄金级别，3LAU将为他们提供自定义混音、实体黑胶唱片和未发行的音乐。第7~33名为白银级别，3LAU将提供一张实体黑胶唱片和Ultraviolet中的3首NFT歌曲。出价排名前33位的竞拍者还获得了一份忠诚度NFT。

如今，NFT在音乐行业的应用越来越多，众多明星艺人纷纷打造自己的NFT音乐产品。例如，摇滚乐队King of Leon以NFT形式发布新专辑*When You See Yourself*，并创造了145万美元的销售额；Linken Park创始成员Mike Shinoda推出名为*Ziggurat*的系列音乐NFT。《时代》周刊推出名为“构建更美好的未来”的NFT进行销售，不到1分钟就销售了4676件NFT作品。汉堡王推出Keep It Real Meals营销活动，消费者扫码餐盒兑换歌手联名NFT；TikTok推出*TikTok Top Moments*，将爆红的短视频制成NFT，分为唯一版和限量版发布；可口可乐推出品牌虚拟服装，作为可穿戴的NFT外套。

随着NFT+音乐在国外的火爆，国内的音乐人也没有闲着，刮起了一股NFT+音乐风暴。例如，一些乐坛名流相继推出自己的NFT唱片、专辑，增加创收的渠道，尤其是以NFT的方式发行单曲或专辑，不仅可支付制作和营销专辑的成本，甚至会为音乐人带来超额的利润。与此同时，一些音乐版权平台也创建了NFT板块。

对于音乐创作人来说，NFT 音乐不但是一种有趣的与粉丝交互的方式，也是一种独特的音乐叙事方式。当然，它也有望更好地解决版权问题。毕竟，在过去的发行模式中，即便是音乐的创作者，也很难完全拥有完整的音乐版权，因为发行过程存在着许多环节。而音乐 NFT 可以省去许多中间环节，发行模式更简单直接，作品权属更加清晰，同时，也让创作者拥有了更多的收益自主权。

对粉丝来说，音乐 NFT 可以让他们变成股东，有机会获得自己喜欢的艺术家的股份，并能从中获得价值，这确实颠覆了传统的消费主义。

对于音乐产业来说，NFT 通过将音乐作品作为数字单位，并创建一系列可识别的数据块储存在区块链上，形成可溯源、不可篡改的通证。这为音乐相关 IP、版权的保护问题提供了很好的解决方案。

自 2020 年以来，受疫情的影响，许多线下的音乐会、音乐节、演唱会纷纷取消或无限延期。与此同时，大量线上音乐演出不断出现，加速了音乐产业走向虚拟化，这也促进了音乐 NFT 的发展，使音乐 NFT 几乎在一夜之间成为整个市场的一个常见品类。

可以预计，不远的将来，音乐 NFT 将会挑战传统的音乐结构，并带动音乐行业的加速发展。

（四）元宇宙为影视产业发展提供新思路

中国线下电影市场的发展开始进入“瓶颈期”。

首先，从大环境来看，疫情的反复、大众出行频率的减少，对影院这类人群聚集的大众场所带来了直接影响。线下客流受限，如何通过线上实现营收转化，成为整个电影产业的难题。

其次，在国外尤其是好莱坞电影的冲击下，需要不断提高国产电影的技术能力和制作水平，拓宽、丰富电影内容。好莱坞电影之所以能在中国市场收获一批忠实粉丝，离不开先进的电影制作技术。只有让观众多维度、多感官地享受电影，才能兼顾口碑与票房。然而，跟国外大制作、高技术电影相比，国内原产电影在科技手段的运用上仍存在一定的不足，国内电影产业必须不断融入新的技术，提高电影中的科技含量。

最后，电影宣发也异常重要。目前，多数电影宣发依然停留在传统的电影院内，传统宣发模式只能有限地触达用户，很多对这个题材感兴趣的用户可能接收不到有效信息。

NFT 与影视业深度融合，为 NFT 和影视产业的发展都提供了全新的思路。二者的结合不仅是影视业的机遇，同时也丰富了 NFT 的 IP 素材。NFT 在影视作品中扩张自己的现实影响力，影视创作通过 NFT 让它的版权受到更有效的保护，亦能从中获得新的创作可能性。

在影视产业与资本金融的磨合发展中，已经逐渐形成了传统且固定的政府投资、商业银行贷款、私募基金以及广告植入四足鼎立的电影投资格局。资本垄断娱乐行业，普通人很难加入影视资金投资场，而影视投资来源也受到局限。

曾在 2018 年荣获 IFTA（爱尔兰电影电视奖）的马克·奥康纳（Mark O'connor）为了打破这一资本垄断电影的局面，在 Moviecoin.com 平台推出新作 *Oui Cannes*，以预售 NFT 获得 100% 的全额融资。在 Moviecoin.com 平台上购买了 NFT 电影的持有者们在电影发行的多年后，也可以获得利润分成。

NFT 电影预售不仅创新了电影的融资模式，还会改变电影的制作方式和制作类型。导演们在区块链上发行电影，能够直接以 NFT 的形式将电影作品向观众发布。NFT 技术使电影制作过程民主化，实现独立电影在全球范围的自由发行，消除了艺术壁垒，对影视制作模式造成颠覆性转变。

同时，影视作品中的 IP 衍生 NFT，已经成为影视作品新的价值增长点。伴随着 NFT 热潮，众多影视节目更是顺水推出 NFT 衍生产品，这些 NFT 搭载着影视 IP 独到的文化价值输出，正逐渐成为一种潮流。

2021 年 10 月 9 日，苏富比拍卖行的秋季拍卖会上，王家卫的首个电影 NFT《花样年华——一刹那》以 428.4 万港元完成交易，成交价高于预期的 300 万港元。

2021 年 9 月 24 日，全球首部 NFT 电影 *Zero Contact* 在 NFT 平台 VUELE 首映，在 OpenSea 上进行拍卖。该片由奥斯卡影帝安东尼·霍普金斯主演，在 4 天拍卖中获得 93435 美元票房。每个 NFT 获得者都有机会通过 *Zero Contact* 被编辑到电影中，收到电影海报的签名数字艺术作品、电影的“制作”、REMO × Dcsan 的加密生成艺术和 VUELE“金票”。其他将发行的收藏内容还有幕后花絮、未收录镜头、奖励功能、独家问答 / 采访、收藏品等。

2022 年年初，易烊千玺主演的电影《奇迹·笨小孩》联合海纳星云旗下 IP 数字衍生品丸卡推出限量 NFT 头像，同步线下电影展映，为电影造足了噱头。2021 年年末，《黑客帝国》就以系列电影里著名的“红蓝药丸”制作了 10 万个 NFT，最终收益高达 500 万美元。

另外，成功的 NFT 也可能强势化身电影，目前很多成功的 NFT 项目将它们的角色和故事搬到了大银幕上。NFT 项目已经成为电影创作的重要素材灵感来源。

长期霸榜 NFT 交易市场前三的无聊猿，不仅短短发行一年时间就被估值 40 亿美元，而且像饶舌巨星埃米纳姆、脱口秀主持人吉米·法伦、华语乐坛顶流周杰伦等各行各业的众多大咖明星都对其趋之若鹜，只为拥有一只无聊猿。

Coinbase 宣布将以这样知名大 IP 的系列 NFT 项目 Bored Ape Yacht Club（无聊猿）为主题内容制作动画电影三部曲——*The Degen Trilogy*。动画电影的故事背景是虚构的一个 21 世纪 20 年代混乱的曼哈顿中城，而“无聊猿”社区将成为重要部分，动画的主角当然就是这群丑萌的 NFT 无聊猿，每一位 NFT 无聊猿的所有者都可以带着自己的无聊猿参与这次选角。若是其所持有的 NFT 被选中，持有者的授权行为都可以写在区块链上被永久留存，实在令人听着就心动。

除此以外，“NFT+ 影视”的联袂行动还有很多。2022 年 3 月，漫威电影制片人阿里·阿拉德（Ari Arad）宣布计划以艺术家本·茂罗（Ben Mauro）的以太坊 NFT 漫画项目 *Huxley*（赫胥黎）为蓝本进行电影改编。2 月，瑞茜·威瑟斯彭（Reese Witherspoon）宣布计划根据 Yam Karkai 的 *World of Women*（女性的世界）NFT 项目制作电影和电视剧。

可以预见，NFT 与电影行业的结合发展将更加丰富多彩。NFT 基于区块链的技术具有不可篡改性，在以往，传统电影需要面临盗录、网盘盗版链接等困境，而 NFT 的特性决定了“只有购买者才能真正拥有这部电影”。由此可以看出，NFT 不仅改变了传统的电影发行方式、融资方式，强化了知识产权保护，还改变了观众的互动参与方式。

三、元宇宙办公

在新冠疫情的影响下，远程办公的重要性已经显露出来。但是，人们常常采用网上文字交流、远程会议等办公模式，这种模式由于缺乏临场感、沉浸感而大大降低了远程办公人员的体验感，从而影响办公的整体效果，甚至影响了员工的业务创新。而从元宇宙概念衍生出的元宇宙办公有着高效、灵活等优点，可以清除原有远程办公模式的局限性，可以预见的是，数字化办公也会成为现代办公的新形式。

随着信息技术的不断发展，物联网技术与虚拟现实技术相结合，加速了多项技术的融合与进步。可以实现数以万计甚至数以亿计的用户同时在线交流的元宇宙云楼会议室，能够提供高实时性、高互动性和高沉浸感的交互体验。扎克伯格在 2021 年 10 月向全世界展示了全息虚拟会议，通过全息投影、VR/AR 等技术，实现了三维形式的会议场景。本节主要对元宇宙办公的现状、优势以及元宇宙办公是否能够取代实体办公进行讨论。

（一）元宇宙办公现状

目前，越来越多的公司正在采用元宇宙办公室进行远程工作，它们主要使用由 Gather（元宇宙社交平台）、Teamflow（美国虚拟办公平台）、Meta（Facebook 母公司）或自己公司创建的沉浸式、交互式和可协作的元宇宙办公平台。数字资产交易所 KuCoin 在 2021 年 11 月推出元宇宙办公室。该元宇宙办公室旨在为人们提供沉浸式的办公体验，无障碍地沟通。微软在 2022 年上半年推出 Mesh for Microsoft Teams，该程序是对元宇宙办公功能的一种延伸，不少大公司购买了此产品，建立元宇宙办公室。

Zigbang 是为远程办公创建了自己的元宇宙办公平台的公司之一，它是韩国房地产技术行业的领先公司。2021 年 Zigbang 取消了位于首尔的总部，创建了一个名为 Metapolis 的元宇宙平台，用作远程办公工具。Zigbang 的所有员工都使用 Metapolis 作为他们的元宇宙办公室。Metapolis 是一栋 30 层的虚拟建筑，每层楼一次可容纳 300 人。Zigbang 员工使用 Metapolis 大楼的四楼和五楼，并将其他楼层出租给其他企业或组织。员工登录后将其头像移动到各自的办公桌上，与同事一起工作。在 Zigbang 的元宇宙办公室，当一个化身接近另一个化身时，化身头部上方的摄像头和麦克风都会打开，允许进行面对面的对话。此外，当一个化身离开另一个化身时，化身上方显示的脸会逐渐缩小并消失，麦克风也会关闭。

从国内市场来看，目前能实现元宇宙办公的企业较少。中国最早实行元宇宙办公的公司之一移动微世界在疫情前便已实现线上协作办公，其主要通过云楼会议室、云楼 SOHO 等实现。在疫情反复的情况下，元宇宙办公让企业或组织多了一种高效的选择。联想集团也在加快布局元宇宙办公，例如提供 ThinkReality 平台解决方案等，支持用户在现实世界中利用 3D 数字信息实现定位、互动和协助，提升用户的情景感知和工作效率。此外，包括百度、网易等公司的业务都开始向数字化方面转移，着力拓展虚拟现实技术，应用于元宇宙办公，不断探索场景搭建，加快数字化内容的建设。

（二）元宇宙办公的优势

一个虚拟的元宇宙办公室模拟了一个物理会议环境，参与者像在现实生活中一样可以进行互动，用户可以简单地“走近”并与同事聊天。与视频通话不同，以这种沉浸式的方式交流有助于提高员工参与度和生产力。当员工能够进行头脑风暴、互动和交流时，生产力和协作自然会得到提升，这正是元宇宙办公的目标。由于员工在元宇宙中定制了化身，与同事的社交互动将变得更加自然，而且不必强制穿工作服，有助于创建一个公平的竞争环境，消除在办公室工作的员工和远程加入的员工之间的距离偏差。作为元宇宙环境中的一名员工，你不会被局限于元宇宙生活中的隔间，你的化身将可以自由地在任何地方工作，而且不必担心未来会出现任何病毒，工作与生活的平衡将进一步改善。总结元宇宙办公的优势主要包括以下三点。

1. 信息交流的顺畅

在物理办公室中工作的员工可能来自多个城市或国家。而不论他们身处何方，元宇宙会议室都能够使他们像在实际办公室一样可以面对面无障碍交流、沟通、互动，拥有相同的体验。公司还可以将客户带到这些元宇宙办公室，这样可以减少公司差旅的开销。一份关于虚拟办公的调查报告指出，元宇宙办公作为一个信息交换场所，不但可以取代实际面对面的交互，而且，虚拟办公还可以营造一种真实物理存在的感觉，从而使信息交流更加顺畅。

虚拟办公空间可以在企业文化因故受到破坏的时候，提供归属感，可以在虚拟空间中建立行为规范，同事之间的信任便得到加强。员工体验对公司来说是一件重要的优先事项，从大量的调查中可以看出，人们希望工作时间和地点都具有灵活性，而虚拟空间的创建能够使人们聚集在一起共享工作空间及内容并同时提供灵活性。

2. 提高员工的主观能动性

2021 年年底，联想集团委托市场调研机构 YouGovUI 调查多个国家，包括中国、美国、加拿大、日本、英国、意大利、德国等国的7500名在职职工对元宇宙办公的意愿。调研报告显示，所调查的人员中有将近一半有强烈的意愿在元宇宙中办公，他们相信虚拟工作空间的创建是以可测量的方式改变工作程序的一种方式，元宇宙办公能够使员工的工作效率更高，能够发挥员工的主观能动性与创造性等。

纳菲尔德健康公司（Nuffield Health）的研究发现，近1/3的英国远程工作者难以区分家庭生活和工作生活，超过1/4的人发现在工作日结束时很难停止工作。元宇宙办公可以更好地区分家庭生活与工作。在元宇宙中，你的头像可以在会议、吃饭等场合传达你的状态，让你更容易与同事保持联系，而不必感到被电脑或电话束缚，这是传统办公的缺点，也是传统远程办公的压力来源。

埃森哲是全球最大的上市咨询公司和《财富》世界500强公司之一。该公司利用信息技术，为来自25个国家的150名董事或者总经理构建出虚拟办公室，如此可以让他们在任何时刻都可以有与员工面对面的机会，同时他们经过不断的探索，发现现实会议和虚拟空间化身的结合有着更深层次的联系。该公司在云楼中单独创建一层用来服务于员工，共享此空间。AltspaceVR是建立在微软Mesh之上的，这是该公司于2022年3月推出的混合现实平台。

3. 构建了公平竞争环境

在元宇宙中工作将允许员工100%远离，同时仍允许社交互动。对于管理者来说，这意味着员工可以在虚拟、超现实的世界中相互协作。对于员工来说，这意味着他们有机会适应在任何地方工作。元宇宙的工作环境可以保证一个更公平的工作场所，有助于平衡需要持续监督的经理和需要远距离工作的员工之间的误会。如果他们是单亲父母、无行为能力或无法在工作场所附近居住，元宇宙办公也发挥了优势。最近的一项调查还发现，43% 的办公室员工，无论是混合型还是全职员工，都比远程员工更担心新冠病毒的传播，而元宇宙意味着任何人都可以协同办公，无论此员工是接种了疫苗还是未接种疫苗，是阳性还是阴性。

设想一个元宇宙办公场所，那里的“土地”比较便宜，你可以把它建在高楼大厦的顶部——不需要昂贵的价格。元宇宙中的办公空间可以定制，桌面区域可无限扩展，根据你的需要增加或减小尺寸。虚拟会议室或共享休息室根据员工的工作类型进行配置。The sandbox 的元宇宙房地产公司已经在这一新的领域占据一席之地，而像英国媒体公司 VCCP 和 Mediahub 这样的公司已经设立了元宇宙办公室。归根结底，员工需要灵活、自由以及轻松连接和协作的能力，而元宇宙可能拥有这一切。

WorkForce Software 全球人力资源高级副总裁莱斯利·塔纳基（Leslie Tarnacki）在接受 Tech Republic 采访时表示，选择远程工作的人应该与面对面工作的人一样，能够获得所有资源，包括晋升和与领导沟通的时间。虚拟办公空间的建立可以为员工提供共享环境，并且包含了多样性，更具有公平性和包容性。例如，虚拟空间可以让员工的父母更容易与员工的同事和经理平等接触。

（三）元宇宙会取代传统办公室吗

关于工作中的哪些部分应该移动到元宇宙、如何展开，以及在后疫情时代会发生什么，一些科技界的工作者包括其他行业的人都在讨论。

比尔·盖茨预测，Zoom 会议将在两三年内迁移到元宇宙。笔者认为元宇宙不会取代物理办公室，但会让它变得更好，虚拟办公室和物理办公室之间的区别很快就会消失。面对面的工作变得越来越虚拟——我们经常通过多用户应用程序（如 Google Docs、Notion 和 Figma）在云中进行协作。猫头鹰实验室（Owl Labs）发布的研究表明，近一半的英国人希望公司将工作场所从现实世界过渡到元宇宙。在更多的研究中，52% 的英国人认为它有助于建立一个沉浸式的环境，让现场员工和远程员工可以更多地合作。

虚拟办公具有巨大的潜力，但并不是所有人都适应虚拟办公，所以未来的办公模式应该是混合的，办公室和工作方式需要重新设计，以适应混合工作。与此同时，数字世界的灵感来自物理世界，物理世界是数字世界创新的源泉。为了使混合办公真正成为两种办公的最佳选择，我们首先需要打破物理办公室和虚拟空间之间的壁垒。需要提供远程员工和现场员工之间沟通互动的方式，能够让远程员工感觉到“进入”真实的办公空间，并与在实体办公的员工无障碍地沟通交流乃至更深层次地互动。而虚拟空间需要从物理办公室中变得更加具像化。随着实体办公和元宇宙办公之间的融合程度不断加深，这种结合将是动态的，期待混合工作的下一步发展。

未来，办公室将与虚拟工作场所合作，可以想象得到，你将能够使用你的化身在虚拟空间中与人们见面，并与之互动。VR 护目镜和运动捕捉手套，可以准确记录你的表情、肢体语言和声音。你的化身可以像在 3D 环境中的物理现实世界一样，在你的大学进行演讲，在你的办公室里工作。在不久的将来，元宇宙远程工作将成为一件常见的事情。

四、元宇宙博物馆

虽然元宇宙在很大程度上是概念性的，甚至许多部分还处在理论性阶段，但虚拟世界中博物馆的概念与现实生活中的博物馆没有什么不同。然而，如今的实体博物馆很难吸引游客，因为人们在急躁的社会中变得越来越分心，很难循规蹈矩地接受文化历史信息。相对于实体博物馆，在虚拟环境中的博物馆有更多的工具可供使用，这些工具不仅可以提供信息，而且有些创意非常有趣，这样人们很乐意去接受这些信息，并与之互动。

数字时代改变了博物馆的传统定义。过去，游客在博物馆内的整个体验都是围绕着欣赏和获得关于展出文物的教育，而博物馆现在作为全面的社会学习空间变得更加重要。博物馆角色的这种变化导致了关于博物馆空间的各种讨论。讨论的重点已经从传统博物馆演变到现代博物馆，从网络博物馆演变到数字博物馆。传统博物馆促进了历史内容的保存技术，而现代博物馆则促进了图像和文物以外的其他教育内容的创造以及展览方式的创新，数字内容从中得到了发展。因此，数字时代统一了线上和现场的博物馆空间，同时利用无处不在的技术改变了博物馆的整个空间。

（一）元宇宙博物馆应用现状

元宇宙中的数字博物馆将成为一种新型人类创新的储存库，这些创新将以 NFT 的形式出现。这包括数字艺术、数字音乐以及我们在未来虚拟社会中创造的历史。

近年来，为了能够在数字时代传递文化价值和创新传承的方式，各大博物馆都在积极拥抱数字技术，探索数字科技与传统文化的融合。随着元宇宙跨界概念的大爆发，很多博物馆也开始积极尝试构建元宇宙博物馆，博物馆的展示形式也越来越多。然而，如何更好地把现实中的馆藏文化“搬”进元宇宙成为文博界讨论的热点议题。2022 年 3 月，来自全国的多家博物馆、高校的学者联名发布《关于博物馆积极参与建构元宇宙的倡议》，呼吁博物馆顺应时代发展，发挥自身优势，积极参与建构元宇宙。作为公共文化服务机构，博物馆应增强数字资源包括藏品文化开放共享的意识，因为数字资源共享已经成为全球博物界普遍认同的行为准则。博物馆应该认识到自己的资源优势，树立合作共赢的理念，发挥自身的功能特长，积极探索构建优质应用场景，在元宇宙博物馆领域中实现自身的高质量发展。

其实，很早就有文博机构对元宇宙博物馆进行了探索，例如，一些博物馆搭建全沉浸式交互数字文博展厅，上线“元宇宙观展”模式，用虚拟数字人担任博物馆解说员等。2022 年 9 月，EUTOPOS 与 CENTRIVENTURE 联手推出元宇宙博物馆 MUESVERSE，MUESVERSE 为全球用户提供沉浸式、互动性和拟真的虚拟世界，以让人们了解世界的历史文化和遗产。MUESVERSE 首席执行员杨达修斯指出，随着世界迈进数码时代，所有博物馆最终使用 NFT，在元宇宙中为艺术品或文物创建数码副本，因此，MUESVERSE 的宗旨是通过将手工艺术和其他形式的艺术转化为 NFT，并在虚拟世界博物馆中展示以引起人们的兴趣，借此向全球传播关于人类历史和遗产的知识。MUESVERSE 的发展将分为三个阶段：第一阶段将在虚拟实境 VR 构建 MUESVERSE 的基础建设；第二阶段利用虚拟实境 VR 和扩真实境 AR 为用户提供可持续性同步和沉浸式的三维真实体验；第三阶段则是要发展成一个最先进的拍卖行，促进 NFT 与其他收藏品的交易和销售，用户也可在此阶段利用元宇宙中的化身，现身虚拟拍卖行。MUESVERSE 预计，到 2030 年全球元宇宙博物馆市场规模将达到 1.5 亿美元，这是传统数字科技企业都想抓住的机遇。

另外，上海首个数字孪生博物馆——上海市历史博物馆在 2022 年 7 月率先迈入元宇宙赛道，26 件重要文物实现了 1∶1 数字孪生，而且更新迭代的系统使博物馆的数字治理提高了等级。同月，上海市政府发布了《上海市培育“元宇宙”新赛道行动方案（2022—2025）》，该方案鼓励企业或研究机构发展虚实交互新文旅，围绕博物馆、艺术馆等地标性建筑和景点，拓展全景旅游等新模式。

MoDaL，也称为数字生活博物馆或者元宇宙博物馆。它是由一个名为 Delta Reality 的扩展现实 XR 工作室创建的。MoDaL 虚拟博物馆首次推出时，在其虚拟画廊中展出了十几件不同的数字艺术作品。据 Delta Reality 报道，他们创建的元宇宙博物馆包括一些传统的二维艺术作品，如静止图像和视频。此外，该博物馆还收藏了一些三维互动艺术作品和其他虚拟装置，这些作品能让游客有很好的数字体验。MoDaL 概念背后有一群艺术家和数字工程师。他们提出了数字建筑来设计空间以及它所包含的艺术。因此，MoDaL 是艺术和技术结合输出的混合体。

（二）元宇宙博物馆的挑战

自 21 世纪初以来，博物馆数字化运动已经持续了 10 多年。“数字馆藏”一词最早出现在 2001 年由数字保存联盟（Digital Preservation Coalition，DPC）和英国国家空间中心（British National Space Center,

BNSC）在伦敦召开的学术研讨会上，该研讨会讨论了开放档案信息系统参考模型（OAIS）标准的改进以及各个领域数字馆藏的知识共享。然而，信息技术的快速发展使数字化进程变得迅速而多样化。因此，虚拟博物馆已成为博物馆与游客联系的平台。许多著名的博物馆都致力于创建虚拟环境，要么将数字化信息放在网页上，要么通过便携式设备预先录制导游信息，例如大英博物馆的收藏数据库、iPhone 上的卢浮宫虚拟博物馆以及大都会艺术博物馆的艺术历史时间表。这些虚拟环境的共同特点是，访问者可以更快、更容易地接收信息，而不受时间和空间的限制。

任何事物都是两面性的，虽然数字技术的应用为博物馆的发展带来了诸多优势，但元宇宙博物馆的应用不可避免地带来了一些缺点。例如，由于实体博物馆参观的人数越来越少，功能就会越来越差，随之影响了观众与他人的交流，实体博物馆就会变得越来越孤单。从用户的角度来看，数字博物馆并不能取代传统博物馆，相反，元宇宙博物馆应该与实体博物馆相辅相成。库尔特·史密斯称采访调查发现，人们对于实体博物馆的感情是元宇宙博物馆代替不了的，但是博物馆的传统价值在博物馆数字化的过程中被无意地侵蚀。因此，她认为数字化进程的目标应该是填补实体博物馆的空白。

（三）应对策略研究

分析数字化博物馆的挑战和局限性，是数字化策展发展的关键一步。在数字博物馆的实施中，人与藏品的关系比馆藏本身更为重要。因此，关于馆藏数字化的目标和面临的问题，本节提供了相关策略。

1. 非正式信息可视化

可视化是用户体验数字博物馆最直观的方式。此前，可视化系统主要是通过专业领域基于界面和交互的技术进行开发。例如，Solid Software Xplorer（SolidSX），它是一个 Windows 工具，用于创建高分辨率图像结构，以便用户理解和检查由任何类型的 .NET 语言设计的应用程序。非正式信息可视化概念已被数字策展社区注意并进行大量讨论。非正式信息可视化专为参观博物馆的观众设计，这种设计来自社区可视化和艺术家视觉作品的启发。非正式信息可视化系统与传统信息可视化之间的差异主要包括用户群体、使用模式、数据类型以及系统设计的目标不同，这些差异信息可以通过使用可视化应用程序来说明。

非正式信息可视化可以被描述为文化组织中乌托邦的雏形。然而，这一概念的实现需要集成交互界面、数据库和个性化框架等不同组件。元宇宙博物馆的开发者应该持有这种概念，以便有效地评估参观者的行为与体验效果，从而提供最佳解决方案。

2. 个性化功能

个性化是元宇宙博物馆的重要功能之一，个性化功能主要是通过一对一关系来建立客户忠诚度的一种方式。这一功能不仅可以为策展人员提供更好的机会来了解游客的需求，还可以培养客户的潜在投入。此外，个性化还可以有效减少博物馆的财务压力。如今，博物馆的财务预算越来越不依赖政府的支持，如何利用有限的资源与受众建立联系已成为主要关注点。例如，博物馆可以通过使用个性化技术来优化游客的旅游路线，或者通过选择最受欢迎的藏品进行展览，以此来提高游客的满意度。

为了实现这一目标，目前已经有很多元宇宙博物馆在相继开发个性化项目。文化遗产信息展示是一个跨学科的研究项目，由荷兰 NWO（荷兰科学研究组织）的 CATCH 项目创建，该项目将信息技术与博物馆结合起来。它提供了一种参观前的体验，让参观者通过在线对收藏品进行评级，建立个人参观路径，并在完成现场参观后，提供机会回顾参观者感兴趣的收藏品。Piggy Bank Project 是麻省理工学院图书馆和麻省理工学院 CSAIL 指导的 Simile 项目的一个子项目，作为 Firefox 扩展提供给用户，用户可以从不同的网站收集数字内容，然后将它们组合在一起，以供进一步参考。尽管每个项目都提供了不同的特性，但这些项目最值得注意的特性是它们与语义网的集成。

项目的个性化可以通过使用高语义模块来实现，语义网是网络的一个扩展，其基础是机器可以通过给信息赋予明确的含义来更好地理解元数据。在数字博物馆的背景下，语义网正在从博物馆主导向以用户为中心的协同过滤发展。其具体化可能涉及几个模块，包括资源描述框架（RDF），一种用于在资源之间承载各种元数据的数据模型；Web 本体语言（OWL），一种用专有名词和这些术语之间的关系明确表达的语言；简单知识组织系统（SKOS），一种由 RDF Schema 设计的语言，用于共享和演示受控词汇。

由于语义网对理解用户在元宇宙博物馆中的行为至关重要，因此语义网是博物馆个性化功能的灯塔，但是它也存在一些问题，例如用户的隐私、用户的数据安全以及本体技术的不成熟等。如何在保证用户数据安全的前提下更好地优化个性化功能，服务于客户，是当下亟须解决的研究性问题。

3. 互动与教育

以前，实体博物馆展览往往由实物组成，并附有解释，这些解释通常由策展人或评论员在物品旁边的面板上书写，或在参观期间作为个人导师在手持音频设备中预先录制。然而，这种表达方式没有让游客与物品之间产生交互的机会，致使游客与藏品之间产生距离，更孤立了藏品，而影响了教育效果。库尔特·史密斯强调了互动交流的重要性，通过在游客和藏品之间架起桥梁，可以将艺术带入我们的生活。因此，元宇宙博物馆更应该像一个“多维教育机构”。研究者们利用信息技术开发出一系列功能来丰富数字博物馆的交互性，例如基于网络的构建、虚拟现实或增强现实等。

AR 的实施可能有助于填补传统博物馆的空白，因为传统博物馆没有为游客和文物提供足够的互动舞台。一些研究旨在将 AR 应用于博物馆互动，例如由诺丁汉大学混合现实实验室（MXR）为一个艺术中心“英国公众”开发的 Flypad 项目。该项目致力于通过使用 AR 技术来增强交互性，AR 允许用户通过操作不同的控制面板来控制自己的化身，并进一步改善用户体验。另一个例子是虚拟展示，这是一种使用 AR 的半透明显示系统。它首先在奥地利维也纳理工大学推出，该系统的目标是强调游客与实物文物之间的互动，并通过将 AR 技术集成到传统的博物馆展示中，打破虚拟博物馆与实际博物馆之间的障碍。

总之，AR 技术可能是实现物理博物馆互动和教育目标的一种策略。然而，在个性化的实施案例中，这些系统中不考虑访问前的体验和访问后的感受。因此，为了加强博物馆游客的整个旅程体验，在未来互动过程的发展中应考虑个性化特征的关联。

五、元宇宙展厅

现实世界中，众多中大型企业为了展示自己的品牌和产品，会建立自己的展厅，供商业合作伙伴参观和了解企业，以寻求合作机会。但是建立现实展厅是一项耗费时间周期长、建设成本相对较高的工作，疫情期间提倡减少现实接触也让现实展厅的效果大打折扣。

元宇宙展厅是政府、企业、学校、团队等组织基于元宇宙技术构建，用于展示企业品牌、产品的数字空间（见图 4–2）。在展厅场景中，元宇宙展厅具备空间扩展性强、建设成本低、无差旅成本、可化身“面对面”沟通等先天优势，将是未来元宇宙产业的重要应用场景（见表 4–1）。

图 4-2 元宇宙展厅

图片来源：《Verseport 星世界白皮书》。

表 4-1　　元宇宙展厅场景的先天优势

指标	元宇宙展厅	传统展厅
空间扩展性	强，元宇宙展厅面积为1000~10000平方米	弱，传统展厅面积为100~1000平方米
建设成本	模块化+预制体三维建模技术，可节省60%以上成本	每平方米建设成本超过2000元
差旅成本	避免实际面对面接触；无差旅成本	有
沟通方式	在三维虚实映射场景中和客户化身实时“面对面”交流；支持实时语音、表情、动作	需要线下面对面沟通

资料来源：《Verseport 元宇宙展厅建设方案》。

对于政府、企业、学校、团队等组织而言，建设一个元宇宙展厅，包括空间 / 物料设计、空间 / 物料建模、空间装修、铸造物料、上架物料、设定物料交互等功能模块。其中，物料是指企业等组织的品牌形象、数字人、产品、展台、展板等。

对于参观展厅用户而言，需要给予登录元宇宙展厅的入口，入口可以是 HTTP 链接、二维码、移动 App、桌面应用等形态；在用户进入入口后，可以通过电脑显示屏、手机屏幕、VR 眼镜等端设备进入展厅场景，在场景内进行实时三维交互。

如今，政府、企业、学校、团队等组织可以在各种预制的不同风格 / 尺寸的元宇宙展厅三维模型基础上（见图 4–3），按照企业等组织的展厅需求，进行快速设计、建模和空间装修后，即可将其品牌形象、数字人、产品逐步铸造成数字藏品，并在相应位置进行展示。元宇宙展厅将是一个想象力无限的数字空间，超大尺寸的数字电视、虚实相生的大型沙盘都可以成为元宇宙展厅的惊艳元素，这将让组织的品牌给参展者带来震撼的视觉冲击，促进合作的快速达成。

图 4-3 各种预制的元宇宙展厅三维模型

图片来源：《Verseport 星世界白皮书》。

元宇宙展厅所呈现的虚拟世界不同于各类垂直应用和碎片化、功能性的空间，它更像一切行为发生的“场”，更类似于现实世界，可以将用户的各种行为连续且可预期地串联在一起，可以将用户之间的关系完整和可持续地延伸和记录。在一个虚拟世界中，用户可以感受到在手机时代完全无法体验的多种需求的交融和同步，而不是被人为地分化成所谓的社交、娱乐、电商、视频等垂直应用。正如卡马克所说，这是一个极具魅力同时极具挑战的宏大构想，它完全依赖于创新力和技术实力来实现，在已有的所有先例和经验中，没有任何类似的产品出现，但它却是独属于元宇宙时代且更符合元宇宙本质逻辑的颠覆式创新。例如，在2022 年 12 月末上线的 RealWorld 元宇宙，借助超优算法和硬核科技，构建出一个含多种分支世界的元宇宙开放世界观平台，为用户创造一个数字人的栖息之地。同时，RealWorld 元宇宙将基于区块链的底层，融入数字资产、数字时尚、数字化服务等新形态内容，使用户拥有元宇宙中的社交、娱乐、养成等多种体验（见图 4–4）。

图 4-4　RealWorld 用户行为及应用图解

图片来源：RealWorld。

用更通俗的话说，用户在一个完善的虚拟世界中，是随心所欲地去购物、娱乐、社交、办公，而不需要不断地切换入口和应用，所有人共生在一个大的世界中，彼此呼应、相互影响、广泛协同，这就是虚拟世界中“世界”的意义，也是从手机时代依赖数字化工具服务于自己，到元宇宙时代活在数字化空间的史诗般的跃迁。从历史意义上讲，它更像一次人类的集体精神移民，相较于大航海时代物理、物种链接所为后世创造的辉煌，显然精神和信息的新大陆意味着几何倍数的新疆域、新世代、新文明。

同时，元宇宙展厅带来的元宇宙世界还应具备以下特征。

一是 720 度体感。打开当前任意一个 VR 里的应用都可以发现，尽管在视觉上 VR 带来了上下左右 720 度的包裹，但是人物和数字分身的行动轨迹必须遵循规则。在元宇宙展厅沉浸世界中，只要用户有飞行衣等飞行装备，即可以在整个世界的天空、地面、任意空间、模型内无任何限制地上下左右翻飞，实现真实世界只有超人和鸟类才能获得的体验。这从表面上看，是在做飞行的运动，实际上 VR 是在底层实现了 720 度的体感，使虚拟世界中一切建筑、行为、逻辑都可以在整个场域展开，用户不再受限于规则。

二是无限空间。在 RealWorld V1.1 中，用户可以感受到一个无边无际的元宇宙。用户可以在多个平行宇宙中实现生存和建设，每一个宇宙代表着全新的世界观、视觉感、物理规则和可能性，就像“星球大战”中多个宇宙的文明杂糅和交往才是元宇宙应该有的样子，也是精神世界和想象力得以极大丰富的前提。

三是多维商学。用户可以体验瞬间穿越，可以感受元宇宙时代的效率办公和社交，可以建立全新的教育模式，远程为每一个客户和目标用户提供无与伦比的元宇宙服务。商务空间显然不仅仅是企事业的自媒体，它更是真正的元宇宙时代的办公室、会客厅、教室、礼堂、展厅、博物馆、工厂、课堂……

四是场景互娱。所谓场景互娱，就是将原本简单的双人连线运动 PK，变成了多人在同一场景下的自由互娱，跟真实世界一样。例如元宇宙篮球赛，有球员，有观众，有裁判，数百人在篮球场的周围，观看球员的比赛竞技。在城市的天际线和高楼大厦中，每个人站在不同的角度、不同的空间，自由地移动，看到实时的投篮轨迹，听到实时的球员对话，并且跟身边的观众热络地聊天评论，每个人虽然角色不同，处在大江南北，却在一个元宇宙篮球场上彼此呼应，同赏赛事。

五是互联网思维。作为第三代互联网的元宇宙，显然必须具有互联网基因，但也同样沿袭着很多互联网的底层方法论。元宇宙更多的是一个场域，它不仅能容纳上链的资产，更能容纳无数用户和行为。元宇宙所容纳的包括工业元宇宙、产业元宇宙、物联网、大量基础设施、人工智能，还有海量的尚未出现的模式和技术，都是元宇宙的要素。抽象地说，元宇宙最终实现的是人类作为一个物种所能完成的精神和意识联网，从而实现从肉体人社会到精神人社会的跨越，甚至与人造文明如 AI 完成接轨，实现文明层面的高效进化。

六、元宇宙社交

元宇宙时代，我们关注的重心会从现实生活转移到数字生活上，关注重心的转移带来的就是社交形式的转变，元宇宙社交便应运而生。由虚拟数字技术构建的“元宇宙社交”中，我们可以凭借自身的虚拟形象与自己设置的个人信息参数，在接近现实生活的场景体验中寻找志同道合的朋友，来一场沉浸式的网络冲浪体验。

（一）元宇宙社交与虚拟社交

最先提出社交元宇宙概念的 App 是腾讯旗下的 Soul，它依托虚拟化的人物形象、游戏化的场景等产品设计为用户带来沉浸体验，增强了用户的黏性。同时，通过以 UGC 为主的产出方式，Soul 的内容生态将呈现出极大的丰富度和规模效应。此外，借由社交属性对构建元宇宙商业生态的助力，Soul 未来将有建立起相应经济体系的可能性，可让用户实现娱乐、互动、交易等更多体验。Soul 的这次尝试开创了社交元宇宙的先河，虽然距离真正的社交元宇宙还有不少距离，但它已经具备了元宇宙社交的某些特性。

当下的虚拟社交，主要指的是人们之间通过互联网软件借用信息技术来完成人际交流与传播，手机为主要交际的载体。区别于传统实体社交，虚拟社交的交友更加具有广泛性、安全性、隐私性以及便捷性，可以很好地为一些社恐和渴望广泛交友的年轻人提供一个平台。比如微信、QQ、微博已经成为我们日常生活中必不可少的一部分，从文字、图文，再到短视频，我们的日常工作、交际、生活都离不开它们。虚拟社交是目前使用最为广泛的社交方式。

虚拟社交与元宇宙社交的区别就在于社交形式的改变，虚拟社交突破了时间与空间的限制，扩大了我们的交友范围，但是社交的过程中却又缺少了实体社交的真实性与趣味性，隔着手机屏幕，始终像是有着一层冰冷的隔阂。在元宇宙社交中，借用全息虚拟影像技术，可以做到真实场景的巨大还原，同时借用一些辅助设备，能极大地提升用户的使用体验，增强用户黏性。相比于虚拟社交，元宇宙社交用户互动优势更加明显，更像线上社交与线下社交的结合体。

（二）web3.0 背景下的元宇宙社交

随着 5G 时代的到来，科学技术越发成熟，元宇宙社交的出现可以很好地解决这个问题。它将线上社交与线下社交的优点进行整合，利用 AR、VR、XR 等技术搭建一个全息的虚拟现实平台，我们与朋友之间不再只是发送简单的语音、文字、图片、视频。在这个虚拟世界中，我们可以逛街、购物、看演唱会、玩游戏，不必为了时间与空间所焦虑，而是好好享受一场身临其境的沉浸式体验。

同时，元宇宙社交从某一方面来说给了我们第二条生命，现实中我们可能因为面貌而自卑，觉得自己不够高、不够瘦、不够好看，所以很难完美地去展现自己。在元宇宙中，我们每个人都是数字化的分身，可以随意调整自己的身体参数，我们独一无二。

元宇宙社交不仅仅是虚拟社交，它更像虚拟社交的下一站，它代表了从社交 3.0 向社交 4.0 的转变，它拥有虚拟社交的影子，也拥有实体社交的特性，它比它们更完善，更能满足现代社会的需求。但是元宇宙目前仍处在一个萌芽阶段，它发展的背后需要许多高新技术的支持，而社交元宇宙的运行也一定离不开 AI 技术。

在元宇宙 Web3.0 的背景下，如何进行一种可实现并且持续运作和发展的加密社交体验模式——去中心化网络？运行一种新的社交活动，一定要有它的技术支撑，Web3.0 的支撑也就是去中心化技术。互联网的网络形态可以分为中心化和去中心化两类。

中心化网络也就是我们目前所使用的网络，包括抖音、微信、微博、淘宝、京东。尽管这些 App 已经十分便利，但中心化的网络依旧有很多缺点：中心化平台的服务供应商既有自由改变交互关系和内容的作恶能力，又有滥用用户数据的可能性。这就是我们为什么需要去中心化以及用分布式账本来进行点对点的信息互联。

而去中心化的网络改变了网络的形态，由单中心转变为多中心网络，在网络中每个中心节点的权利和义务都是相同的数据，由所有节点共同维护，任意一个节点停止工作不会影响网络整体的运作，多个节点提供相同的服务，并且彼此治理和监督。在满足多数节点不作恶的假设情况下，每个节点把自身的数据提交，按照少数服从多数的原则，在网络中达成共识，并获得一致的数据结果进行决策。也就是说，平台并不能篡改、注销、禁言你的账户，更不能随意删除或者控制你的作品。在去中心化的网络下，例如抖音平台封号、微博购买热搜等此类平台控制用户和舆论的行为将不再发生。

那么我们如何实现去中心化的用户管理呢？答案就是虚拟身份技术的引入，也就是 DID（Decentralized Identifier）。构建虚拟身份的核心有两个词：识别和累积。由于用户在不同系统中的行为会产生数据的积累，这类行为就会形成一个用户的声誉体系，使用密码学的技术进行身份管理，以生物学识别技术对实体辨别真伪，利用身份凭证进行身份验证，在技术意义上就实现了基于智能合约的“自主身份管理”，不需要人工审核干涉，更无法被中心控制，也就达到了保护用户隐私的效果。这种形态就叫作去中心化的身份标识，也就是一张记录着你所有链上行为的身份证。

现在我们有了身份标识的基础，让每个用户成为自主管理的一个个体，那么如何在这样的基础上创建一个社群，让大家进行社交活动呢？这样就引入了另一个概念：去中心化自治组织（Decentralized Autonomous Organization，DAO）。DAO 是一种全新的人类组织协同方式，是由达成同一个共识的群体，自发产生的共创、共建、共治、共享的协同行为。即人们基于相同的目标、兴趣、爱好、需求，在没有中心化领导和管理的情况下，自发地作出贡献，达成某个目标。这就意味着，人们可以更自由自主地选择自己想要加入的组织，从而最大化地实现组织效能和价值的流转，进而形成新的商业变革。DAO 和普通社区组织的区别在于它依赖于区块链技术和智能合约，以保证组织内的所有决策收益分配都是公开公正透明的。

区块链的技术变革对现有商业模式及社会关系都有重塑的作用。例如，iCloser 就是一款基于人工智能与区块链技术的加密社交元宇宙 App，以区块链与即时通信作为基础，区块链技术服务底层框架，DID 提供身份解决方案，用 DAO 星球链接现实场景，让 NFT 成为所有场景事件的通行证（见图 4–5）。

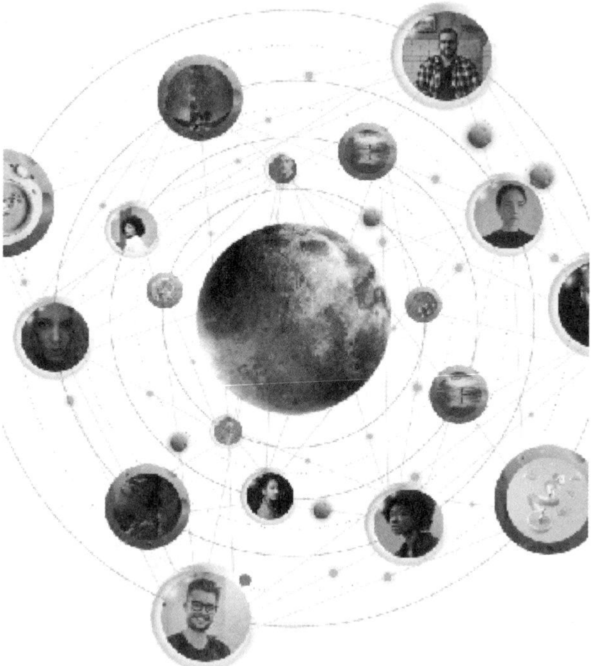

图 4-5　Web3.0 加密社交元宇宙

图片来源：iCloser App 界面。

七、元宇宙经济场景

元宇宙概念的提出为新型数字经济提供了三个创新点。一是除了元宇宙用户之外，元宇宙中任意数据实体都可以拥有身份。比如机器人、人工智能、传感器、数字孪生，乃至数据本身。二是元宇宙数字身份可以同时存在于多个元宇宙系统之中。三是不同元宇宙系统中，元宇宙数字身份的价值可以通过来自其他元宇宙系统的身份数据进行综合评估。

这就丰富了新经济的对象，扩展了经济活动的外延，提供了更多的新经济活动的场景。在数字中国新经济环境之下，元宇宙经济可以包含如下场景。

（一）数字资产金融场景

数据作为基础生产资料之一，支持生产活动，具有价值，有资产属性，能够广泛地运用于金融活动之中。数字藏品是数字资产中金融属性最重的资产类型之一。元宇宙系统支持数字藏品，以数字藏品说明数字资产的金融场景。物理藏品电子化之后，形成数字藏品；艺术家甚至人工智能艺术家可以进行虚拟创作，直接形成数字藏品。

1. 资产权益流通场景

艺术藏品价值的确认以及真伪的甄别在于“传承有序”。元宇宙中，每一个藏品的所有流通过程都记录在系统之中，因此在藏品所有权确权的情况下进一步提供了完整追溯的过程。如果在藏品的持有人都实名的情况下，可以实现全程监管的过程。数字藏品（所有权）流通可追溯场景是元宇宙资产权益流通场景中最具代表性的基础场景之一。

2. 资产电子化的虚拟流通场景

对于实物资产而言，可以集成实物资产托管服务，将物理资产的赎回凭证通证化；在元宇宙中以通证为权益证明，围绕实物资产的权益凭证实现流通等经济活动；并基于通证对实物资产的电子化孪生进行更深入的使用场景的挖掘，如虚拟博物馆租借和陈列等；仅在需要实物的时候才进行托管物赎回并销毁通证。这种基于虚拟场景的资产应用及流通是实物资产流通场景的有效补充，并进一步丰富了使用场景。

3. 元宇宙通证金融场景

元宇宙支持很多虚拟的经济活动场景，如陈列室场景、拍卖场景等。可以基于元宇宙通证衍生出更多的权益凭证，以满足更多的元宇宙经济活动场景，例如基于所有权通证派生出使用权限通证，包括租用、授权拍卖等；乃至衍生出更多的金融衍生品权益凭证，包括债、期权、期货等。基于这类金融衍生品通证，可以在元宇宙中实现各类金融活动的场景。不过，元宇宙金融活动的场景实现需要严格满足监管要求。

（二）资产数据表达的扩展应用场景

元宇宙中数字资产通常以多媒体形式表现出来，数字资产可以被标识为元宇宙身份。由于元宇宙有开放的特性，所以同一个元宇宙身份可以在多个元宇宙系统中被识别出来。

进一步地，同一个身份可以在多个元宇宙系统中被展示出来，这就是资产在不同元宇宙中的不同数据表达。比如，不管是实物资产电子化的数字资产，还是在虚拟世界中直接创作的虚拟数字资产，可以在甲宇宙里是一幅画，在乙宇宙里是一个雕塑，在丙宇宙里是一个用户虚拟人形象，在丁宇宙里是一个物理世界中通过 3D 打印出来的手办；甚至同样是在游戏宇宙，这个资产在 A 游戏中是乐高风的，在 B 游戏中就可能是像素风的。

对应的扩展应用场景是元宇宙系统基于本系统内数据表达的应用

场景。比如，当数据表达为一幅画的时候，这个资产可以被挂在墙上；当数据表达为一个虚拟人形象的时候，这个资产可以成为直播间主播。

这些扩展应用场景是基于同一个数字资产的，这就丰富了数字资产的应用场景。这些应用场景为数字资产带来更多的价值，进而促进了新经济模式下的元宇宙经济活动。

（三）信用身份及使用场景

同一个身份可以进入不同的元宇宙系统，每个元宇宙系统都可能支持自己的经济活动。经济活动的记录都绑定到同一个身份之上。这些记录为元宇宙身份提供了行为信用的支持，由此带来基于信用身份的使用场景。

1. 身份 IP 的孵化场景

虚拟人可以参与多个元宇宙事件孵化 IP。借助信用身份，虚拟人 IP 可以独立于任意元宇宙系统独立运营，根据需要在不同的元宇宙系统中活动，可以在不同元宇宙系统中选择不同的形象数据表现。与传统的 IP 授权到不同平台的运营模式不同，身份 IP 孵化是基于信用身份的跨系统主动能力和元宇宙系统的开放性实现，更加适合 IP 孵化的场景。IP 消费者也可以基于信用身份进行确权，以判断 IP 的真伪。进一步地，信用身份 IP 的所有者可以是公司、工作室、个人，并且其控制者可以是人工智能、机器人。这些身份 IP 参与经济活动的结果可以通过对账系统或协议实施兑现，以此实现虚拟经济活动和现实经济活动绑定。

这为元宇宙带来新型经济活动模式，也可以通过元宇宙系统扩展身份资产的应用场景，丰富了 IP 的组织方式并提供新的孵化场景。

2. 身份信用积累和使用场景

身份行为参与到元宇宙经济活动，多个元宇宙经济行为绑定到同一个身份之上。不同的信用分析模型可以选取不同特征的身份数据模板，建立起身份信用评估模型。根据不同评估模型，可以设计出不同的身份信用使用场景。进一步地，对应这些使用场景的后续可以实现完整的行为跟踪，并进一步丰富到身份信用中去，比如与数字货币绑定的信用贷款，身份对应的技术能力、项目经验和实施能力。

3. 身份关系的数据管理使用场景

元宇宙中任意数据实体都可以获得身份，有很多使用场景需要多个身份参与，对应场景的成果也需要由参与的身份分享，这就需要对身份关系进行识别，并把场景数据绑定到关系之上。可以预见，这个在工业互联网和数字孪生的使用场景比较广泛。比如在租车场景中，驾驶过程中的数据和“驾驶员—车机系统”相绑定，一方面，驾驶数据跟随驾驶员走，驾驶员的驾驶习惯等数据可以通过综合不同的车机驾驶数据综合分析获得；另一方面，数据跟着车机走，车机的各方面数据如操控响应等可以经历多个驾驶员的驾驶行为综合分析获得。这就为“单车”保险、“驾驶”保险等服务提供了更细粒度的场景解决方案。

进一步地，驾驶员的驾驶习惯也可以作为身份数据的积累加入身份信用之中，也许可以反映出该数字身份的某些性格特质。

八、元宇宙工厂

元宇宙在工业领域可以应用于虚拟工厂，又称元宇宙工厂，在产品全生命周期各环节发挥作用，并与产业链上下游相关行业构成集成性的应用场景空间，尤其在规划、设计、生产等方面，融合人与机器的特点，结合大数据、云计算、人工智能等技术，在虚拟世界中进行系统构建，辅助人类更好地认识和利用现实 / 物理世界。

（一）元宇宙工厂的应用场景

1. 规划与论证

元宇宙工厂在虚拟世界构建一个数字孪生的工厂，并在其中呈现新产品、新理念的验证，通过沉浸式交互体验与大量计算验证进行设计论证优化。如军事方面，可在严谨的科学基础上，借助于先进的模拟仿真和优化技术，对新的作战理论原则、作战行动规则进行多方位的论证等，特别是在体系化作战条件下，可进行武器性能的验证等。

2. 设计与试验

系统 / 产品设计阶段在虚拟世界中可进行现实世界无法开展或耗费巨大的设计与试验研究，融合 MBSE、VR/AR/MR、工业智能等技术对产品性能进行数字化沉浸式的试验和验证，极大地提高了设计质量，降低了试验成本。

3. 生产与管理

在生产与管理中实现设备级 / 工艺级 / 工厂级 / 产业级的生产过程管理与产业链协同优化，包括设备远程运维、产线优化、工厂级数字孪生驱动的黑灯工厂、产业级数字大脑等，提高从设备单元到产业体系的运行效率。

在应用场景上，产业集群规划仿真、生产性物流仿真优化、基于元宇宙的虚拟制造企业管理、售后服务及虚拟众包等都是工业元宇宙涵盖的内容。

（二）元宇宙工厂的价值

1. 加速形成虚实协同的智能制造新模式，赋能工业全流程

元宇宙工厂服务于研发设计、生产制造、运维保障、企业经营、市场销售等工业全过程，提供虚拟交互设计、虚拟化模拟设计、实时联动生产排程、远程 XR 运行维护、XR 模拟场景培训等新工具新手段，形成虚实协同的新一代智能制造模式。

2. 推动产品与服务交付形态变革，实现业务效能提升

元宇宙工厂汇集丰富数字资产，促进数字资产价值持续释放，支持产品设计、研发、生产、服务全流程及产品数字化交付，实现产品与服务物理数字双交付；基于区块链实现数字产品具有唯一数字身份认证，使其可追溯、可交易；工业元宇宙连接和驱动产品智能化和服务迭代，实现业务效能提升。

3. 推动管理和商业模式变革，重构数字工业发展新生态

元宇宙工厂打破工业应用时间、空间以及相关资源束缚，实现更大范围的生产资源共享、能力协同，提供更好的沉浸式体验，实现虚拟验证、产品虚拟体验；基于 NFT 实现工业数字资产线上交易，实现管理模式和商业模式变革，加速各类用户、制造商、服务商、开发者更敏捷地组织和合作，打造工业发展新生态。

（三）重庆新兴通用的元宇宙工厂案例

航天云网应用 INDICS 数字孪生建模工具为重庆新兴通用传动有限公司建设了“5G+VR+ 数字孪生”的热处理工厂，利用 5G 连接热处理炉内 500 余个传感数据采集点，采集炉内温度、气体浓度及碳浓度等 20 个关键指标；通过 VR 设备，实现热处理过程远程运维；利用“5G+VR”远程巡检，实现炉内温度场分布、渗碳过程可视化，降低了人工作业风险；基于数字孪生实现预测碳势分布，实时调整炉内参数，提高了工艺稳定性，降低了产品报废率（见图 4–6）。项目实施后设备运维效率提高了 25%，产品合格率提升了 5%，安全事故发生率降低了 95%，实现了工艺级过程与质量的优化。

图 4-6 “5G+VR+ 数字孪生”的热处理工厂

图片来源：航天云网。

九、元宇宙会议

伴随后疫情时代全新办公协同方式的发展，远程会议市场取得了前所未有的市场关注度，结合目前市场流行的概念——元宇宙，会议场景也在元宇宙方向得到更多延展，可以解决传统的数字会议临场感、沉浸感、体验感差的问题。

什么是元宇宙会议？元宇宙会议是一种可以将信息实时识别技术与虚拟会议技术结合的全新解决方案。在元宇宙会议系统中，用户通过移动设备登录元宇宙空间，前往元宇宙会议室，与其他参会成员会面，就好像在办公室的物理会议空间一样，可使用自己的一个“化身”（虚拟数字人）参会发言，同时还可以搭配身体语言（如打招呼、握手、鼓掌）和表情包来传递信息，并且可以在会议过程中交流互动。每个参会者还可以定制专属的虚拟形象，来代表自己在元宇宙的身份，在具有临场感的虚拟环境中进行在线会议。根据目前的科技条件，基于算力、带宽、云应用的持续提升，以及 VR、AR、MR 等技术的逐渐成熟，沉浸式元宇宙会议平台离正式商用也不会很遥远。2022 年 7 月，在 Meta 研究院发表的一份报告中就认为，采用虚拟数字人的虚拟会议，更贴近自然情形下的人类交流。本节主要对远程会议的现状、元宇宙会议的优势，以及是否能够取代传统会议进行讨论。

（一）远程会议现状

随着新冠疫情在全球的蔓延，远程会议市场迎来了大爆发。远程工作正在成为一种新常态，因此在 Zoom、Meet 和 Teams 或者腾讯会议、钉钉、飞书等平台上举行远程会议迅速成为新常态。但是，任何参加过此类会议的人都亲身体验过它的许多不便。例如，通常看不到彼此，并且伴随着无数的干扰；人们更喜欢聆听，很少主动发言；互动比较少，交流的效率也并不高等。

专家认为，造成这一现象的原因是目前的远程会议临场感、沉浸感大量缺失，大大降低了与会者的体验感，从而影响会议的整体效果甚至业务创新。这样的现实也在传递一个信号，即远程会议在经历了疫情时期的市场大爆发后，已经从大规模普及阶段，到了需要提升体验感的下一站。

而在元宇宙兴起的背景下，虚拟现实与远程会议就有了一个天然的结合点。

2022 年，元宇宙会议系统平台不断涌现。Facebook 致力于发展元宇宙，甚至将公司的名称改为 Meta，还通过 Horizon Workrooms 将元宇宙带入工作场所。而微软 Meshfor Microsoft Teams 平台，则利用众多新技术如虚拟现实 VR、增强现实 AR 和全息图，提供了一个元宇宙的虚拟会议平台。

很多初创公司也加入市场，提供平台，帮助用户在虚拟空间中举办活动，提高体验。国内有一家专注于元宇宙全栈技术的领先创业公司，于 2022 年 11 月推出了一个名为 Layaverse 的元宇宙平台，可以用于元宇宙会议。目前该公司的所有员工都在使用 Layaverse 进行远程的会议交流。Layaverse 可以通过手机登录，理论上单个会议室空间可以容纳数百人至上千人同时进入。员工登录后可以进行虚拟分身装扮，与同事在线互动交流。在 Layaverse 举办元宇宙会议时，当一个用户接近另一个用户时，用户的手机麦克风可以打开，允许进行面对面对话。当用户离开时，麦克风则会关闭，十分智能。此外，当会议主讲人进行演讲时，所有用户的麦克风都将处于静音状态，保持良好的会议环境。

从国内市场来看，包括字节跳动、腾讯、百度、网易等巨头企业也都开始向元宇宙、全真互联网方面转移，着力拓展虚拟现实技术。随着元宇宙会议的广泛应用，未来我国数字化内容的建设将会逐步加快。

（二）元宇宙会议的优势

元宇宙技术的商用让远程会议不再止于二维平面而是可以实现跨越时空的三维会面，它具有以下四个优势。

一是完全自由地自定义自己的虚拟会议空间。根据目前已经商业化的元宇宙会议系统拥有的 UGC 编辑器功能，企业可以快捷地创建自己的虚拟会议空间。其中包括：创建入口，可以在虚拟活动的大厅中添加一些动画灯光和背景旋律，使企业的虚拟会议入口就像面对面一样；同时还可以自定义布置会场，比如创建各种动态横幅广告，以提高品牌知名度；还可以自主上传多个信息图表，包括图像、GIF、视频等。

二是通过集成获得新的超能力。参加会议的用户可以创建自己的虚拟人。它是人类的虚拟化身，可以自由选择发型、衣服、鞋子等；可以获得 1：1 或群组实时聊天，与观众、演讲者、主持人、客服代表以及元宇宙会议中的所有参与者建立联系和沟通；可以与外部通信工具打通，如交换微信，体验更简单的交互。

三是鼓励与会者积极参与。元宇宙会议系统通过提供各种工具，鼓励参会者互动，并让参会者完整参加会议。比如 Layaverse 会提供喜欢、鼓掌、嘘声等各种表情符号，可以使用多个表情符号来响应演讲者，创造了一种面对面的体验。还可以通过文档库提供各种小册子、传单、文档、PDF 和其他基本文件，与会者可以使用平台自带工具进行下载或者访问（见图 4–7）。

图 4-7　元宇宙元空间会议

图片来源：蓝亚盒子。

四是轻松娱乐，用户可以创建各种会话，使会议具有娱乐性。元宇宙会议系统可以提供游戏设备、排行榜、全景直播等功能。用户可以在元宇宙空间中体验到游戏的快感，所有与会者都可以毫无困难地在元宇宙空间中享受自由穿行的乐趣。企业可以在自己的元宇宙空间里植入各式各样的 3D 模型和数字人，还可以通过植入直播功能，在元宇宙里进行全景直播带货。

（三）元宇宙会取代传统会议吗

关于哪些类型的会议将会转移到元宇宙的问题，科技界的工作者都在讨论。笔者认为元宇宙不会完全取代传统线下会议以及远程会议，但它会让会议模式变得更轻松、更丰富，虚拟会议和传统会议之间的兼容拓展很快就会来临，线上 / 线下都能“面对面”地交流，并会变得越来越顺畅。

相较于传统线下会议，元宇宙会议是更为轻量级的存在，甚至不需要使用 VR 或其他硬件设备，现有移动终端即可满足绝大部分人顺畅地进入虚拟空间。目前轻量级元宇宙的应用场景已经扩展到论坛沙龙、促销活动、团建、粉丝聚会等场合。比如，中国移动通信联合会的“星火燎原计划”新闻发布会，就转移到了元宇宙线上举办；南开大学的新闻与传播学院也在元宇宙平台中上线，让上百位师生得以在虚拟空间中破冰交友。

在费用和时间方面，在元宇宙平台定制会议的搭建周期一般为两周到一个月左右，视具体情况费用从几万元到几十万元不等。这种线上实时交互的会议形式与当前主流的腾讯会议、Zoom 等线上会议 App 提供的服务有相似之处，但相对而言搭建元宇宙会议的优势更为明显，可以概括为“沉浸感”和“互动感”。元宇宙空间会议中参会者面对的不再只是单纯的屏幕页面，而是可以控制代表自己的数字化身，在会议场景空间中行走漫游，与其他的参会人员进行交互，增加参会人员的会议沉浸体验感，多样的互动玩法也大大增强了会议的趣味性，让会议不枯燥、更高效，让在场感更加强烈。

虽然目前元宇宙会议还停留在初步探索阶段，但未来随着 3D、VR/XR 技术的加强和各种场景化社交平台的积累，元宇宙会议将构建更丰富的内容和体验。种种迹象均表明，元宇宙是下一个时代红利，而元宇宙会议的普及将加速推动实体经济与数字经济深度融合，推动元宇宙技术的大规模商用。

参考文献

[1] Abdullah Q.. Top Geospatial Trends to Watch in 2022[J]. Photogrammetric Engineering & Remote Sensing, 2022, 88(2): 77-82.

[2] Bisht R. S., Jain S., Tewari N.. Study of Wearable IoT Devices in 2021: Analysis & Future Prospects[C]//2021 2nd International Conference on Intelligent Engineering and Management (ICIEM). IEEE, 2021: 577-581.

[3] Blumenstein K., Oliveira V., Boucher M., et al. Situated Visualization of Historical Timeline. Data on Mobile Devices: Design Study for a Museum Application[C]//IFIP Conference on Human-Computer Interaction. Springer, Cham, 2021: 536-557.

[4] Choi H. Y.. Working in the Metaverse: Does Telework in a Metaverse Office Have the Potential to Reduce Population Pressure in Megacities? Evidence from Young Adults in Seoul, South Korea[J]. Sustainability, 2022, 14(6): 3629.

[5] Geismar H.. Museum+ digital=?[M]//Digital Anthropology. Routledge, 2021: 264-287.

[6] Kolesov V. A.. Approach to the Creation of a Digital Content Copyright Protection System[C]//2021 IEEE Conference of Russian Young Researchers in Electrical and Electronic Engineering (ElConRus). IEEE, 2021: 2349-2355.

[7] Schmitt M.. Metaverse: Bibliometric Review, Building Blocks, and Implications for Business, Government, and Society[J]. Building Blocks, and Implications for Business, Government, and Society, 2022.

[8] Terry Collins.Work Remote After COVID? Nearly 50% of US Workers Would Take a Pay Cut for It, Survey Says.USA TODAY[OL].USA TODAY, 2021-11-11.

[9] Tennent P., Höök., Benford S., et al. Articulating Soma Experiences Using Trajectories[C]// Proceedings of the 2021 CHI Conference on Human Factors in Computing Systems. 2021: 1-16.

[10] Zvarikova K., Cug J., Hamilton S.. Virtual Human Resource Management in the Metaverse: Immersive Work Environments, Data Visualization Tools and Algorithms, and Behavioral Analytics[J]. Psychosociological Issues in Human Resource Management, 2022,10(1): 7-20.

[11] 2021 中国虚拟偶像行业发展及网民调查研究报告 [R]. 艾媒咨询，2021-06.

[12] 陈耕霖 . 改名一周年，扎克伯格的虚拟人终于有腿了 [R] . 中国企业家 .2022-10-14.

[13] 翰萨智能 . 玩转“元宇宙”办公场景 [EB/OL] . 搜狐网，2022-12-13.

[14] 李颖悟，方鹏，刘杰 . 元宇宙未来：通往真实的虚拟现实 [M] . 北京：中国商业出版社 .2022.

[15] 虚拟数字人深度产业报告 [R]. 量子位，2021-12-15.

[16] 企业级 AI 数字人：数字经济发展“新动能”[R]. 商汤智能产业研究院，中国增强现实核心技术产业联盟，2022-05-20.

[17] 上海市培育“元宇宙”新赛道行动方案（2022—2025 年）[R]. 上海市经济和信息化委员会，2022-07-08.

[18] 杨燕，田丰 . 博物馆元宇宙：穿越上下五千年的文化之旅 [J]. 科学教育与博物馆，2022，8（5）：10.

[19] 张绍祥 . 中国数字化可视人体研究进展 [J]. 中国科学基金 .2003（1）：4-7.

[20] 2021 年中国游戏产业报告 [R]. 中国音数协游戏工委等，2021-12-16.

第五章

元宇宙产业发展思路

元宇宙由一个科幻术语转变为科技术语，已经经历了30多年。元宇宙由一个科技术语变成生活现实，可能需要经历更漫长的时间洗礼，需要政产学界无数从业者的艰辛科学研究和工程实现。现在，元宇宙下车伊始，元宇宙产业更是一片蛮荒之地。面对元宇宙产业这片蛮荒之地，有的人看到了无限未来，有的人感觉全是概念炒作。有的人确实是在炒作，有的人则在埋头做事。不管如何，随着党的二十大的召开和五部门联合发布虚拟现实产业规划，元宇宙未来的前景已经明确，只是实现的路径尚不清晰。正如鲁迅先生说的："希望是本无所谓有，无所谓无的。这正如地上的路；其实地上本没有路，走的人多了，也便成了路。"

一、把握元宇宙产业发展的难得机遇

习近平总书记指出，要站在统筹中华民族伟大复兴战略全局和世界百年未有之大变局的高度，统筹国内国际两个大局、发展安全两件大事，充分发挥海量数据和丰富应用场景优势，促进数字技术和实体经济深度融合，赋能传统产业转型升级，催生新产业新业态新模式，不断做强做优做大我国数字经济。[①]

① 习近平："不断做强做优做大我国数字经济"，《求是》2022年第2期。

（一）元宇宙是我国换道超车的窗口

元宇宙是下一代互联网，元宇宙经济是数字经济的场景化、沉浸式表达和升级迭代，元宇宙经济将成为未来数字经济的主要范畴。2022年3月，摩根士丹利起草了研究简报《中国互联网：元宇宙！下一代移动互联网？》，预计我国元宇宙潜在市场规模为52万亿元。随着我国经济体量的增加以及数字经济的比重提升，我国元宇宙的潜在市场容量还将大幅上升。近日，Meta委托国际经济咨询公司Analysis Group编写了*The Potential Global Economic Impact of the Metaverse*。该报告称，当元宇宙被广泛采用后，元宇宙市场将会在3万亿~30万亿美元，最乐观的估计可超过80万亿美元。

元宇宙是互联网发展史上一次伟大的体验升级，为我国经济发展带来了新机遇。随着我国经济进入减速提质的高质量发展阶段，抢抓数字经济与元宇宙发展新机遇，加强对元宇宙相关产业的规范和引导，提升元宇宙经济治理能力，对于我国当前及长远的经济稳定发展无疑具有十分重要的意义。

2021年是元宇宙元年，世界各国都在制定元宇宙国家战略，积极发展元宇宙，但都处于起步阶段，这是我国加快发展数字经济，抢占元宇宙制高点的绝佳时机。在互联网时代，从1994年我国正式接入互联网，我国的互联网产业有了巨大提升，互联网应用层出不穷，给传统企业转型升级带来了新的契机。但是，在互联网时代，我国只是一个“小跟班”。我国在互联网领域没有太多的原创技术，几乎所有的原创技术都不起源于中国。即便是在移动互联网时代，我国移动互联网的水平独步全球，但是也不代表我国在移动互联网领域有太多的原创技术积累。而元宇宙才刚刚提出，这是一个全新的赛道，世界各国都几乎处于同一起跑线。在这一次新的产业发展和技术创新征程中，我国有望实现换道超车。

（二）我国发展元宇宙产业的优势

近 100 多年以来，我国科学技术落后于西方。在通信技术、计算机技术、人工智能、大数据、区块链技术等很多领域，我们都是跟随者。在个别技术领域，我们通过模仿和跟进，实现了逆袭。尤其是互联网应用技术和产业场景方面，我国已经做得非常好，开始局部引领世界。

我国在技术领域往往是从模仿开始的。我们一旦模仿熟悉了，有了一定的技术积累，为保证与美国等先进国家不会相差太远，就会进入技术跟进阶段。我们等到在个别技术领域积累非常深厚了，甚至已经比美国等发达国家更先进了，就开始走上了逆袭之路。在许多技术领域，我国都是走的“模仿—跟进—逆袭”三部曲。

在元宇宙时代，中美两国各有优势。美国的技术底蕴深厚，创新环境很好。中国的场景更丰富，市场更庞大。我国互联网行业这些年的逆袭，给了我们发展元宇宙的信心。互联网产业把中国 100 多年来做不好科技产业的自卑心理去掉了。我国还有了互联网时代的“新四大发明”，我国的互联网应用水平是超过美国的。抖音短视频是我国的原创；共享单车也是我国的原创和特色；我国的高铁技术和产业化水平也是美国所不及的；我国的电子商务水平也远远高于美国等发达国家。互联网行业是为数不多的本土企业能够占据优势的行业。搜索、外卖、电子商务、社交等业务，都是由本土企业占据统治地位。

（三）元宇宙时代我国的地位预测

从互联网技术层面来分析，中国距离美国还有较大差距。互联网早期的发展几乎没有中国的参与。现在，在人工智能、大数据、区块链等技术领域，我国确实也不如美国。在未来的元宇宙时代，我国在技术上超过美国难度也很大，甚至不大现实，但至少我们会与美国处于同一梯队，领先于其他国家。

互联网的技术，我们不如美国，而互联网的应用，我们又比美国做得好很多。在元宇宙产业应用这个赛道，中国会超过美国，或者说中国会引领世界。中国在元宇宙产业发展这块不会走原来的“模仿—跟进—逆袭”的老路，中国会一直引领世界。

在农业社会，人口是第一生产力。尤其是在热兵器还没有出现的时候，人口众多一般就意味着国家强大。这也解释了为什么春秋战国时期各个诸侯国都会想方设法吸引人口、鼓励生育。

到了工业社会，科学技术成了第一生产力。即便是地域很小、人口不多的国家，如果掌握了最先进的技术，也有可能成为世界强国。西班牙、葡萄牙、荷兰等国国土面积都非常小，但相继成为世界强国。

到了信息时代，科学技术依然非常重要，但产业的发展水平与科技的水平已经开始不成正比。众多的使用场景、巨大的体验人群、庞大的市场、海量的数据积累，是产业成功的公开秘密。欧洲发达国家比较多，科技水平都相对先进。但是在互联网时代，其产业发展都不尽如人意，这不仅与欧洲各国对互联网的傲慢态度有关，与欧洲各国严格的隐私监管有关，客观上还因为欧洲的分裂状况、应用场景规模受限。欧洲的面积与我国差不多大，但是分为几十个国家。每一个国家语言不同、文字不同、法律不同、人口缺少、市场较小，不能为互联网场景提供庞大的体验人群和市场空间。因此，即便欧洲许多国家互联网技术水平比我国强，其互联网产业发展水平也不如我国。

到了元宇宙时代，“所想即所得”逐步成为现实，创意的作用将越来越大，将会成为社会发展、经济发展的第一推动力。我国的优势将在这一时代得到淋漓尽致的表现。我们的优势在于有 5000 年的灿烂文化，有 5000 年的光辉文明。不管是《山海经》《西游记》《封神榜》《哪吒》，还是《白蛇传》《孟姜女哭长城》，以及《刘海砍樵》《天仙配》《刘三姐》等，都极具浪漫主义色彩。这 5000 年的文明积淀，让我们有无穷无尽的文化元素。这是其他发达国家所缺乏的。

中华民族是一个创意十足的民族。很多人都说中国人不善幽默，其实不然。我们广大的人民群众很懂幽默，有很多创意，只是东方幽默和创意的方式与西方不同。咱们到抖音去一看，就知道中国人到底有多幽默了。中国的文化底蕴、创意能力在抖音等平台表现得淋漓尽致。我们有取之不尽、用之不竭的文化素材，供我们生产大量优质原创内容。我国 14 亿人的智慧、14 亿人的创意远远超过美国。我国幅员辽阔，56 个民族和谐相处，政治清明，这也是我国元宇宙将形成一个良性生态的根本保证。

二、防范元宇宙产业发展的可能性风险

每一个科技新事物刚出来的时候，都不可避免地带有许多负面因素和潜在风险，元宇宙也不例外。作为风口上的科技新事物，元宇宙有

被恶意炒作的风险；作为下一代互联网的表现形式，元宇宙有技术不成熟、被“卡脖子”、隐私泄露、知识产权侵权等风险；作为虚拟现实的沉浸式体验形式，元宇宙有不容忽视的伦理道德风险；作为未来数字经济的场景化表达，元宇宙有脱实向虚、法律缺失、监管困难等风险。

（一）恶意炒作的风险

铺天盖地的媒体报道，曾经把人工智能、大数据、区块链等概念炒火了，今天又把元宇宙这个概念炒火了。媒体把某一些概念炒得很火的过程夹带很多的风险。例如，媒体的过度炒作使人工智能现在的产业发展不是那么顺利。元宇宙相关上市公司的股价非理性飙升，元宇宙相关的创业公司估值很高，不能排除有资本炒作的嫌疑。现在元宇宙实在是太火了，资本操纵和媒体操纵成了元宇宙未来发展的最大风险。

1. 资本炒作风险

2021 年以来，元宇宙已逐渐成为投资者们追捧的资本概念之一。上市公司似乎只要沾上元宇宙概念，股价就能飙升，短短一个月实现翻倍的概念股比比皆是。部分元宇宙概念股的估值远远偏离合理水平，如此异常的波动也引发了监管层的极大关注，中青宝、盛天网络、大富科技、易尚展示等多家公司收到沪深交易所下发的关注函或问询函。

如此强劲的资本热捧背后，是科技发展带来改造世界的无限可能，还是强大的资金财团带来的“割韭菜”的序曲？

资本需要不断地寻找新兴产业，快速开拓领域、加大投资，集中资源迅速做大，进而占据头部市场，获取领域的垄断利润。Facebook、微软、字节跳动、腾讯等头部公司已为争夺未来市场的话语权而纷纷入场。

热抢 Decentraland 和 Sandbox 的虚拟土地拍卖，人们对无聊猿的天价头像趋之若鹜，加密庞克最贵卖到 5.3 亿美元，Beeple 的 *Everydays: The First 5000 Days* 以 6025 万美元成交，加州大学伯克利分校的虚拟世界毕业典礼，2770 万人在《堡垒之夜》观看了 Travis Scott 的演唱会，等等。这些与其说是元宇宙的落地应用，还不如说更像资本为了推动行业概念成长所采取的阶段性变现战术。对于普通人来说，持续关注，谨慎投资，做时间的朋友，不妨“让子弹飞一会儿”。

既然传统方式改造物理世界越来越难，那么元宇宙承载着人们利用数字技术改造物理世界的雄心和创造数字世界的无限遐想。目前元宇宙许多相关技术和商业模式都在探索阶段，Roblox、Meta、微软、腾讯、字节跳动等公司也都探索实现了游戏、社交、企业、媒体等赛道的经济闭环。在实现元宇宙愿景形态的过程中，还会有源源不断的商业化探索。现阶段由于技术发展的约束，元宇宙的雏形产品还存在很大争议，商业模式也存在较强的不确定性，短期的过度热捧更像资本操作下的泡沫。

2. 媒体炒作风险

当一个新事物出现的时候，一方面，铺天盖地的媒体报道，对新事物的传播起到了积极的作用。另一方面，对于新事物尤其是科技新事物，媒体人一般既不是创造者，也不是实践者，对其理解很难特别准确，对其未来发展趋势很容易受个别专家的影响。为了吸引眼球或受某些商业利益驱动，个别媒体会故意夸大新事物的优点，或故意放大新事物的缺点，使媒体报道容易偏离科技新事物本身发展规律。新事物很容易出现被媒体操纵的风险。我们每一位读者可能之前都听到过元宇宙这个概念，这其实就是媒体运作的结果。

2016 年，AlphaGo 战胜李世石的事件，受到亿万中国人的关注，人工智能在中国迅速升温。大量媒体开始炒作人工智能，宣传未来人类的很多工作岗位都会被人工智能替代。李开复也发表演讲，预测未来多少年人工智能会替换 50% 以上的就业岗位。很多人对人工智能开始忧心忡忡了，不知道该怎么办。

一些媒体把人工智能捧上天，另一些媒体则把人工智能踩入泥，只是在不同时期两类媒体文章的比例会有不同。过山车似的媒体报道容易让大众失去对科技新事物的正确判断。很多媒体人不知道元宇宙技术的现有水平，不了解技术的发展趋势，也不知道哪些是可以实现的、哪些是很难实现的、哪些是有可能实现不了的。媒体的宣传报道很可能掺杂个人的主观色彩，尤其是当媒体宣传夹杂利益捆绑的时候，更容易让科技新事物偏离方向。过度宣扬新技术带来的社会问题，让人们对科技新事物过于担忧，不利于产业的早期发展；过度宣扬科技新事物的优势，则让人们对科技新事物期望太高，也不利于产业的可持续发展。

媒体操纵是许多科技新事物败走麦城的深层次原因。元宇宙随着 Roblox 的上市和 Facebook 的改名而被大众所熟知，媒体的宣传起到了很大的作用。目前媒体对元宇宙的传播，主流是积极良性的，但是媒体的过度传播对元宇宙的负面影响正在凸显。每个媒体都在报道元宇宙，每篇文章背后可能都有其商业利益，语不惊人死不休的现象很严重。学术圈对元宇宙的研究并不多，而产业界对元宇宙的诉求非常大，媒体对各种元宇宙声音推波助澜。夹杂各种利益诉求的元宇宙声音经过媒体的放大，让人们在不同的元宇宙观点中开始迷失。媒体操纵风险可能会成为未来元宇宙最大的风险之一。

3. 舆论泡沫风险

元宇宙已成燎原之势，大家已经能够很清楚地看到元宇宙是未来的必然趋势，但是都希望元宇宙是自己利益所指的趋势。于是全民皆元宇宙专家，所有人都试图抢占舆论高地。加之“元宇宙”这三个字本身给人无限遐想，各种观点层出不穷。为了吸引眼球，许多荒谬的观点也见之于世，甚至“语不惊人死不休”“不求有益，只求荒诞”成了许多人的追求。

元宇宙的话语权争夺现象非常严重，这也可以从搜索指数看出。2021 年 6 月之前，元宇宙的百度月均搜索指数为 0，谷歌月均搜索指数也小于 1。而 2021 年 9 月，百度搜索指数出现异常波动，尤其在 11 月国内、国际指数均剧烈攀升，短期内从无人问津一度飞跃为十几万次的百度热搜指数。

4. 权威操纵风险

虽然元宇宙是去中心化的、分布式的，但是现实世界是中心化的、垄断性的。举个例子，阿里巴巴在电商领域有垄断的地位，腾讯在社交领域有垄断的地位，抖音在短视频领域有垄断地位。从某些方面讲，为了保障平台的正常秩序，垄断企业会有一些中心化的、权威的规则体系。例如，如果有人在抖音上发布了一些不合时宜的视频，抖音平台会有监管措施来处理。

元宇宙是分布式的体系，看上去其共识机制完美地解决了个别节点操作整个系统的风险，但是在很多情况下，现实世界的垄断者可以利用其在现实世界的影响力，达到控制元宇宙世界的目的，让技术上完美的共识机制失效。2021 年 2 月，特斯拉在提交给美国证券交易委员会（SEC）的一份文件中透露，马斯克购买了价值15亿美元的比特币。2021年3月24日，马斯克发推表示，可以用比特币购买特斯拉，于是比特币价格一路走高。2021年5月13日，特斯拉已暂停接受比特币作为购买其汽车的付款方式。此举导致比特币迅速贬值，当日盘后比特币在短短40分钟左右暴跌超过3000美元，24小时跌破4.6万美元，跌幅近20%；另外，此前因马斯克带货大涨的柴犬币（SHIB）也暴跌，24小时跌幅一度超过40%。比特币虽然是去中心化的，但马斯克利用他在现实世界的影响力，低买高卖，获取了去中心化机制的虚拟货币的巨大利益。

以上案例让我们清晰地看到，现实世界的垄断者可以利用其垄断地位去操控元宇宙世界，这也是一个必须关注的风险。

（二）被“卡脖子”的风险

中国元宇宙技术现状呈沙漏型，也就是说，中国元宇宙的底层基础设施和顶层应用开发做得都非常不错，但中间层的各项技术都非常薄弱。

在互联网时代，虽然我国的互联网产业欣欣向荣，但是核心技术实际上非常缺乏。在早期的底层技术搭建和顶层设计上，我国既没有参与到因特网的国际核心骨干网络建设、协议开发，在后期的互联网应用中，我国也没有太多可圈可点的核心技术创新和沉淀积累。中国早期的互联网模式基本上是Copy to China，现在已经非常成功的互联网巨头们当年把美国成功的商业模式拷贝到中国，它们利用中国庞大的市场和海量的用户群体，实现了巨大的商业价值。中国的互联网企业并没有太关注核心技术的研发，关注的主要是商业模式的创新和营销手段的升级。

不论是从核心技术还是商业模式的角度，Copy to China 的道路在元宇宙时代将不复存在。2018 年，美国通过法案，禁止 14 项核心技术向中国出口。这 14 项技术包括生物技术、人工智能和机器学习技术、定位导航和定时技术、微处理技术、先进计算技术、数据分析技术、量子信息和传感技术、物流技术、增材制造、机器人、脑机接口、高超音速空气动力学、先进材料、先进监控技术等。

2020 年 10 月 15 日，美国政府公布了“国家关键技术和新兴技术战略”，列举了 20 个国家安全重要科技，认为需要发展和保护这些重要科技，而区块链和芯片技术都被列为美国国家安全技术。随后美国又几次增加了美国国家安全技术所涵盖的范围，与元宇宙相关的核心技术几乎都被列为美国国家安全技术，已禁止向中国出口。

（三）监管压力大

世界主要发达国家积极研究元宇宙技术、布局元宇宙产业、探索元宇宙道德法律问题、发展元宇宙经济体系。我国五部门积极贯彻党的二十大精神，于 2022 年 10 月 28 日联合发布了虚拟现实产业规划。但我国至今没有针对元宇宙的相关监管措施。我国许多地方政府出台了元宇宙扶持政策，但国家层面又缺乏对元宇宙的有效监管，这反而加剧了元宇宙的低水平重复建设乱象。数字人、元宇宙展览、数字藏品等领域大有当年“千团大战”“单车大战”的架势。

资本素来以逐利为目的，其无序发展不仅会造成社会资源的严重浪费，也变成部分人大肆敛财的新型诈骗手段。元宇宙刚刚萌芽，人们普遍不了解什么是元宇宙，却又担心错过未来的发展机遇。由于资本圈和媒体圈的双重炒作，各种身份的人都“跑步”进入元宇宙。

由于缺乏有效监管，打着未来元宇宙经济招牌的数字藏品平台发展异常迅猛，给我国金融安全和经济发展带来巨大的潜在风险。有记录的数字藏品平台超过600家，正在研发中的数字藏品平台成千上万个。众多数字藏品平台都踩着法律的红线大肆敛财。许多平台都在售卖一些既没有使用价值，又没有艺术价值的图片、徽章等，它们甚至随便在互联网找一张图做成NFT进行售卖也能轻松秒光。这又吸引了更多的人参与投机，导致更多数字藏品平台出现，形成恶性循环。这比当年P2P、ICO发展出来的“庞氏骗局”势头有过之而无不及。

据报道，截至2018年7月24日，中国P2P网贷停业及问题平台超过850家，整体涉案金额超过8000亿元，波及用户超过1500万人。P2P表面上伤害的是弱势群体，深层次却是极度伤害了我国经济。如果元宇宙相关NFT交易平台不加监管而任由发展，其恶劣影响会远远超出当年的P2P。这除了给民众造成巨额财产损失，还会带来巨大的社会治理问题，伦理和道德危机也会随之蔓延，对国家的金融秩序造成潜在威胁。这些都可能会给我国正在蓬勃发展的数字经济带来极其恶劣的影响，甚至危害国家的长治久安。

我国数字产品的消费人群至少13亿人，NFT潜在受众至少是P2P当年用户规模的80倍，再加上DAO（分布式自治组织）、DeFi（分布式金融）等形式，潜在用户群体都将非常庞大。如果监管到位，创新又得到鼓励，元宇宙将极大推动我国数字经济的发展，提升我国的生产效率和科技水平。相反，如果监管不到位，它将给我国经济带来非常惨重的损失。

从英国的“红旗法案”严控措施和荷兰的郁金香泡沫都可以看出监管的重要性。监管太强，很容易把创新磨灭；监管太弱或者监管缺失，很容易导致市场混乱。最佳的科技监管就是在科技创新与市场秩序之间找一个平衡点。而这个平衡点的寻找是非常困难的。科技监管不能往左偏，也不能往右偏。这个平衡点，像刀锋一样薄。正因为如此，庄松林院士才说，所有的科技监管历来都是刀锋上的舞蹈，必须准确掌握监管与创新的平衡点。稍微偏左或者稍微偏右，都有可能失之毫厘，谬以千里。

最差的监管莫过于起初不监管，当市场秩序混乱的时候又开始采取最严格监管。“先极度松，后极度严”，过山车式的监管模式是最常见的，危害也是最大的，其危害程度反而超过“一直极度松”和“一直极度严”的监管模式。“一直极度松”的监管模式，类似于汽车前进时把某些从业者碾压一遍。“一直极度严”的监管模式，类似于汽车后退时把某些从业者碾压一遍。而“先极度松，后极度严”的监管模式，则类似于汽车前进时把行业碾压了一遍，然后又倒车把行业再碾压一遍。

（四）不容忽视的道德风险

每一个科技新事物刚出现的时候，都不可避免地带着许多道德风险，元宇宙亦是如此。在电视出来的时候，其伦理道德问题吸引了大量的眼球。现在，我们已几乎没有人关注电视本身的伦理道德问题，而是更多地关注电视节目的道德问题。元宇宙现在还是一个新事物，其伦理道德问题也是一个必须正视的问题。冯昊青在《网络虚拟社会道德构建的理论探讨》一文中探讨了网络虚拟社会的许多伦理和道德问题，也提出了虚拟社会道德建设的一些建议。元宇宙作为沉浸式的网络虚拟社会，也继承了传统网络虚拟社会的许多伦理和道德问题。

1. 道德冷漠

元宇宙的人际关系失去了现实社会中人与人之间的温度，容易变成一种数字和符号的冰冷表达，从而将人性丑恶的一面暴露出来并放大，导致道德冷漠现象发生。在元宇宙中，人们通过沉浸式游戏可以体验不同的人生，因此，一些人也很容易把人生理解为一场沉浸式的游戏。当游戏结束的时候，人们并不太在意游戏的每一个细节，反正游戏还可以重新开始。当这种游戏的沉浸式体验太好的时候，人们也很容易把这种心态和行为带到现实世界。当一个人沉迷于玩一个沉浸式的动作类打怪升级游戏时，他 / 她可能习惯了刀光剑影，习惯了砍砍杀杀、快意江湖，那么他 / 她在现实世界遇到类似问题的时候，也很容易用砍砍杀杀的方式解决。当一个人沉迷于沉浸式的赛车游戏，在游戏中见摔伤摔死太频繁后，在现实世界遇到有人发生车祸时，可能也会冷漠，不会伸出救助之手。

2. 道德冲突

元宇宙的开放性和沉浸性使人们很容易在元宇宙中实现面对面交流的效果，世界各个地区、各个文化、各个学派都可以在元宇宙中自由交流、观点碰撞，因而使各种各样的观点可以求同存异，交互辉映。而世界上各民族、各人种、各国家由于文化不同、生活习惯不同，对道德的理解必然不同，在同一个元宇宙的时候，将不可避免地导致道德冲突。道德冲突的后果，对于国家和民族来说，就是经济、文化上强势的国家对劣势国家的价值观念、意识形态的渗透，从而造成元宇宙时代的经济霸权和文化霸权。

3. 绝对自由

部分人为了摆脱现实社会法律法规、规章制度的约束，进入元宇宙空间寻找无限制的自由。因此，“现实社会中的道德、法律规范在元宇宙中没有用了”等成了某些人在元宇宙中各种行为的借口。就像在互联网时代，很多在现实中老实本分、细声细语的人们到了网上可以高谈阔论、无所顾忌，在元宇宙时代尤其是元宇宙发展早期，很多人都会以为元宇宙是“法外之地”。这种误以为元宇宙是法律真空的思想和行为非常不利于元宇宙的健康发展，甚至影响到现实世界的秩序。

4. 加剧宅文化

宅文化是移动互联网高度发达的后遗症，也是贫富差距、年轻一代封闭自我等社会问题的集中体现。有了外卖、游戏、网剧之后，很多人可以做到连续很多天躲在房间里不出家门。特定群体沉浸于元宇宙的虚拟社会，逃避现实世界的社会生活，可能出现的情况包括：“宅”现象会更加严重，贫困人群等弱势群体以虚拟现实中的体验替代真实世界中的感受。

宅文化的加剧，既是一个严重的伦理问题，也将是一个严重的社会问题。如果宅在家里的人太多，又有沉浸式体验的元宇宙，宅男宅女可能会变得更宅。一些人在元宇宙宅得太久，宅得太深，谈恋爱、结婚生子的意愿也会下降，传统的家庭伦理也会受到影响。

由于沉浸式体验会在元宇宙做得越来越好，原来许多线下的活动有可能转移到元宇宙完成，这里面也会包括部分违背道德甚至违法的活动。

三、做好元宇宙产业的顶层设计

元宇宙是一个不断演化、不断发展的赛道，这就要求政府应该坚持发展和规范并重的理念，精准把握创新与监管的平衡点，既为元宇宙的发展留足空间，积极引导企业投资，鼓励创新经营，基于对未来发展的长远判断进行顶层设计，制定元宇宙技术与产业发展专项战略规划，推动元宇宙与实体经济融合发展；又要有效把握监管重点，严守监管底线，从国家安全、经济发展、伦理风险、数据治理、隐私保护等方面出台监管政策法律，防范元宇宙在发展过程中带来的资本绑架、伦理失范等问题，在监管中统筹发展与安全。

建议各地政府在发展元宇宙产业时，充分吸取上一代互联网发展中出现的资本无序扩张、外资间接控制和西方价值观渗透等深刻教训，系统研究和统筹规划元宇宙产业的长期健康发展。建议对元宇宙相关技术和产业的规划体系进行系统的顶层设计，研究元宇宙领域重大问题，统筹规划元宇宙产业发展工作，重点研究元宇宙前沿技术、应用场景打造、实体经济赋能、虚拟内容建设、文化观念融入、监管体系构建等领域的规划和政策，推进元宇宙领域制度、机制、标准、规范等的制定和完善。

（一）核心技术的突破

各地发展元宇宙产业，应注意系统规划实现自主可控的元宇宙核心技术的研发和突破，尤其是与当地规划的元宇宙产业相关的核心技术的研发。

一是规划加强元宇宙核心基础技术的前瞻研发和突破，积极参与元宇宙国际标准的制定，加快壮大元宇宙的产业基础，推动元宇宙与实体经济的融合。

二是规划布局元宇宙相关数字基础设施建设路径。元宇宙的发展需要建立在一定的数字基础设施之上，只有全社会的运转、各产业的发展均建立在更高的数字化、智能化基础之上，元宇宙核心技术的突破才会有更加坚实的基础。

三是研究规划推动元宇宙全产业链的自主可控，防止再次出现资本无序扩张、外资间接控制以及关键核心技术“卡脖子”的局面。

（二）内容生态的构筑

海量的、优质的、沉浸式体验的内容生产是元宇宙生态繁荣的重要保障。各地政府应系统研究规划满足当地政府、企业和社会大众需求的元宇宙内容生态。

一是研究规划企业如何利用元宇宙相关技术进行数字化改造并形成多元化、可持续的商业模式，以激励企业成为元宇宙内容生态搭建的主力军。

二是研究规划政府如何引导和参与元宇宙内容的研发创新。

三是研究规划如何激励公众参与元宇宙内容生态的搭建。

（三）文化观念的承载

在元宇宙的内容生态中，数字人的行为模式与自然人的海量内容和文化基因相关。各地政府在规划元宇宙产业的时候，应将元宇宙大生态中文化基因和价值观的体现形式和载体尤其是中华民族的优秀传统文化和价值观融入元宇宙的内容生态中，增强元宇宙公民对中华民族优秀文化和价值观的认同；同时，系统规划如何让中华民族的优秀文化和价值观走向世界，为构建网络空间人类命运共同体贡献中国智慧和中国方案。

（四）监管体系的构建

互联网发展的历史经验表明，没有政府监管的网络世界只遵循丛林法则，没有法律存在的网络世界只会弊病丛生。元宇宙作为数字经济产业的集合体，更需要科学化、专业化的政府监管。各地政府应系统研究规划元宇宙的政府监管体系。

一是研究规划元宇宙监督管理制度的前瞻性顶层设计，提升政府风险管控能力和应急处理能力。

二是研究规划出台元宇宙相关的国家标准和行业规范，制定风险应对措施。

三是研究规划引导元宇宙非政府组织发挥积极作用，让非政府组织在元宇宙生态中发挥独特价值，并对这些非政府组织进行科学、合理、合法的引导，让它们在国家预设的轨道上相向而行。

四、元宇宙产业支撑平台的规划建设

为落地、落实、落细元宇宙相关技术及产业规划体系，加强对元宇宙相关产业的规范和引导，提升元宇宙社会治理能力和产业发展国际话语权，各地在规划元宇宙产业发展时，应考虑规划建设元宇宙六大支撑平台。

（一）元宇宙的技术服务平台

元宇宙作为数字经济的集合体，也是众多前沿数字科技的集合体。国家元宇宙权威研究机构将规划建设元宇宙的技术服务平台，为元宇宙相关技术的研发、确权、评估、转让、交易、孵化和产业化等提供系统化服务，使元宇宙相关技术要素的贡献和价值最大化，促进元宇宙相关技术的发展。

（二）元宇宙的引导基金平台

元宇宙是关乎未来经济社会发展模式的重要领域，是国与国之间竞争的“主要战场”。国家元宇宙权威研究机构将规划组建国家元宇宙产业发展基金，推动元宇宙企业利用多层次资本市场发展壮大。

一是聚焦元宇宙基础设施、关键技术、智能终端、开发工具和集成应用等领域，战略性入股一批拥有自主知识产权的“硬核”元宇宙科技企业。

二是聚焦元宇宙的“专精特新”企业，通过基金引导投资，加速这些企业的跨越式发展。同时，通过撮合、路演、交流会、投资俱乐部等形式，满足元宇宙相关企业的投融资需求。

（三）元宇宙的产业发展平台

国家元宇宙权威研究机构将研究元宇宙的核心技术发展趋势和关键

节点，打造服务国家战略和地方战略的元宇宙产业发展平台，根据各地资源禀赋进行差异化布局，避免出现盲目投资、一哄而上的局面。

一是统筹推动元宇宙重大工程和试点示范，加强与现有地方、行业元宇宙产业研究机构的沟通联系，强化与各类示范区、试验区协同联动，协调推进元宇宙领域重大政策落地实施。

二是选择具备相关信息科技和产业基础的省（区、市）开展元宇宙产业先导区试点，打造国家级元宇宙技术和产业创新发展园区或基地，在全国范围内形成合理布局。

（四）元宇宙的人才培养平台

要掌握元宇宙发展主动权，关键还是在人才。各地在规划建设元宇宙产业时，应加强人才培养体系规划建设。

一是规划高校增设元宇宙关联学科或学院。

二是依托国家元宇宙权威研究机构打造国家级元宇宙人才培养中心，推进产学研用多主体联合开展技能培训。

三是积极开展国际学术交流和项目引进，吸引国际元宇宙专家人才来中国发展。

（五）元宇宙的交流服务平台

各地政府在规划元宇宙产业时，应规划建设国内和国际元宇宙交流服务平台，促进我国元宇宙产业发展和学术交流，通过组织会议、申报课题、撰写行业白皮书、举行投资路演、组建行业非政府组织和协会、打造元宇宙开源社区和开源产品等多种形式，加强国内和国际交流，鼓励元宇宙相关国际组织、产业联盟等机构落地中国。

（六）元宇宙的行业自律平台

完善的法律法规和管理制度，对元宇宙的良性发展十分重要，但元宇宙的行业自律也不可或缺。各地政府应积极规划和推动建立元宇宙产业协会、元宇宙技术联盟、现有协会的元宇宙分会等行业自律组织，形成行业自律公约，加强社会舆论引导，促进元宇宙产业良性健康发展。

五、资源禀赋分析和产业基础梳理

每个城市都有自己特定的资源禀赋。各地发展元宇宙产业，资源禀赋不同，发展思路、切入点也应该有所差异。与元宇宙产业发展密切相关的资源包括旅游资源、历史文化资源、历史名人、非物质文化遗产、特色产业、经济基础、人口资源、人才资源等。认真分析所在区域的资源禀赋，就可以对症下药，快速切入元宇宙产业。

从 2021 年开始的元宇宙产业，许多地方选择了数字藏品作为切入口。艺术家、歌手、景区、博物馆、非遗传承人都纷纷入局。鉴于博物馆天然的属地管理、价值集聚、藏品众多等特性，其亟须拓宽价值传递的渠道与表现形式从而演绎与活化文化价值，为传统文化赋予更具新潮的能量。这些内容与数字藏品天然契合，因此众多博物馆尝试将文物与数字藏品结合，吸引年轻群体的关注，实现更与时俱进的文化传承。据不完全估算，迄今为止，从故宫博物院到中国国家博物馆、河北博物馆、湖南博物馆、湖北博物馆等，有几十家博物馆发行了馆藏的数字藏品。

除了数字藏品，更多博物馆将元宇宙的应用重心放在沉浸式的线上博物馆建设。三年多的疫情，除了对旅游景点、餐饮影响非常大，对博物馆的影响也非常大。博物馆寄希望于元宇宙能够带来线上的流量。戴上头显就能有身临其境般的感觉，跟实际参观博物馆没有什么差异，这想想都非常美。于是，元宇宙博物馆成了博物馆资源丰富地区的元宇宙产业切入点。恐龙博物馆可以把恐龙时代做成沉浸式体验的效果，让人们戴上头盔，就可以进入侏罗纪的世界，就像与电影《侏罗纪公园》里的恐龙生活在一起一样。

旅游资源丰富的区域，也可以考虑以景区作为切入点进入元宇宙。2021 年 11 月 18 日，张家界作为我国率先设立元宇宙研究中心的景区，从此拉开了景区的元宇宙序幕。2021 年端午节假期，风雅六合团队在江西浮梁沧溪村推出的开放式真人实景国风沙盒游戏《幻乡 · 沧溪风华录》，见证了一个沉浸式文旅体验新物种的诞生，在沧溪村通过 3 条主线和 160 多条支线，创造了一个武侠江湖。

许多历史人物也成了元宇宙的超级 IP，如苏东坡、苏小妹、张仲景、鲁迅、邓丽君等。这对于城市发展元宇宙产业，挖掘自身文化 IP，也是一个不错的选择。

区域产业基础的梳理，对元宇宙产业发展意义重大。工业基础较好的区域，可以考虑将元宇宙更多地应用于工业生产过程，促进工业化大生产的无人车间的发展，促进数字孪生、计算机仿真等技术在产品设计、加工等方面的应用。艺术氛围较好的区域，在元宇宙产业发展上应注意与艺术相结合，使用 NFT 技术促进艺术品的资产化，促进音乐、美术、电影等数字产品的资产化。个别影视产品发达的地区，已经重点开展渲染中心的建设，甚至使用数字人来拍摄电影。随着数字人技术的日益成熟，使用中之人来驱动超写实数字人，完成影片的拍摄，已经成为一种不可逆转的潮流。

城市要发展元宇宙产业，一定要找准自身定位，认真分析自身资源禀赋、产业基础，找准元宇宙产业的切入点。由此切入点向上下游延伸，形成元宇宙产业生态。例如，某城市电影产业非常发达，想发展元宇宙产业，那么就可以从电影拍摄切入，引入相关的数字人、渲染平台、影视制作等企业。为帮助这些企业健康发展，形成良性生态，就可以延伸引入上下游企业或整合上下游核心资源。如数字人需要 Unity 或 UE 等引擎，可以考虑引入。3D 建模、渲染需要大量的计算资源和存储资源，可以引入 IDC 或 GPU 公司。电影制作完成后，还需要发行，也可以考虑引入发行机构。电影产业的发展，还需要人才的培养，如大量的设计人员、营销人员。电影制作完成后，可能还需要做成数字藏品，也可以引入数字藏品平台。这样一步一步扩大，元宇宙产业就可以像滚雪球似的越滚越大。

六、元宇宙场景的成熟度分析

罗马不是一天建成的，元宇宙也不是一天构建完成的。2022 年是元宇宙二年，元宇宙现在的产业水平跟 1995 年互联网的产业水平类似。现在回过来看我国互联网近 30 年走过的路，不是一蹴而就的，而是循序渐进的。过早地实施超出行业技术现实水平，或超出本地区经济承受能力的项目，都可能出现较大风险。摩托罗拉在 20 世纪 90 年代的铱星计划，设想通过构建 77 颗近地卫星组成的星群，让用户从世界上任何地方都可以打电话。从技术角度上来说，铱星计划通过卫星间的链路来实现通话无疑太超前，超出了摩托罗拉的经济实力，也超出了用户能够承受的使用价格，导致最终夭折，铱星计划也成为摩托罗拉由盛转衰的起点。

元宇宙目前并不成熟，很多场景还只是停留在大家的想象阶段。元宇宙产业的落地，既要适度超期，又不能盲目扩大。

（一）互联网早期的业态分析

我们跟读者一起回顾一下我国互联网早期的发展经历，体会一下互联网产业的发展与互联网技术、基础设施、经济状况的关系。梳理互联网早期的业态，并结合元宇宙的新特性分析，对于规划未来元宇宙的场景具有重要价值。

1994 年 4 月 20 日，中国正式接入国际互联网。那个时候，我国接入互联网的国际专线只有 64K。现在，我国很多家庭宽带都有 1000M 的带宽了。现在的我们，很难想象 64K 的网络能够干什么。但就是在全国都只有 64K 带宽的时候，我们的互联网稳步发展，一步一个脚印地提升网速，提升体验，逐步丰富应用场景，这才有了今天我国互联网的巨大成就。如果在当时互联网 64K 的带宽条件下，我们就一个劲儿地发展网速根本无法支撑的直播业务，可以毫无悬念地预见到网络资费贵、用户体验差、骂声一片、产业巨亏的局面，估计我们的互联网早就夭折了。如果我们看到当时互联网 64K 的极其有限带宽，就认为互联网没有价值，认为是炒作，放弃了，那么也就不会有今天我们互联网产业的繁荣了。那么当时 64K 的带宽可以支撑哪些成熟的应用场景呢？

让我们一起来回看当时的场景成熟度分析。

1. 电子邮件服务

在互联网只有 64K 带宽的时候，我们集中精力做好电子邮件服务。电子邮件服务对网络带宽要求不高，同时也没有实时性的要求。但是，电子邮件服务是一个比电报服务更贴近老百姓、更方便快捷的服务。电报服务并不能普惠性地解决普通老百姓的通信需求。从电子邮件服务和电报服务来看，电子邮件服务有许多天然的优势，私密性更好，速度也更快，因此，电子邮件服务是我国互联网早期发展前 5 年的一项重要服务。

虽然我们现在很少使用电子邮件服务了，商用电子邮件服务也早已经不是互联网的主流，但是回顾电子邮件服务的发展历程，可以为我们发展元宇宙产业提供许多思路。2022 年是元宇宙二年，相当于互联网发展的 1995 年。那时候的互联网下车伊始，互联网应用极度匮乏，体验非常差，大家都在冥思苦想有效的互联网应用场景，与我们现在冥思苦想元宇宙的有效应用场景一模一样。因此，元宇宙不是一个空想或噱头，而是需要元宇宙相关专家学者、产业规划者、从业者再次沉下心来，挖掘元宇宙的有效使用场景，早日找到很多元宇宙时代的“电子邮件服务”。

2. 门户网站

互联网早期发展非常迅速，从 64K 带宽很快提升，互联网的应用场景也开始丰富。互联网早期出现的第二个现象级场景是门户网站。虽然有许多门户网站已经消失，但是存活到今天的新浪、网易、搜狐都是这个场景的典型代表。从技术实现上看，早期的门户网站并没有太高的技术门槛，就是把线下的报纸、杂志等纸媒业务电子化、互联网化。门户网站挤压了纸媒的价值空间，导致大量纸媒的消失。

最早的门户网站更像一个个分门别类的新闻板块。随着门户网站成为互联网的流量入口，大量的线下广告业务搬到线上，让门户网站赚得盆满钵满，也造就了中国第一批赴美上市的高潮。随着网速的提升，门户网站内容越来越丰富，提供的服务也越来越多样化。像电子贺卡取代了纸质贺卡，曾经一度走红。

门户网站现在也还存在，但当年门户网站的巨鳄都开始转型。新浪通过微博继续引领风骚，网易通过游戏大放异彩，搜狐通过输入法和搜索服务继续成为互联网的一方诸侯。门户网站产业成形后，到现在已经过去 20 多年，一直没有太多的创新。元宇宙来了，人们获取信息的形式会发生巨大变化，这可能会对门户网站形态产生深刻的影响。沉浸式媒体传播将成为未来新闻传播学的重要研究方向。

3. 网络聊天室

1973 年，第一个公共网络聊天室 Talkomatic 诞生，首次引入了“频道”这一概念。用户可以加入任意频道，与频道内的所有用户聊天。网络聊天室在我国早期互联网时代也大放异彩。几千年都“大门不出二门不迈”的大家闺秀们也会到网络聊天室里寻找自己的“白马王子”。社会最底层的人也会拿出 10 元钱去个网吧，到网络聊天室跟自己的“灰姑娘”好好温存，哪怕 10 元钱的聊天过后“灰姑娘”真的不见了。网络聊天室既成就了许多美好姻缘，也出现了大量的“见光死”。互联网是一个虚拟世界，你不知道网络聊天室里的白雪公主在现实世界里是一个抠脚大汉还是“阿猫”“阿狗”。

网络聊天室也造就了无数新业态、新文学的出现。痞子蔡的《我的第一次亲密接触》成为网络文学的开山之作。在现实世界不如意的直男们都希望能够通过网络遇到自己心仪的“轻舞飞扬”；在现实世界里情窦初开的少女们都希望遇到网络上痞里痞气而现实中却忠厚老实的“小痞子”。

说实话，元宇宙时代的“网络聊天室”还没有到来。未来的元宇宙社交是否以网络聊天室的形式呈现还不确定，需要各位专家、学者、企业家、从业者多探索、试错。

4. QQ 的出现

QQ 的出现不是意外。QQ 是 1999 年 2 月由腾讯自主开发的基于 Internet 的即时通信网络工具。美国 AOL 公司最早开发了国际聊天工具 I Seek You，简称 ICQ。腾讯模仿 ICQ，开发了 Opening I Seek You（QICQ），意思是“开放的 ICQ”，这就是 QQ 的前身。2000 年 11 月，腾讯推出 QQ2000 版本，OICQ 正式更名为 QQ。

QQ 的出现，对中国网民掀起了比网络聊天室更猛烈的互联网洗礼，成为一个时代的现象级应用。通过注册一个 QQ 号，然后在 QQ 上加好友就可以跟陌生人聊天，成为一代人的集体记忆。在 2000 年前后，上网就等于聊 QQ。即时通信软件更符合中国人的上网习惯，电子邮件服务迅速萎缩，QQ 用户群体规模连续创新高，开创了中国互联网社交的典范。

元宇宙的出圈，得益于 Facebook 的 All In Metaverse。Facebook 更名为 Meta 之后，一直在积极探索元宇宙社交的新场景。国内社交巨头腾讯也一直在积极探索适合国人的元宇宙社交形式。Soul App 于 2016 年年底上线，是基于兴趣图谱建立关系，并以游戏化玩法进行产品设计的“Z 世代”的社交平台。现在，Soul 也定位为“年轻人的社交元宇宙”。

5. 公司官网

互联网在我国的迅速发酵，让各个企事业单位都开始积极拥抱互联网，企事业单位包括政府部门都开始在互联网上搭建官网，争夺互联网宣传阵地，开启了一轮“建站运动”。许多公司开始承接官网的建站服务，早期的许多官网甚至还会保留一个聊天室功能。随着建站服务的标准化、流程化，一个网站的建站价格从最早的几十万元，慢慢降到10多万元，一直到最后的几千元。

1995年，比尔·盖茨接受电视采访时，主持人问什么是互联网。比尔·盖茨解释互联网就是每个人都可以拥有自己的网站，都可以跟别人联系。这个互联网的定义现在看起来很不靠谱，但是反映了先驱们一步一步探索的艰辛。再过20年，我们回过头来看现在元宇宙的定义，可能就像我们今天看当时比尔·盖茨的互联网定义一样可笑。

元宇宙二年，跟互联网的1995年何其相似。一些公司开始计划做自己的元宇宙官网，于是许多元宇宙空间提供商出现了。xSpaces、北京错位时空、斌双科技、维赛客、元一畅想等纷纷布局元宇宙空间开发，试图成为元宇宙时代的“房地产开发商”。

6. 网吧

网吧是我国互联网早期的一个特色业务形态。早期互联网接入困难，接入成本高，并不是每一个家庭都可以承受这个成本。于是，集中式的互联网接入服务成为刚需，网吧就是满足这个需求的业态。网吧集中接入互联网，并提供电脑、耳麦等设备。用户通过较低的费用就可以享受一定时长的互联网服务。网吧成为互联网时代较长时间的服务业态形式，甚至众多的男男女女会把约会设为一起去网吧通宵上网。

元宇宙现在也处于非常早期的阶段，元宇宙的接入服务进入千家万户还有一个过程。哪怕就是类似 Quest 2 或 Pico 4 的虚拟现实终端，也还没有普及。公共的元宇宙接入服务有可能成为一段时间内人们的普遍选择。

（二）元宇宙目前的业态分析

从元宇宙出圈到现在，已经过去一年多了。在这一年多的时间里，全世界都进行了许多有价值的探索和尝试。目前还没有形成元宇宙的完整闭环业态，元宇宙的产业闭环也都还在探索中。目前的元宇宙产业，更多的是在从元宇宙的某一个点切入。

有的人从虚拟现实出发，构建元宇宙的空间或沉浸式的游戏。元宇宙是互联网的沉浸式场景表达，沉浸式自然成了元宇宙的核心特征。许多元宇宙创业项目选择以虚拟现实为切入点。元宇宙空间可能包括办公环境、休闲环境、会议室等，也可能设计有走秀 T 台或城堡等。百度希壤是 2C 的元宇宙空间的头部提供商。网易瑶台则致力于元宇宙会议室的打造。其他的元宇宙空间提供商还包括 xSpaces、北京错位时空、斌双科技、维赛客、元一畅想等。

有的创业者从数字资产出发，通过以太坊的 ERC721 协议，将数字产品资产化，形成对外发行的数字资产，一般称为 NFT 或数字藏品。NFT 平台在国外有许多，最典型的莫过于 OpenSea。国内由于法律限制，基于公链的 NFT 不能在国内上线，也不允许开通二级交易。于是从 2021 年开始，NFT 在中国摇身一变，成了数字藏品，各种数字藏品发布平台如雨后春笋般涌现。《中国数字藏品监管白皮书（2022）》列举了 820 家数字藏品平台，而实际上的数字藏品发布平台估计远超这个数字。博物馆、景区、非物质文化遗产继承者、艺术家、音乐家等都成了发布数字藏品的急先锋。许多新闻媒体、制造业企业、品牌厂商、咖啡馆也都纷纷入局。

元宇宙的化身需要形象，数字人的设计和运营成了一个大应用场景。按视觉效果分类，数字人分为动漫型、写实型、超写实型，按照应用场景的不同，数字人又可分成服务型和身份型两种，每一个赛道都有无数玩家。全国数字人开发公司近 30 万家，成为一个现象级新赛道。数字人可以用于品牌展示、宣传营销，也可以用于虚拟员工、电子政务、直播带货等场景。据说，个别电影的拍摄已经考虑全部使用超写实数字人了。邓丽君数字人刷爆了眼球，柳夜熙、洛可可、崔筱盼等数字人也成了耀眼的明星，据说崔筱盼还获得了万科新人奖。市场研究机构量子位发布的《虚拟数字人深度产业报告》预测，到 2030 年，我国虚拟数字人的整体市场规模将达到 2700 亿元。其中，身份型虚拟数字人规模约 1750 亿元，服务型虚拟数字人规模超过 950 亿元。

也有许多人在走虚拟与现实相融合的路线。剧本杀游戏就是一个集科技与娱乐于一体的新业态。2021 年，密室剧本杀行业高速发展，正成为年轻人线下社交、娱乐的重要方式。《2021 实体剧本杀消费洞察报告》显示，2022 年国内剧本杀市场规模有望超过 150 亿元，消费者规模或达 941 万人。城市灯光秀也乘上元宇宙的东风，将城市打扮得更美。2022 年 7 月 22 日晚，福州“两江四岸”上空，一场数字科技视觉盛宴如期上演。这是第五届数字中国建设峰会开幕前夕在福州“两江四岸”上演的“数字交互之夜”，在福州市大数据委指导下，由同济大学吴志强院士带领的团队和福州市勘测院有限公司联手打造，用“福元宇宙”RAR 秀点亮第五届数字中国建设峰会。元宇宙是一个新兴概念。此次“福元宇宙”RAR 秀以吴志强院士提出的“福元宇宙是基于人人都可构筑的愿景”为核心思想，运用“R 真实场景 +AR 技术”，实现的数字中国的科技魅力。

也有人在积极探索如何运用虚拟现实赋能实体产业、创新数字经济新模式。柳州螺蛳粉是柳州最出名也是最受大众欢迎的小吃米粉，“柳州螺蛳粉”相继获得国家地理标志商标并入选国家级非物质文化遗产。2021 年 4 月 26 日，习近平总书记在考察柳州螺蛳粉生产集聚区时叮嘱大家，“发展产业一定要有特色。螺蛳粉就是特色，抓住了大家的胃，做成了舌尖上的产业。要继续走品牌化道路，同时坚持高质量、把住高标准”。[①] 为了进一步做大柳州螺蛳粉产业产值，推动产业高质量发展，柳州三才元宇公司联合广西数科院和广西元宇数人公司积极贯彻党的二十大精神，以“美食元宇宙赋能柳州螺蛳粉产业发展，柳州螺蛳粉助力元宇宙场景应用创新，螺蛳粉小镇承载‘元宇宙 + 产业生态’运营示范”为宗旨，积极推进虚拟现实赋能实体产业探索，构建虚实融合的生态运营体系。灌阳油茶产业与柳州螺蛳粉产业具有很多相似点，是另一个与元宇宙可以相互借力、相互成全的产业。

灌阳油茶由于鲜香味美，用料精良，程序考究，花样百出，被誉为瑶族油茶的“宫廷宴”，它不仅融入了灌阳人的一年四季，也融入了桂林人的一日三餐。因为一道美食可以爱上一座城。越来越多的桂林游客也因为灌阳油茶增添了许多对桂林这座美丽城市的回味。北京信息产业协会元宇宙专委会正在为灌阳油茶元宇宙积极筹划“全球百万民众共品灌阳油茶”的美食文化创举。

---

① 柴潇凡、张冠年：“小米粉，大‘惊奇’”，《求是》2022 年第 19 期。

（三）场景成熟度分析

在早期互联网时代，中国的从业者有学习的模板。美国是互联网的引领者，不管是互联网的核心技术，还是互联网的各种应用场景，美国都给了供全世界学习的模板。我国互联网起步较晚，加上人口众多、市场巨大，许多人只需要简单地把美国的模式搬到中国，大概率就可以实现商业上的成功。“Copy to China”成了一个时代的成功秘诀。许多项目标榜自己是“中国版的某某某”就可以获得投资。例如，百度是“中国版的谷歌”，阿里巴巴是“中国版的亚马逊”，腾讯是“中国版的ICQ”，等等。

在互联网的后期尤其是移动互联网时代，中国迅速崛起。Copy to China也不再管用，中国开始向世界输出中国模式和中国声音。中国信用卡业务发展落后，但是第三方支付独步全球；中国汽车产业落后于美国，但是从美国传进来的共享汽车获得空前成功；中国是世界上的“单车之国”，共享单车也成了世界首创；直播模式来自美国，但是短视频服务绝对来源于中国，且抖音也在向世界输出。

在元宇宙时代，Copy to China就根本不存在了。中美两个国家几乎同时发展元宇宙，大家都在根据自己的资源禀赋研究元宇宙技术，发展元宇宙产业，制定元宇宙政策。互相可以借鉴，但是谁都无法直接抄袭谁的模式。这对于我国来说，既是机遇，也是挑战。机遇在于我们在元宇宙赛道跟世界站在同一条起跑线上，我们有大把的机会；挑战在于我们没有老师，没有榜样，只能靠我们自己摸着石头过河了。

在只有64K国际带宽的年代，我们创造了互联网的应用场景；相信在5G手机就可以达到1.5G带宽的年代，我们一定可以找到许多元宇宙的初级场景。同时，我们一样需要理性分析哪些场景是不适合于当下元宇宙发展的。元宇宙概念诞生于1992年的科幻小说《雪崩》，那是互联网刚刚民用的时候。但那时候如果把元宇宙作为互联网的商用目标，估计互联网根本不可能发展起来。因此，产业发展要分析场景的成熟度。

各地发展元宇宙产业，一定要深刻理解元宇宙的技术发展水平，理解移动互联网的发展水平，既要仰望星空，也要脚踏实地；既要构建更美好的虚拟世界，更要促进虚实融合，促进建设更美好的现实世界。产业发展和科学研究要分开，产业发展应该是选择当下技术和资源都相对成熟的产业，科学研究则可以更多地着眼于未来5年甚至更长时间。

七、元宇宙产业发展的落地举措和抓手

2021年以来，我国对元宇宙积极拥抱，各省（区、市）普遍热情高涨。新产业开始之初，困惑产业政策制定者的是，如何选择方向和如何推动元宇宙产业发展。然各省（区、市）所出台的政策普遍缺乏自身特色，跟风的不少，但对目标和路径没有表述。也有少数省（区、市）政策表述较为清晰，有了方向和思路，但缺乏实操的落地举措和抓手，政策停留在纸上，难以见到实际成效。近年来，我国大力发展新能源汽车，2022年1—8月，中国汽车出口总量达到191万辆，超越德国，成为全球第二大汽车出口国。我国布局新能源汽车新产业、新赛道的举措对发展元宇宙产业有不少启发和借鉴意义。

本章从国家元宇宙产业的顶层设计到各省（区、市）和各区县实施落地的角度，展开介绍实现元宇宙产业特色化和差异化发展的具体举措和抓手，其中包括“五个一”工程，即一个元宇宙智库、一个元宇宙研

究院、一个元宇宙产业投资基金、一个元宇宙产业园、一个平台运营公司。根据各个机构之间关系的紧密程度，一般可以分为两种模式：以地方政府为中心的模式和以平台运营公司为中心的模式。

以地方政府为中心的模式适合于产业发展层次较低、市场化程度较低、元宇宙龙头企业也尚未形成的区域。智库、研究院、产业基金、产业园和平台公司都由地方政府来主导（见图 5–1）。

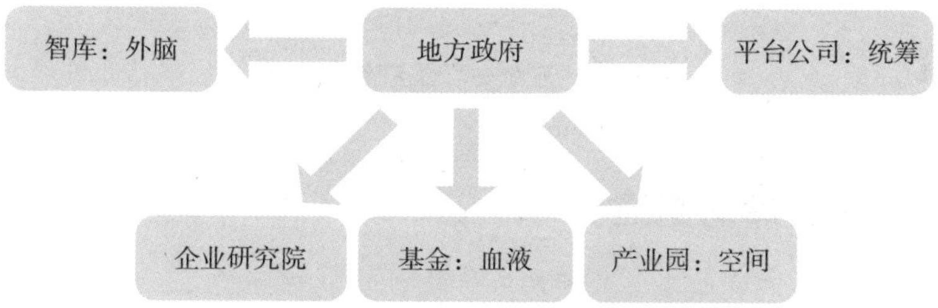

图 5-1　以地方政府为中心的组织架构

以平台公司为中心的模式适合于产业发展层次较高、市场化程度较高，或已有元宇宙龙头企业的区域。平台公司可以由地方政府组建，也可以由地方政府与龙头企业共同组建，或直接由龙头企业组建。平台公司统筹智库、研究院、产业基金、产业园的发展（见图 5–2）。

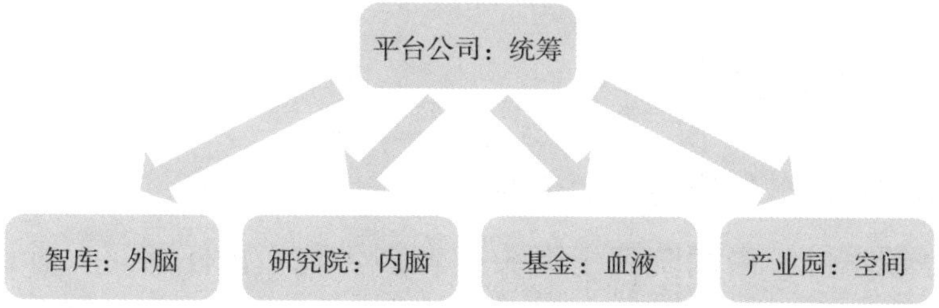

图 5-2　以平台公司为中心的组织架构

一般来说，元宇宙智库可以相对独立。元宇宙研究院、产业投资基金、产业园适合形成统一管理模式。建议有条件的地市或区县，可以参考图 5–3 中的组织架构推进区域的“五个一”工程。

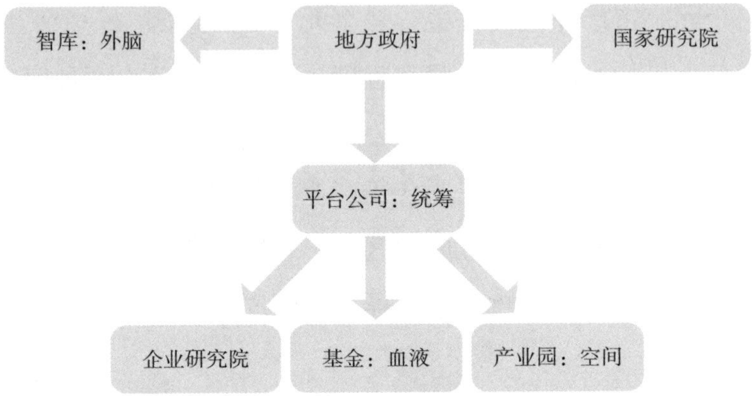

图 5-3 “五个一”工程组织架构

（一）元宇宙智库的组建

高水平的地方智库是一个地区乃至国家软实力的集中体现和重要标志。党的十八大以来，以习近平同志为核心的党中央高度重视智库建设。建设智库，提升智库核心竞争力，成为国家的长期战略和各地政府将当地资源禀赋转化为发展优势寻找突破性发展的好路子。智库是地方产业发展的外脑，在战略层面带来完全不一样的高度，加上智库的水平和经验，也能从落地性方面规避不必要的弯路。

1. 智库建设的原则

智库的建设一般应遵循七个原则。

一是领军性。由两院院士牵头或者多名院士担任顾问。有计划、有重点地推出一批代表国内一流水平和中国形象的领军人才。

二是专业性。牵头专家团队出版较有影响力的专著。

三是实操性。不能是单纯的高校团队，专家团队应有产业实战和投资经验。

四是权威性。立足中国实际，在坚持党管智库的原则下，由国家级较有权威的智库机构指导设立。

五是独特性。发挥地方资源优势，重点打造特色鲜明的高端智库。

六是多样性。专家智库应包括全国各省（区、市）不同年龄层次的专家，覆盖学术、技术、产业、政策、法律、媒体、投融资等多领域的权威专家。尤其是要选拔青年才俊、复合型人才，优化人才结构。

七是先进性。为了保证智库的专业水准，在北上广深杭发达地区，建议本地专家最高可达 70%；在中西部省份，建议外部专家不低于 70%。

2. 智库的重要性

对于地方党委政府来说，要想不断提高把握新发展阶段、贯彻新发展理念、构建新发展格局的政治能力、战略眼光、专业水平，用好用足当地资源禀赋、实现地方高质量发展尤为重要。优秀的智库可以对各种项目、投资、金融活动，进行充分调研、深入研判、评估风险、做足预案，为地方党委政府提供靠谱管用的对策建议，把地区和部门的工作融入党和国家事业大局，在把地方资源禀赋转化为发展优势的过程中，做到既为一域争光，更为全局添彩，不断增强地方党委政府作决策、谋发展的系统性、预见性。

地方政府牵头组织国内外知名的元宇宙专家组建智库，制定区域元宇宙政策。这既贯彻了“一带一路”倡议，彰显数字经济时代特色，又符合区域本地发展，借力元宇宙新赛道，发展科技创新，实现换道超车。

3. 智库的政策创新和技术创新

在欧美等智库建设发达地区，已经形成智库与政府部门之间的“旋转门”机制，即实现了研究者与实践者、学者与官员的身份双向转换。目前我国的“旋转门”只打开了半扇，只有官员从行政体系到智库体系的单向流动，而智库研究人员进入政府机构任职的还很少。要打开另半扇“旋转门”，需要创新人才激励机制。建议：一要制定政府部门与智库人员身份转换的相关政策；二要探索推行岗位聘任制和灵活的人才流动机制；三要实现人才双向流动，让决策部门与智库之间的“旋转门”畅通起来。

随着“互联网＋人工智能”的新时代到来，传统行业和信息技术的深度融合形成的新业态迅猛发展。信息技术的助力让智库更智能化。“互联网＋智库”大数据平台是新型智库发展的必然趋势。建议地方加大力度建设“互联网＋元宇宙智库”的大数据平台。平台建设包括以下三个方面。

一是利用大数据分析和数据挖掘模块，构建安全、高效的元宇宙智库数据仓库和决策支持系统。

二是建设基于“区块链＋云计算”的科研云，实现对科研人员和科研活动的精细化管理，强化多机构多学科在线协同工作，加快科研成果的创造和共享。

三是建设开放性互联端口，连接智库需求方和应用场景，并能与上级智库平台实现无缝对接。

（二）元宇宙研究院的落地

研究院是指以科学研究为主要目的的社会企事业机构，在我国是一种为完成特殊科研目的和任务而建立的研究机构。元宇宙研究院定位为不断用新理念、新方法研究新产业，找出新方向和新模式，做出新业态，创造新奇迹。研究院为产业解决关键共性的各种问题，创新性探索出可实操的具体路径，源源不断为产业发展提供原动力，推动产业稳步向前发展。

1. 研究院的类型

一是事业单位性质的研究院。事业单位是国家设置的带有一定的公益性质的机构，但不属于政府机构，与公务员是不同的。根据国家事业单位分类改革精神，事业单位不再分为全额拨款事业单位、差额拨款事业单位，而分为公益一类事业单位、公益二类事业单位。自主事业单位又分为利用国有资产举办的事业单位和社会资本举办的事业单位，是国家不拨款的事业单位。

二是民非性质的研究院。由民政部门审核，为民办非企业单位，俗称民非研究院，因为它不是企业，不是公司的形式，所以不可盈利，由理事长、副理事长、理事会成员组成，设立周期长且要求比较严格，是由某个大学或事业单位、社会组织所设立的专业科研机构，如北京张三教育研究院。

三是公司性质的研究院。公司性质的研究院由工商部门审核，也是以研究院结尾，是由法人、监事、财务、股东组成的企业，既可以搞科研，也可以盈利，并且设立周期短，很受大众欢迎，是现在流行的新型产业技术研发机构。

2. 元宇宙研究院的管理模式

组织元宇宙相关院士、专家、学者，建立区域元宇宙研究院，植根本地，打造区域元宇宙的产业种子。寻找对科技充满痴迷、思想未被格式化、行为未被同步化、认知未被标准化、情怀未被世俗化的人，用前沿思想和匠人精神，创造人类没有的技术和产品。聚焦影响人类社会未来的颠覆性前沿科技和核心技术，建立自由探索与目标导向相结合的科研体制，创造人类尚未开发、空白领域的产品和技术，打造改变人类思维模式、生活模式、工作方式和科技进程的世界级研究院。

元宇宙研究院按照新型研发机构的模式，推行市场化、企业化用人机制，建立具有国际竞争力的薪酬福利体系。研究院实行理事会领导下的院长主任负责制，理事会由地方主管部门和数字经济工作组共同组成，进行宏观管理和领导，负责决策发展战略、资金投向、重大项目、科研人员管理等重大问题。

元宇宙研究院设立技术委员会，为研究院的技术方向提供决策咨询。

3. 院士工作站

建立以“院士工作站”为元宇宙产业核心的发展模式，包括院士工作站和院士科研基金。

院士科研团队为国内最顶尖的科研力量，元宇宙研究院邀请院士科研团队，以直接加入元宇宙研究院或以横向科研经费联合开发的形式进行交叉融合创新，其产生的科研成果统一由元宇宙研究院进行产业转化，保证元宇宙研究院的创新原始性。院士工作站创新模式分为三个层次。

第一层是院士领衔的元宇宙研究院，以自研为主；第二层是元宇宙研究院与科研院所的院士团队，通过交叉横向课题合作，形成科研成果，相关的人才和成果引入元宇宙研究院，最后在元宇宙研究院的实体内完成转化；第三层是数字经济基金，元宇宙研究院的院士合作者同时成为数字经济基金的合伙人，基金将投资元宇宙研究院自研转化项目、元宇宙研究院横向合作交叉融合项目以及与元宇宙研究院研究方向相关的生态企业。

优先为院士科研团队及数字经济科研项目配置金融支持，激励研发团队，加速成果产业化，反哺新立项的科研活动，最终形成科研经费来源于产业、服务于产业的正向循环。

4. 科技成果转化

元宇宙研究院通过独立立项、合作立项、项目投资三种方式进行科技成果转化。

一是独立立项。对于可以直接引入团队和技术的科技成果，元宇宙研究院协同研发机构进行院内立项，通过研发机构的自主立项经费进行项目孵化支持，独立完成技术、原型、产品的开发工作，进而筹建公司，进行市场化商业运营。

二是合作立项。对于可以部分引入团队和技术的科技成果，元宇宙研究院协同研发机构进行院内立项，通过元宇宙研究院委托的外部协作单位，进行项目的共同开发和建设，合作完成项目工作，进而筹建成立新的合作公司，进行市场化商业运营。

三是项目投资。对于已有成熟商业化公司和团队，在公司或团队符合元宇宙研究院整体发展规划和产业布局的情况下，元宇宙研究院通过自有资金或基金对其进行项目投资，并协同项目面向元宇宙研究院规划的产业方向或已有的项目方向进行新产品和新技术的开发。

5. 配套政策

在符合法律法规和有关规定的条件下，地方政府对元宇宙研究院的发展方向和重大决策事项给予指导。支持元宇宙研究院申请各类创新平台和项目资助，积极协助元宇宙研究院争取各类科技计划和人才计划政策支持，并按照地方有关政策规定，为元宇宙研究院提供人才引进落户、人才补贴、项目成果奖励和科技成果转化奖励，落实员工子女入学政策、国家税收优惠政策，对符合条件的高层次人才按政策给予相应支持。对于深度合作的院士团队、科学家团队、独角兽等产业集群项目也应按照省（区、市）有关规定，给予相应的政策支持。

6. 人才生态

元宇宙研究院承担人才生态的打造、文化及品牌的输出、团队的内训、产业生态的搭建等相关工作。

一是重点引入院士团队。项目优先关注元宇宙研究院发起人院士团队科研成果，寻找能够影响到未来产业的颠覆性核心技术。重点将科学家的项目团队引入元宇宙研究院平台，建立院士工作站及交叉融合的院士联合工作站，为院士团队成果转化立项，通过市场化运作提能增效，为数字经济万亿元产业的目标点燃强力助推器。

二是汇聚青年科学家力量。整合院士身边的青年科学家力量。积极探索科学“无人区”，挑战最基础的问题和最关键的难题，促进科技成果转化，推动未来科技理论、方法、工具、系统和应用取得变革性、颠覆性突破，实现更多“从 0 到 1”的重大发现。支持青年科学家成为元宇宙研究院创业领头人，通过定制化培训，打通企业化市场思维，加速科技成果转化、应用场景落地。

三是整合高校科研力量。挖掘院士在专业领域的纵向资源，汇集高校学者科研力量。建立科技沟通管道，搭建通往产业端的纽带，集结其科技创新人才力量。结合元宇宙研究院的资源，主要围绕“十四五”科技创新规划，通过“科研横向经费池”设立重大共性难题协同创新、联合攻关等方式，提升前沿尖端科技的产学研能力，构建产学研一体的新沟通模式。

四是挖掘国际前沿的尖端科研资源。结合未来产业研究发展需求，由院士针对海外科技圈的尖端人才进行评估，列出重点引进人才清单。由元宇宙研究院在北京、上海、深圳、香港、硅谷、波士顿、伦敦等城市建立“全球创新网络”，落实新型归国创新创业计划。通过宜居环境及学术双聘模式等一系列人才政策，吸引一批优秀的海外人才回国发展。为了保持对国际学术及应用领域发展研究前沿和发展趋势的前瞻性探索，保持其项目创造性、原创性，提升其项目挖掘、研究设计的能力，支持院士工作室与人工智能、脑机接口、生命科学等方面的诺贝尔奖、图灵奖得主团队及前瞻性研发团队建立密切合作关系。利用获奖科学家的全球影响力，打开与国际交流的窗口。在链接国际科研与人才资源的同时，与全球前沿科学家团队共同探索与合作，锁定影响世界的颠覆性技术。

五是激发区域院所新活力。元宇宙研究院可以联合区域各大院所，发掘一批年轻、高学历、懂技术、有热血、有精力，在科技成果转化方面有创业思维、能将研发需求由科研需求转变为市场需求的优秀科研带头人，在突破性、颠覆性的项目上进行多学科交融，协同创新。

六是保持团队的“生命源动力”。元宇宙研究院在文化、价值观、行动一致性、专业性上持续输出，让元宇宙研究院体系下各团队对于共同面对的事业达到高度认同。采用“走出去、引进来”等方式，对人才进行持续培养。确保在科研效率上保持领先，有效保证科技项目落地，最终培养一批具有工匠精神的技术经理人。打造简单、反思、奉献、卓越的铁军，以十倍目标的登月思维，创造人类没有的技术和产品。

七是求学阶段的课题组研究人才。深度支持院士团队研发项目，确保院士团队的在校青年研究人才在离开高校后，进入元宇宙研究院，继续在学校期间的研究方向。通过人才吸引，助力地方政府打造“未来科技人才聚集区”，形成人才集聚优势。

7. 资金保障

元宇宙的实施落地需要多渠道、多方式筹集资金提升保障能力。元宇宙处于发展早期，它的发展离不开政府的引导性投入。政府一方面需要规划资金支持元宇宙相关的产业政策研究和咨询服务，另一方面需要导向性提供资金推动项目实施落地。资金支持可以灵活运用成本补贴和成效补贴相结合的方式，资金资助对象可以是产品服务提供方，也可以是产品服务使用方。政府资金是阶段性的、有限的扶持，而市场的资金是持续的、源源不断的。所以，元宇宙产业发展需要政府提供广泛的应用场景和开放数据要素资源，降低准入门槛，激发市场活力，吸引大量社会资本的参与，这样才能构建健康可持续发展的元宇宙产业生态。

（三）元宇宙产业园的运营

产业园区是打造区域经济增长极，促进产业优化升级的重要空间组织形式和载体平台，担负着聚集创新资源、培育新兴产业、推动城市化建设等一系列重大使命。它利用区域元宇宙政策，依托区域元宇宙智库，围绕元宇宙研究院，建立元宇宙产业园，吸引国内外企业入驻，形成区域的数字经济矩阵。产业园运营的核心目标是打造以创新引领、数据驱动为核心，形成创新要素高度集聚、区域根植性强、网络化协同紧密、产业生态体系完整、资源集约利用、具有区域影响力的数字经济产业集群。

1. 运营模式

自 1984 年我国设立第一批经济技术开发区以来，产业园一直作为中国经济发展的一种独特的产业形态，成为各地区产业发展的重要手段。产业园作为一种政府引导、企业唱戏的物理空间聚集和运营模式协同的组织形式，在各地区和各行业具有很大的差异。产业园区主要包括五种不同的运营模式。

第一种模式：政府运营模式。这种运营模式适合于一些规模小、管理简单的园区。对于一些大型的园区，这样的运营模式无法保证园区的长期运营。

第二种模式：投资运营模式。这是一种长期投资的理念，园区在中短期很难有可见的回报，但是对于一个区域的经济发展具有很强的推动作用。

第三种模式：服务运营模式。这种运营模式强化了园区与企业的合作，增加了园区的收入渠道。

第四种模式：土地盈利模式。这种模式更像一个有规划的地产开发商，获利能力非常强大，同时也为园区后期的开发奠定了雄厚的财力基础。

第五种模式：产业运营模式。园区设立的目的就是要做一个产业链，这些产业园在投资初期就会进行招商引资，引入企业资本一起搭台。

随着数字经济的发展，一种基于产业集群理念的新运营模式正在兴起，我们称之为第六种模式：产业集群运营模式。产业集群的运行需要政策、制度、资金、技术、人才、土地等多种要素，并同步生成技术开发、技术引进、内容研发、行业应用、人才引育、创业文化、产才融合、投贷联动、产教融合、政企协同等产业资源和生态环境。元宇宙产业集群是指以元宇宙技术和场景应用为核心，聚集在同一特定地理区域内的元宇宙技术企业以及相关产业企业、投资机构、金融机构、企业服务机构、高校科教资源的集合。

对于东部和中部发达地区的元宇宙产业园，由于政策环境相对成熟，相关产业基础良好，建议采用第三种服务运营模式或第五种产业运营模式。对于西部地区的元宇宙产业园，建议采用第六种产业集群运营模式。

2. 职能和服务

产业园承担的重要职能包括“双招双引”和盘活园区企业，以产业发展为顶层目标，以企业服务为工作基础，做大园区综合产值。

一是“双招双引”。围绕元宇宙产业发展的关键环节和薄弱环节，借助研究院的雄厚底蕴，以才引才，以企招企，吸引一批国内外产业链核心环节代表性企业落地。对成长速度快、竞争优势明显、辐射带动力强的企业加强扶持，并鼓励引导落户产业园的企业和高层次人才当好“媒婆”，形成“引来一个，招来一群”的连带效应，栽好“梧桐树”引得“凤凰”来。以招商引资、招才引智带动产业发展，盘活生态，促进就业，不断完善产业服务体系，持续优化元宇宙产业发展环境。

二是企业服务。服务内容包括诸多基本的半公益普惠服务，比如为园区企业提供企业工商注册、税务办理、政策申报、企业资源、立项审批等政务对接服务。另外，为企业在政策层面上提供帮助，使园区企业更清楚地了解所能享受到的相关政策落地具备的条件和资质，让企业提前了解入驻产业园区可以享受诸多政策，例如免征税收或税收优惠政策、房租补贴、项目扶持政策、资金补贴、人才引进政策、高管人才奖励、贴息贷款政策等。

三是从产业服务到元宇宙体验试验城。将研究院作为重要抓手，产业园区运营按照“构建产业链、形成产业集群、构建产业生态”的创新发展模式。新建产业园区更应该从前瞻趋势研究、科学战略规划、突破传统的产业园定位，将元宇宙概念的产品和服务有机地嵌入园区的基础设施和配套服务中，把园区定位升级成面向未来、可持续迭代的元宇宙体验试验城。元宇宙产业园不仅是产业的服务者，更应成为产业生态的优质试验田和形象展示窗口。这就需要创新开发投资模式、强化产业孵化培育培养、加强园区运营服务，实现一条路走到底。建议采取灵活的投融资机制、加强产业园区建设，初期做好规划，预留好发展空间，后期不断升级基础设施和不断完善配套服务功能，提高园区配套服务水平，将产业园区的生活、商务、办公等城市功能建设纳入常规化改进更新的内容，促进教育卫生、公共交通、住房保障、投融资机构、现代物流等要素向产业园区聚集，将产业园区建设成集元宇宙产业、“元宇宙+商业”、“元宇宙+教育”、“元宇宙+娱乐休闲”等多位于一体的元宇宙体验试验城。

3. 保障措施

政府优化落实产业政策，并加强产业部门与科技、规划资源、金融等部门的工作统筹，保障规划落地实施。

一是政府引导，各方参与。鼓励产业链上下游企业区域协作配套、行业交流互动、国内外多层次合作，形成市区联动、园区联动、产业联动、政企联动发展格局。鼓励高校、科研机构、金融机构、社会参与园区建设，提供条件实现多方共赢。

二是土地、新基建保障。做好元宇宙产业土地供给规划，为持续引入、孵化元宇宙企业预留发展空间。做好5G基站、城际高速铁路和城市轨道交通、新能源汽车充电桩、大数据中心、人工智能、工业互联网等建设，构建为元宇宙产业提供数字转型、智能升级、融合创新等服务的基础设施体系。

（四）元宇宙产业基金的管理

地方政府可以设立元宇宙产业基金，用于元宇宙产业孵化、核心技术研发和数字经济产业整合，为元宇宙产业化提供资金支持，推动企业利用多层次资本市场发展壮大。

1. 产业基金的意义

利用产业研究与科研高度协同机制，从产业需求角度指导科研，提高科研成果转化成功率。通过数字经济基金对元宇宙研究院聚焦领域内产业链上下游成长期准独角兽项目投资，可以帮助元宇宙研究院进行产业资源整合，构建区域数字经济产业集群。

设立元宇宙产业基金，可以帮助科学家和未来科技企业创始人跨越基础科研成果与产业化之间的鸿沟。一方面，通过早期投资元宇宙未来20年的领军企业和深度合作的院士团队、科学家创业项目，为科学家们提供全方位的增值服务，包括战略规划、资源导入、资本运作、对接资本市场和上市规划等产业支持，加速未来科技产业的发展和落地；另一方面，通过跟投在智能穿戴、脑机接口、虚拟现实元宇宙等领域中的产业链中成长期准独角兽企业，打造更大的未来产业生态圈，进而形成区域数字经济科技产业集群。

2. 基金投资理念

重点关注与元宇宙研究院内研究方向的高协同性，特别是对在聚焦的数字经济产业领域、在数字经济产业链和价值链中处于核心位置的颠覆性技术和原创性技术进行重点孵化支持。在科研成果形成产品化和系统性解决方案时，重点给予元宇宙研究院孵化项目、深度合作科学家项目、独角兽创业项目的首轮给予融资支持，并在后续融资时持续给予资金支持。

3. 运营策略

深度剖析产业链、绘制行业地图，参与标的项目早期核心环节。建立行业大数据库、搭建人工智能评估系统，让投资决策更科学、更高效。充分发挥基金产业优势和资本运作经验，为被投企业提供全方位的增值服务，包括战略规划、资源导入、人才引进、资本运作，为项目发展保驾护航。

4. 产业基金投资策略

聚焦区块链、智能穿戴、脑机接口、虚拟现实元宇宙、人工智能领域技术创新所带来产业变革的巨大机遇，重点投资元宇宙研究院内成果转化项目、深度合作科学家团队项目、产业园招商项目和产业链上下游成长期项目。集中投资，打造未来科技产业集群效应。早期孵化、科学家创业项目以领投为主，成长期整合产业生态项目以跟投为主。

5. 资金筹措多元化

建立多元化资金筹措机制，形成“资金蓄水池”。基金投资和募资过程中，可以创新性地注重与在未来科技领域发展的创业者和巨头企业进行合作，一方面为未来产业提供强有力的生态资源支持，另一方面为地方产业带来创建更大产业集群的机会。

（五）平台运营公司的管理

与地方国企共同合资设立元宇宙平台运营公司，抛弃单一的拿来主义，沉下心孵化区域本地的产业种子，筑牢元宇宙专利池，建立区域产业跨界融合的示范工程。打造孪生城市、元宇宙导航、流域仿真、军事演练等未来技术应用场景，打造“未来之城”和“未来产业集团”，加速形成若干未来产业，打造万亿元未来产业高地，成为全球领先的元宇宙产业创新中心。平台公司的核心职能包括以下五个方面。

1. 孵化本土创新创业团队

平台公司提供数据和场景，创新创业团队发挥技术专长，结合形成应用落地的模式。平台公司为创新创业团队创造各种尝试的机会，并降低试错的门槛，提升迭代升级的速度。

2. 搭建平台配合招商引才

按照“产才融合，平台支撑”的理念，以平台公司参股的方式引进科技型中小微公司，引进高层次创新创业人才团队。可以把招商引资和招才引智作为平台公司的一项重要工作。与政府签订协议协同招商引资和引才引智，当地政府根据招商效果按商定标准付费，这成为平台公司的营收来源之一。

3. 项目承接

各省（区、市）、各区县未来会有大量元宇宙相关项目需要落地，如政府直接运作，因为程序问题可能很难保障项目抢占先机，可以由平台公司承接，然后组织各方优势资源进行建设，由政府监督项目的实施。但应警惕很多地方平台公司出现的打着创新旗号，拉拢发达地方大企业一起搞垄断，做大中介、做“洋买办”的扼杀创新的绞杀式经营模式。

4. 会议承办

未来会有不少与元宇宙相关的论坛、峰会、大会，都可以由平台公司来承办，简化相关手续，保障服务质量，提高会议决策的灵活性。

5. 专利池运营

在如今创新驱动经济的时代，专利无疑是创新能力和核心竞争力的体现。而元宇宙具有多学科交叉、多产业整合、全球化竞争的特点，未来在元宇宙专利这个赛道上的竞争会非常激烈。地方应抛弃原来企业单打独斗的模式，而将各研究机构、企业的相关专利以专利池的形式由平台运营公司统一运营管理。建议遵循以下三个原则。

一是质量优先。改变过去只追求专利数量而忽视专利质量的局面，构建专利质量指标体系，对专利质量进行科学评估，并对高质量、有国际影响力的专利和专利持有人给予适当的奖励。

二是规避风险。作为新兴产业，元宇宙的专利还处于萌芽阶段，应帮助企业和研究机构规避专利侵权的风险。

三是深化应用。利用人工智能等技术促进现有专利的交易和交叉授权，让专利池真正成为元宇宙产业的“活水源”。

参考文献

[1] 蔡智恒 . 第一次的亲密接触 [M] . 北京：知识出版社，1999.

[2] 柴潇凡，张冠年 . 小米粉，大“惊奇”[J]. 求是，2022（19）.

[3] 樊欣，孙浩进 . 聚力高水平地方智库建设 [EB/OL]. 北京中国社会科学网，2022-06-02.

[4] 冯昊青 . 网络虚拟社会道德构建的理论探讨 [J]. 湖南人文科技学院学报，2006（2）.

[5] 敢为人先！张家界元宇宙研究中心成立 [N]. 潇湘晨报，2021-11-18.

[6] 龚才春 . 元宇宙：大变革前夜 [M]. 北京：大有书局，2022.

[7] 龚才春 . 中国数字藏品监管白皮书（2022）[R]. 武汉元宇宙研究院，2022-08-15.

[8] 龚才春 . 中国元宇宙白皮书（2022）[R]. 2022-05-26.

[9] 焦德武 . 地方社科院：走好智库建设特色之路 [N]. 光明日报，2022-08-18.

[10] 刘小宁 . 关于继续加强我省产业园区建设的建议 [N]. 黑龙江日报，2018-07-13.

[11] 沈扬 . 产业园运营模式比较 [J] . 中国经济和信息化，2011（23）.

[12] 2021 实体剧本杀消费洞察报告 [R] . 美团，2021-06-02.

[13] 谈乐炎 . 江西浮梁：被乡创激活的千年古城 [J] . 小康，2021（7）.

[14] 万物皆可“元宇宙”？ [N]. 人民日报，2021-11-17.

[15]“虚”“实”结合，闪耀有福之州 [EB/OL]. 福州新闻网，2022-07-22.

[16] 习近平 . 不断做强做优做大我国数字经济 [J] . 求是，2022（2）.

[17] 虚拟数字人深度产业报告 [R] . 量子位，2021-12-15.

[18] 朱锋，王月若 . 领导者的外脑：当代西方思想库 [M]. 杭州：浙江人民出版社，1990.

附　录

一、海外元宇宙政策概述

元宇宙概念正日益成为重塑全球经济结构、改变全球产业格局的关键力量。当然，由于国情不同，世界各国对元宇宙的相关政策也不同。当前，欧美国家尚未出台支持元宇宙发展的产业政策，而相关法令和文件主要为强化用现有政策法律体系来管理或监督元宇宙的发展，如美国的侧重点是确保美国在这场革命中处于领导地位和保护消费的权益。而由于欧洲的互联网市场基本被美国巨头占领，欧盟首先推动虚拟世界的监管，防范数字龙头企业利用垄断地位扼杀本土企业，同时结合元宇宙概念，维持其制造和消费领域的优势。但韩国和日本则更加积极，政府力推产业的落地与发展，力图促使本国成为元宇宙大国或发达国家。

本部分将重点梳理欧美及日韩的元宇宙政策，以作为我国制定未来元宇宙政策的参考。

（一）美国的元宇宙政策

目前美国仍未专门出台支持元宇宙发展的产业政策，但有部分官方文件提到促进相关产业发展，从而确保美国在这场革命中处于领导地位以及保护消费者的利益。这些文件既包括联邦层面（如总统行政令、国会立法提议）的政策，也包括美国各州积极推出的各种政策。

1.《政府对人工智能数据的所有权和监督法案》

2021 年 10 月，美国两党参议员提出《政府对人工智能数据的所有权和监督法案》（*The Government Ownership and Oversight of Data in Artificial Intelligence Act*），要求对联邦人工智能系统所涉及包含人脸识别在内的数据进行监管，并且在联邦政府内组建人工智能工作组对政府承包商实施相应监督。

2. 众议院金融服务委员会听证会提议

2021 年 12 月，在众议院金融服务委员会与 6 家数字资产组织的首席执行官举行的听证会上，共和党领袖 Patrick McHenry 在开场白中提出“确保与 DeFi、DAOs、NFTs 和 Web3.0 密切相关的加密货币革命发生在美国”。

3. 第 14067 号总统令

2022 年 3 月，第 14067 号总统令《关于确保负责任地发展数字资产的行政命令》要求各机构对加密货币、数字资产等技术创新和监管政策进行研究，强调加强美国在全球金融体系以及数字资产方面的领导地位。

4.《负责任的金融创新法案》

2022 年 6 月 7 日，跨党派的立法提案《负责任的金融创新法案》（*The Responsible Financial Innovation Act*）提出为数字资产创建一个完整的监管框架。

5. 加州 N–9–22 号行政命令

2022 年 5 月 4 日，加州 N–9–22 号行政命令要求为 Web3.0 公司创造一个透明的监管和商业环境，并协调联邦和加州法律，平衡消费者的利益和风险，融入公平、包容和环保等加州的价值观。加州方面认为，根据该命令和 2020 年通过的《加州消费者金融保护法》，该州将为区块链相关公司创造一个“透明和一致的商业环境”。

（二）欧洲对元宇宙的政策态度

一方面，欧洲至今仍未出台促进元宇宙发展的产业政策；但另一方面，欧洲近几年在数字领域的监管力度不断强化。

1.《数字市场法》和《数字服务法》

2022 年 7 月 5 日，欧洲议会以压倒性多数分别通过了具有里程碑意义的两项法律:《数字市场法》（*Digital Markets Act*，DMA）和《数字服务法》（*Digital Services Act*，DSA）。根据《数字服务法》，欧盟可以对在网络发布方面的违规行为，包括发布仇恨言论、虚假信息和有害内容等，处以高额罚款，从而迫使大型科技公司，如谷歌、亚马逊和美国元宇宙平台公司等，加强自我监管。《数字市场法》对被归为“看门人公司”的互联网巨头企业提出一系列规范性要求，包括不得滥用市场支配地位打压或并购竞争对手，不得未经用户允许强行推送广告或安装软件，不得将采集的用户数据移作他用，等等。

2. 加密资产市场草案（MiCA 提案）

2020 年 9 月，欧盟委员会提出了一项针对加密资产市场（Markets in Crypto-assets）的草案（MiCA 提案）。它是欧盟数字金融一揽子计划的一部分，旨在制定一种促进技术发展并确保金融稳定和消费者保护的欧洲方法。2022 年 6 月 30 日，欧盟理事会和欧洲议会达成了这项协议，首次将加密资产、加密资产发行人和加密资产服务提供商纳入 MiCA 监管框架。

3.《人工智能责任法令》草案

2022 年 9 月 28 日，欧盟委员会（European Commission）发布了《人工智能责任法令》（*The AI Liability Directive*）草案。该法令补充并更新了欧盟民事责任框架，首次引入了针对人工智能系统造成的损害的具体规则。新规则将确保人工智能技术（包括机器人、无人机和配有人工智能的软件或服务）造成伤害的受害者能够获得赔偿。

（三）韩国的元宇宙政策

韩国在元宇宙领域持续发力，初步形成了由政府引领、民间主导、各大企业开拓、偶像工业驱动的相关产业，并有机会在 2026 年成为元宇宙大国。

1.《沉浸式经济发展策略》

2020 年年末，韩国政府《沉浸式经济发展策略》提出，到 2025 年，韩国沉浸式经济产业规模要达到 30 万亿韩元，并将韩国打造为全球五大 XR 先导国家之一。

2. 元宇宙联盟

2021 年 5 月，韩国科学技术信息通信部（MSIT）领导组建了包含 LG、三星电子等 25 家机构和企业在内的“元宇宙联盟”，旨在通过政府和企业的合作，在民间主导下构建元宇宙生态系统，在现实和虚拟的多个领域实现开放型元宇宙平台。

3. 数字新政 2.0

2021 年 7 月，韩国发布“新政 2.0”，作为其中一部分的“数字新政 2.0”将元宇宙与大数据、人工智能、区块链等并列为发展 5G 产业的重点项目。

4. 韩国元宇宙产业协会

2021 年 11 月，韩国元宇宙产业协会（K-META）成立。韩国的许多地方城市纷纷布局元宇宙。

5. 元宇宙首尔计划

2021 年 11 月，首尔市政府宣布将耗资 39 亿韩元（约合人民币 2087 万元）打造“元宇宙首尔”（Metaverse Seoul），最晚 2022 年年底建成，并发布《元宇宙首尔五年计划》。该计划分三个阶段引入相关生态系统，涉及市政管理的各方面服务，涵盖经济、文化、旅游、教育、信访等领域，目前第一阶段的封闭式试运行已经开始。

6. 江原道元宇宙平台

据《亚洲经济》报道，江原道计划在 2024 年冬季青奥会开幕前，利用当地的自然环境、文化元素和冬奥会场馆的特点，搭建一个元宇宙平台，为参赛运动员提供相互交流的空间。此外，还计划通过开展专业人才培养项目，发展元宇宙基地。

7. 元宇宙南海德国村啤酒节

庆尚南道南海郡在元宇宙平台 ZEPETO 上举办了一年一度的“南海德国村啤酒节”，在元宇宙空间中为游客展示了生动自然的德国村风貌。

8. 新交易资产监控

2022 年 2 月，韩国金融监督局（FSS）宣布将加强对包括 NFT 在内的新交易资产的监控，包括加强对 NFT 和元宇宙等新兴市场企业 IPO 的核查，并将针对快速增长的数字资产市场中对消费者造成损害的因素制定对策。

（四）日本的元宇宙政策

日本政府也在积极完善元宇宙相关的法律和监管框架，并成立了一些非政府元宇宙协会，力争使日本成为元宇宙发达国家。

1.《关于虚拟空间行业未来可能性与课题的调查报告》

2021 年 7 月，日本经济产业省发布了《关于虚拟空间行业未来可能性与课题的调查报告》。报告认为，政府应着重防范和解决“虚拟空间”的法律问题，并对跨国、跨平台业务法律适用条款加以完善；政府应与业内人士制定行业标准和指导方针，并向全球输出此类规范。

2. 日本金融监管机构金融服务局对 NFT 的监管

2021 年 9 月，根据日本金融监管机构金融服务局（FSA）的政策文件显示，该机构将开始监管 NFT 代币以及初始交易所发行（IEO）领域。虽然该文件没有具体解释 FSA 将对 NFTs、DeFi、CBDCs 和 IEO 采取什么行动，但在文件中具体提到它们的事实表明，这些事项已经在其议程上。它谈到需要为这些行业建立一个监管框架。

3. 一般社团法人日本元宇宙协会

2021 年 12 月中旬成立元宇宙业界团体“一般社团法人日本元宇宙协会”。相关团体将与金融厅等行政机关相互配合，启动市场构建，力争使日本成为元宇宙发达国家。

4. 元宇宙推进协议会

2022 年 4 月，日本成立面向应用推进研究和规则完善的元宇宙推进协议会。日本解剖学家养老孟司出任代表理事，ANA 控股和三菱商事等 20 家以上企业参与该组织，力争未来在生活和商务中普及元宇宙的应用。

二、我国国家层面元宇宙相关政策概述

如果说数字经济是互联网与传统经济的渗透与融合，那么元宇宙就是数字经济在虚拟世界的延伸和发展。当前，我国国家层面还未出台直接针对元宇宙的相关政策，但出台了一系列与之相关的数字经济政策，

也出台了一些与元宇宙产业和技术相关的政策规划、指导意见和规定。本章节将对2020年年初至2022年年底国家层面所发布的元宇宙相关政策进行梳理与概述。

（一）《国家新一代人工智能创新发展试验区建设工作指引（修订版）》

2020年9月，科技部印发了《国家新一代人工智能创新发展试验区建设工作指引（修订版）》的通知。文件指出：国家新一代人工智能创新发展试验区是依托地方开展人工智能技术示范、政策试验和社会实验，在推动人工智能创新发展方面先行先试、发挥引领带动作用的区域。文件设立了建设目标：到2023年，布局建设20个左右试验区，产出一批重大原创科技成果，创新一批切实有效的政策工具，形成一批人工智能与经济社会发展深度融合的典型模式，积累一批可复制可推广的经验做法，打造一批具有重大引领带动作用的人工智能创新高地。

（二）《关于扩大战略性新兴产业投资 培育壮大新增长点增长极的指导意见》

2020年9月，国家发展改革委发布《关于扩大战略性新兴产业投资 培育壮大新增长点增长极的指导意见》，明确了要聚焦重点产业投资领域。首先强调的就是加快新一代信息技术产业提质增效，尤其是5G、工业互联网、人工智能、物联网、车联网、大数据、云计算、区块链等技术集成创新和融合应用，加快推进基于信息化、数字化、智能化的新型城市基础设施建设等。文件在投资领域要加快高端装备制造产业补短板、加快新能源产业跨越式发展、加快数字创意产业融合发展等方面，都相继提到了要加快数字化、智能化、VR营销等方面的建设和发展。

（三）《长三角科技创新共同体建设发展规划》

2020 年 12 月，科技部公布《长三角科技创新共同体建设发展规划》，提到了协同开展关键核心技术攻关，聚焦集成电路、新型显示、人工智能等重点领域，联合突破一批关键核心技术，形成一批关键标准，解决产业核心难题；在智能计算、高端芯片、智能感知、脑机融合等重点领域加快布局，筹建类脑智能、智能计算、数字孪生、全维可定义网络等重大基础平台。

（四）《关于加快推动区块链技术应用和产业发展的指导意见》

2021 年 8 月，工业和信息化部、中央网信办联合发布《关于加快推动区块链技术应用和产业发展的指导意见》（工信部联信发〔2021〕62 号），重点强调从标准体系、技术平台、质量品牌、网络安全、知识产权等方面，协同提升产业基础能力。并提出培育一批区块链名品、名企、名园，建设开源生态，坚持补短板和锻长板并重，加快打造完备的区块链产业链。

（五）《关于整治虚拟货币“挖矿”活动的通知》

2021 年 9 月，由国家发展改革委、中央宣传部、中央网信办、工业和信息化部、税务总局等颁布的《关于整治虚拟货币“挖矿”活动的通知》规定：采取有力措施对存量虚拟货币“挖矿”项目即行有序整改淘汰。对不按期淘汰的企业，要依据国家有关法律法规责令其停产或予以关闭；对违反规定者，依法追究相关责任。

（六）《关于进一步防范和处置虚拟货币交易炒作风险的通知》

2021 年 9 月，由最高人民检察院、工业和信息化部、公安部、市场监管总局等 10 部门颁布的《关于进一步防范和处置虚拟货币交易炒作风险的通知》明确：比特币、以太币等虚拟货币不具有与法定货币等同的法律地位；相关业务活动属于非法金融活动；境外虚拟货币交易所通过互联网向我国境内居民提供服务同样被定性为非法金融活动。

（七）《国家新闻出版署关于实施出版业科技与标准创新示范项目的通知》

2022 年 3 月，国家新闻出版署印发《国家新闻出版署关于实施出版业科技与标准创新示范项目的通知》，紧扣《出版业“十四五”时期发展规划》的目标任务，通过聚焦人工智能、区块链、物联网、虚拟现实和增强现实等新一代信息技术，充分发挥科技创新在推动出版业数字化转型升级方面的重要作用。同时，以推荐遴选、奖助推广、示范带动等方式，逐步推动一批重点科技项目，形成一批核心科技成果，培育一批骨干科技企业，培养一批优秀科技人才，持续提升出版业科技创新和成果转化的能力，助力出版业高质量发展。

（八）《关于推进实施国家文化数字化战略的意见》

2022 年 5 月，中共中央办公厅、国务院办公厅印发了《关于推进实施国家文化数字化战略的意见》，提出以下目标：到“十四五”时期末，基本建成文化数字化基础设施和服务平台，基本贯通各类文化机构的数据中心，基本完成文化产业数字化布局，公共文化数字化建设跃上新台阶，形成线上线下融合互动、立体覆盖的文化服务供给体系。

（九）《关于加快场景创新以人工智能高水平应用促进经济高质量发展的指导意见》

2022 年 7 月，科技部等 6 部门印发《关于加快场景创新以人工智能高水平应用促进经济高质量发展的指导意见》，指出了推动人工智能场景创新对于促进人工智能更高水平应用，更好支撑高质量发展具有重要意义。同时，以习近平总书记关于人工智能的新发展理念为精神指导，以促进人工智能与实体经济深度融合为主导，以推动场景开放与创新为目标，强化主体培育、拓宽应用示范、创新体制机制、完善场景生态，加速人工智能技术攻关、产品开发和产业培育，探索人工智能发展新模式新路径，实现以人工智能高水平应用促进经济高质量发展。

三、我国主要地方政府元宇宙产业政策概述

除了国家层面对元宇宙产业发展的指导和政策支持外，2021 年年初以来，超过 30 个省（区、市）和地区以产业政策、政府工作报告、行动计划等形式提出了在元宇宙方面的支持政策或意见，为元宇宙发展培育土壤，扶持相关产业落地。竞逐元宇宙赛道，将给地方的数字经济发展带来巨大的想象空间，而元宇宙的有序发展也离不开政策的支持。以下为主要省（区、市）的元宇宙产业政策概述。

（一）省级元宇宙产业政策

目前已有北京、黑龙江、上海、浙江、安徽、江西、山东、河南、西藏等省（区、市）发布了元宇宙相关政策。

1. 北京市

截至 2021 年 12 月，北京尚未发布市级元宇宙相关政策，但在 2022 年 2 月 23 日，北京市通州区政府便印发了《关于加快北京城市副中心元宇宙创新引领发展的若干措施》，提出北京城市副中心将打造一批元宇宙示范应用项目，支持一批元宇宙应用场景建设，同时打造一支覆盖元宇宙产业的基金。

2022 年 8 月 22 日，北京市通州区政府又印发《北京城市副中心元宇宙创新发展行动计划（2022—2024 年）》指出，培育元宇宙四大产业链，并打造四大“元宇宙 +”应用场景，推动元宇宙产业在副中心创新发展，促进数字技术与实体经济深度融合。力争三年将城市副中心打造成为以文旅内容为特色的元宇宙应用示范区，培育、引进 100 家以上元宇宙生态链企业，落地建成 30 项以上“元宇宙 +”典型应用场景项目，推动制定一批元宇宙相关标准，“1+N”产业空间体系初步形成，元宇宙与文化、旅游、商业、城市服务等各领域虚实融合发展模式有效形成。

2022 年 8 月 3 日，北京市经济和信息化局还发布了《北京市促进数字人产业创新发展行动计划（2022—2025 年）》（以下简称《行动计划》）。这是国内首个数字人产业专项支持政策，从构建数字人全链条技术体系、培育标杆应用项目、优化数字人产业生态等方面为支持数字人产业发展提供了指引。《行动计划》显示，北京将在 2025 年实现数字人产业规模突破500亿元，培育1～2家营收超过50亿元的头部数字人企业、10家营收超过10亿元的重点数字人企业；突破一批关键领域核心技术，建成10家校企共建实验室和企业技术创新中心；在云端渲染、交互驱动、智能计算等多个领域打造5家以上共性技术平台；在文旅、金融、政务等领域培育20个数字人标杆项目；在园区建设层面，建成2家以上特色数字人园区和基地。

2. 黑龙江省

2022年3月28日，黑龙江省委、省政府编制的《黑龙江省“十四五”数字经济发展规划》正式发布并组织实施，对元宇宙发展提出了部署计划：推进元宇宙核心技术与主要应用领域关键技术研发应用，支持围绕近眼显示、实时交互、巨量通信、边缘计算、3D建模与渲染、图像引擎等开展研发创新，构建元宇宙技术体系，前瞻布局元宇宙产业。鼓励推进元宇宙在公共服务、智能工厂、城市治理、建筑信息系统与城市信息系统（BIM/CIM）、远程医疗、商务办公、智慧会展、社交娱乐等领域的场景应用，培育以应用为牵引、软硬结合、创新集聚、绿色低碳的元宇宙发展生态。推动元宇宙试验区建设，依托哈尔滨人工智能创新发展试验区和高校、科研院所等载体，构建元宇宙技术研发基地和产业孵化基地，构建全省体积视频公共服务平台，促进沉浸式视频节目（直播）、元宇宙演唱会、演绎式娱乐等新兴业态集聚。

3. 上海市

2022年6月24日，上海市人民政府办公厅印发《上海市培育“元宇宙”新赛道行动方案（2022—2025年）》，提出到2025年元宇宙相关产业规模达到3500亿元，带动全市软件和信息服务业规模超过15000

亿元、电子信息制造业规模突破5500亿元。培育10家以上具有国际竞争力的创新型头部企业和“链主企业”，打造100家以上掌握核心技术、高能级高成长的“专精特新”企业。围绕城市数字化转型，打造50个以上垂直场景融合赋能的创新示范应用，推出100个以上引领行业前沿的标杆性产品和服务。推动建设各具特色的元宇宙产业园区，打造一批创新服务平台，加快元宇宙产业人才育引，优化生态环境。

2022年7月21日、8月24日、9月2日，上海市3个区即徐汇区、虹口区、宝山区分别出台了元宇宙相关政策的试行办法和行动计划，也对元宇宙的关键技术方向以及扶持方向提出了规划，制定了目标。比如，徐汇区将对聚焦虚拟现实、增强现实、数字孪生、人工智能、区块链、物联网等元宇宙底层支撑技术的企业进行扶持，助力企业等创新主体开展研发攻关，推动企业加快建设元宇宙后端基础设施，鼓励企业研发生产虚拟主机、VR/AR/MR、脑机交互等元宇宙终端设备，支持企业在社交消费、教育医疗、文体娱乐、政务管理等领域开展符合法律规定的元宇宙场景内容搭建和生产等。

4. 浙江省

2022年1月5日，浙江省数字经济发展领导小组办公室发布《关于浙江省未来产业先导区建设的指导意见》提出：元宇宙与人工智能、区块链、第三代半导体并列，是浙江到2023年重点未来产业先导区的布局领域之一；浙江将加快在脑机协作、虚拟现实、区块链等领域搭建开放创新平台，促进产业技术赋能和集成创新。

2022年12月5日，浙江省发展改革委等5部门联合印发《浙江省元宇宙产业发展行动计划（2023—2025年）》提出：到2025年，通过实施元宇宙五大重点任务和五大重点工程，技术创新、标准研制、应用培育、产业发展和生态构建取得显著成效，实现3个“1050”：引育10个行业头部企业，打造50家“专精特新”企业；推广10个行业标杆产品，打造50个创新示范应用场景；建设10个产业平台，打造50个赋能创新中心，不断提升产业发展能级和竞争力。到2025年，全省元宇宙产业链体系基本形成，产业综合竞争力达到全国领先，带动相关产业规模2000亿元以上。

5. 安徽省

2022年3月29日，安徽省经信厅发布了《安徽省“十四五”软件和信息服务业发展规划》，将元宇宙列为新兴业态创新工程之一，支持企业开展虚拟现实、增强现实、3D引擎、物联网等技术创新，引导企业积极布局元宇宙新兴业态，开展元宇宙平台建设，加速数字技术融合赋能实体经济；在重点产业和发展路径上指出，加快培育云计算大数据服务业、工业互联网服务业，以及5G/6G、区块链、元宇宙等新业态服务业。

6. 江西省

2022年2月14日，江西省科技厅印发《2022年江西省虚拟现实（VR）产业链工作要点》指出：将2022年定位为VR产业发展质量突破年，探索成立元宇宙联盟，打造国内一流的元宇宙研发平台，重点布局元宇宙硬件入口、底层架构、人工智能、内容与场景四个方向的规范标准制定和开发工具监制；重新梳理完善虚拟现实关键核心技术和“卡脖子”技术目录，开展元宇宙发展重点和发展路径探索；支持南昌规划建设元宇宙试验区，打造数字经济产业集聚区，重点发展VR/AR、人工智能、5G、数字文创等数字经济重点产业。

2022 年 5 月 25 日，江西省人民政府印发《江西省“十四五”数字经济发展规划》提出，依托南昌 VR、电子信息等产业基础和优势，在九龙湖区域建设元宇宙试验区，打造数字经济创新引领区的核心引擎，构建“一核三基地”数字经济发展格局。“一核”：在南昌市九龙湖区域建设元宇宙试验区，力争用 3~5 年时间建设成为在国内乃至世界有一定影响力的数字经济活力区；“三基地”：统筹推进数字技术、数字内容产业与制造业的融合发展，进一步打造以 VR 等电子信息、相关设备及核心零部件等为主导的智能制造产业基地。

7. 山东省

2022 年 3 月 4 日，山东省工业和信息化厅等 7 部门联合发布《山东省推动虚拟现实产业高质量发展三年行动计划（2022—2024 年）》提出，经过三年发展，在全省培育推广百项应用场景及解决方案，努力打造国内一流、具有国际竞争力的千亿级虚拟现实产业高地。力争到 2024 年，全省虚拟现实领域要累计新增申请国际、国内专利 3000 项以上，龙头企业研发投入强度达到 6% 以上，累计培育虚拟现实产业相关专业人才 1 万人以上。支持各地依托现有产业基础、区分功能定位，实行差异化、特色化、协同化发展，基本形成以青岛为中心，济南、潍坊、烟台、威海四市联动，其他市协同的“1+4+N”虚拟现实产业区域布局。

8. 河南省

2022 年 9 月 15 日，河南省人民政府办公厅印发《河南省元宇宙产业发展行动计划（2022—2025 年）》提出：力争到 2025 年，初步形成集创新链、产业链、服务链、生态链于一体的全国元宇宙产业发展高地。到 2025 年，全省元宇宙核心产业规模超过 300 亿元，带动相关产业规模超过 1000 亿元。建成 1 个元宇宙核心园区、3~5 个特色园区，培育 10 家具有核心竞争力的元宇宙骨干企业、200 家细分领域“专精特新”企业、500 家创新型中小企业，打造 100 个元宇宙示范应用场景。

9. 西藏自治区

2022 年 7 月 28 日，西藏元宇宙研究院正式成立，并系统制定了《西藏元宇宙建设方案》。该方案提出了“五个一”西藏元宇宙路径，即一个元宇宙智库、一个元宇宙研究院、一个科研平台转化公司、一支产业基金和一个元宇宙产业园。其中，包括五年孵化 10 家高新企业，将联合国内外元宇宙产业优秀的企业、人才、基金等，与拉萨经济技术开发区一同，逐步推进西藏元宇宙五年建设目标。根据建设规划，西藏元宇宙将重点关注新一代短焦 VR 眼镜、城市元宇宙、三维重建与数字孪生 PAAS 平台等八大千亿元级赛道项目。

（二）城市元宇宙产业政策

1. 广东省广州市

2022 年 4 月 6 日，广州市黄埔区广州开发区政府发布《广州市黄埔区、广州开发区促进元宇宙创新发展办法》：对元宇宙相关“专精特新”企业，对元宇宙重点科技攻关项目，对主导国际标准、国家标准、行业标准、地方标准和团体标准制修订的企业或机构，对主办高水平、高层次的产业峰会、重大论坛、创新大赛、学术交流等活动，均给出补贴政策。

2022 年 7 月 25 日，《广州南沙新区（自贸区南沙片区）推动元宇宙生态发展的九条措施》发布，对企业、高校及科研院所采用多种方式开展 NFT、VR/AR、脑机接口、智能芯片、智能算法、数字孪生、人机交互、区块链等元宇宙关键技术协同攻关给予支持，对具有重大科技创新支撑作用的元宇宙科研平台落地，对经省、市科技主管部门认定的元宇宙领域新型研发机构，对新落户及认定的元宇宙总部型企业，对元宇宙科技型中小企业、元宇宙应用展示中心，对元宇宙相关创新创业大赛、论坛及峰会，对拥有国际领先的核心技术或自主知识产权的元宇宙相关高端领军人才创新创业团队，给予奖励和补贴支持等。

2. 广东省深圳市

2022 年 4 月 11 日，《2022 年深圳市政府工作报告》中，元宇宙被首次写进深圳的区政府工作报告。2022 年 6 月 16 日，《深圳市福田区支持战略性新兴产业和未来产业集群发展若干意见》也涉及元宇宙，提出“推动区块链、量子信息、类脑智能等未来产业的技术转化成果加速落地，多领域拓展数字人民币、元宇宙等技术应用场景，扎实推进深圳数据交易中心建设，打造数字经济发展新高地”。

3. 浙江省杭州市

2022 年 3 月 26 日，《2022 年杭州市政府工作报告》提出：加快推进人工智能、区块链、虚拟现实、元宇宙等新技术、新产业发展。

2022 年 3 月 29 日，《杭州余杭区未来科技城扩展现实（XR）产业发展计划》提出布局元宇宙产业，将以 XR 空间站的 4 万平方米空间为核心，打造一个 XR 产业园区；力争五年内培育 XR 上市企业 5 家，引培 XR 相关企业 300 家，扶持技术攻关和场景应用项目 100 项。

2022 年 5 月，《杭州钱塘区元宇宙产业政策》提出：主要围绕人才引领、空间保障、基金助力、梯队建设、协同创新等五大计划给予补贴。对高层次人才来钱塘区创办元宇宙产业项目以及产业发展紧缺、水平特别突出的创业项目，将给予资助与支持。

4. 江苏省无锡市

2022 年 1 月 5 日，无锡市滨湖区《太湖湾科创带引领区元宇宙生态产业发展规划》提出：以打造元宇宙核心产业区、元宇宙创新孵化园、元宇宙先进智造地，提升资源配置质效，构建元宇宙空间布局；以引入元宇宙领军企业、培育元宇宙新兴企业、带动传统企业转型升级，促进产业融合联动，加快元宇宙集聚发展；以推动元宇宙核心技术攻关、设立元宇宙新型研发机构、推进元宇宙标准体系建设，聚焦技术创新引领，强化元宇宙科研攻关；以建设元宇宙公共服务平台、刻画元宇宙“滨湖印象”、建设元宇宙产业协会联盟，践行多边赋能模式，优化元宇宙发展生态；以引进元宇宙全球顶尖专业人才、培养元宇宙高水平创新人才、建立元宇宙人才培训体系，引育用留多措并举，汇聚元宇宙专业人才；以聚焦数字影视、数字文旅、智改数转、社会治理等场景，发挥区域特色优势，打造元宇宙典型场景。

5. 江苏省南京市

2022 年 4 月，《2022 年南京市政府工作报告》提出，加快元宇宙产业链上下游各环节各主体的协同发展，促进元宇宙与区块链、人工智能、云计算的创新融合，积极构建新金融、新产业的强磁场，新技术、新产品的孵化器，新体系、新模式的试验田，推动更多应用场景落地。

2022 年 5 月 26 日，南京江宁高新区政府发布《江宁高新区关于加快发展元宇宙产业的若干政策》，提出规划建设元宇宙产业先导区，打造元宇宙软件和技术层、感知显示层、场景及应用层的长三角地区特色化园区。

6. 湖北省武汉市

2022 年 1 月 11 日，《2022 年武汉市政府工作报告》提出，提升数字经济发展水平，加快壮大数字产业，推动元宇宙、大数据、5G、云计算、区块链、地理空间信息、量子科技等与实体经济融合，建设国家新一代人工智能创新发展试验区，打造小米科技园等 5 个数字经济产业园。

2022 年 8 月 5 日，湖北省武汉市经信局发布《武汉市元宇宙产业创新发展实施方案（2022—2024 年）（征求意见稿）》。该实施方案旨在落实《武汉市数字经济发展规划（2022—2026 年）》，抢抓数字经济和元宇宙发展新机遇，促进元宇宙与实体经济融合，推动武汉市元宇宙产业相关领域创新发展：力争到 2024 年，元宇宙关键技术显著突破、场景应用广泛铺开、创新企业高度集聚、重点平台加快部署。元宇宙产业生态初具雏形，元宇宙创新创业氛围更加浓厚，对实体经济、产业转型升级起到明显带动和促进作用。全市组建成立 1 个元宇宙研究院，建成 2 个以上元宇宙产业孵化基地，聚焦 10 个行业领域打造 30 个以上元宇宙场景应用示范项目，培育集聚 100 家以上元宇宙核心企业。

7. 四川省成都市

2022 年 1 月 23 日，《2022 年成都市政府工作报告》提出，主动抢占量子通信、元宇宙等未来赛道。成都成为全国率先将“元宇宙”写进政府工作报告的城市之一。

2022 年 4 月 14 日，成都市发展改革委发布《成都市“十四五”数字经济发展规划》，提出在未来技术突破赛道方面，着眼于支撑集成电路高质量发展，发挥成都相关领域科研机构比较优势，聚力突破光刻设备；着眼于抢抓人工智能发展新机遇，瞄准元宇宙、类脑智能等前沿发展趋势，聚力突破 XR 扩展现实和脑科学；着眼于满足信息流、数据流高效安全交互流通，聚力突破 6G 通信和隐私计算；通过芯片、人工智能、信息网络三大基础性、先导性、战略性领域的技术突破，更好支撑重点产业数字化转型。

8. 安徽省合肥市

2022 年 1 月 10 日，《2022 年合肥市政府工作报告》提出，前瞻布局未来产业，瞄准量子信息、核能技术、元宇宙、超导技术、精准医疗等前沿领域，打造一批领航企业、尖端技术、高端产品，用未来产业赢得城市未来。

9. 海南省三亚市

2021 年，海南省三亚市委常委、常务副市长盛勇军在第六届三亚文博会现场对海南元宇宙产业基地项目建设以及“科技”“数字化”产业布局等务实合作方向表达了诉求，并与网易签订一系列合作意向书。

10. 海南省海口市

2022 年 1 月 28 日，在海口市第十七届人民代表大会第一次会议上，《2022 年海口市政府工作报告》提出重点工作：加快重点园区发展；复兴城产业园加快国际数字港、国家文化出口基地、国家区块链技术和产业创新发展基地、元宇宙产业基地、集成电路公共服务平台等项目建设，拓展年轻人创新创业空间。

11. 福建省厦门市

2022年3月18日，厦门市工业和信息化局、厦门市大数据管理局发布的《厦门市元宇宙产业发展三年行动计划（2022—2024年）》提出，立足厦门实际，抢抓数字经济和元宇宙发展新机遇，打造“元宇宙生态样板城市”和数字化发展新体系，打造一个高端研究平台、开发一批特色应用场景、培育一批优质企业、培养一批创新人才、组建一个产业联盟、制定一批行业标准。力争到2024年，元宇宙产业生态初具雏形，引入培育一批掌握关键技术、营收上亿元的元宇宙企业，元宇宙技术研发和应用推广取得明显进展，对政府治理、民生服务、产业转型升级的带动作用进一步增强。

12. 辽宁省沈阳市

2022年6月15日，沈阳市《和平区元宇宙产业创新发展行动计划》发布，提出力争到2024年，构建元宇宙产业发展的“产学研用政金”一体化新模式，搭建元宇宙产业创新生态体系，建设东北元宇宙创新发展第一区；和平区将抢抓数字经济和元宇宙发展新机遇，组建一个产业联盟、开放一批商业应用场景、扶持一批优质企业、培养一批产业创新人才、制定一批行业标准，构建元宇宙治理与产业发展体系，塑造沈阳市数字经济新优势，建设东北元宇宙创新发展引领区。

13. 河北省保定市

2022年1月23日，《2022年保定市政府工作报告》提到，结合首都都市圈发展规划，全面对接北京产业链，大力实施“京保协作五个一”行动，积极谋划集成电路、人工智能、扩展现实和超高清显示、区块链、交互娱乐、元宇宙、新型细胞治疗、基因编辑等未来产业，努力让前沿科技率先突破、先进理念率先应用、未来生活率先体验，全力建设开放共享的产学研用试验场。

14. 江西省南昌市

2022 年 1 月 22 日，《2022 年南昌市政府工作报告》提出：深入实施数字经济“一号工程”；加快发展 VR、5G、人工智能等未来产业，打响“世界级 VR 中心”城市品牌，加快创建国家级 VR 制造业创新中心。

2022 年 2 月 7 日，江西省委、省政府召开全省深化发展和改革双“一号工程”推进大会。会上，南昌表示 2022 年要建设元宇宙实验区，着力打造中部有地位、全国有影响的数字经济创新发展引领区。继续加大数字经济领域科研机构引进和现有平台机构建设力度，全力创建国家级 VR 创新中心，培育元宇宙内容产品，打造 VR 软硬件结合、总部企业集聚、科创文创迸发、绿色低碳宜居的元宇宙先导区。